JN089401

婆藪槃豆伝（ばすばんずでん）

インド仏教思想家ヴァスバンドゥの伝記

船山　徹
FUNAYAMA Toru

法藏館

はしがき

本書はインドの仏教史に大きな足跡を残した思想家ヴァスバンドゥの最も古い伝記資料を扱う。

ヴァスバンドゥはインド仏教思想に燦然と輝く。インド大乗仏教史で最も偉大な思想家と評価する人もいる。

ヴァスバンドゥの伝記は漢語で残されている。インド出身の真諦（パラマアルタ Paramārtha 四九九～五六九）という僧が中国南部を訪れ，中国の弟子たちと共に作成した漢訳（古典漢語訳）として今に伝わる。その広く知られているテキストは，大正 新脩 大蔵経 第五〇巻第二〇四九号の，

『婆藪槃豆法師伝』一巻，陳の真諦訳

である。これに言及する早期の史料に西暦五九四年に編纂された隋の法経等撰『衆経目録』があり，そこに「『婆藪槃豆伝』一巻」とあり，直後五九七年の費長房撰『歴代三宝紀』に「『婆蓃槃豆伝』一巻」とやや異なる書名で記載されている。

*

ヴァスバンドゥはインド仏教史の偉人であるから，当然ヴァスバンドゥの研究といえば著作の研究

が多いが，本伝そのものを主題とする研究も少なくない。近代における主要な研究は一九〇〇年代初頭に遡る。それ以後，今に至るまで百年以上にわたり，本伝の翻訳や内容研究をした者たちは，本伝は真諦の漢訳――すなわちインド語原典の逐語的な漢訳――として伝承されてきたけれども，実はさにあらず，真諦の口述を弟子がまとめた筆記録ではないかと推測している。本伝の基本的性格に関する主な見解を引用してみよう。

一、高楠（たかくす）順次郎「『ヴァスバンドゥ伝』は通常考えるような原典の翻訳ではなく，出来事や伝承に関する彼自身の記憶を繋ぎあわせた備忘録の類いと思われる。彼の口伝を弟子が書き留めたものかも知れない」（高楠一九〇五・三八頁。原文は英語）

二、宇井（うい）伯壽（はくじゅ）「無着世親のことを知るに重要なるものであるが，原本は之をよく見ると本文と註記とが互に混じて存すると考へらるるから，熟読すれば大体は両者を区別し得ると思ふ。かく区別して概観すると，本文の部は如何にも訳たることが現れ，それに三蔵が註釈的の句を附加したのであらうと推定さるる。然し元来は之に三蔵の伝記が添加されて居たこと本文最後の割註によつて知らる」（宇井一九三〇・一〇〇頁）

三、エーリヒ・フラウワルナー「『ヴァスバンドゥ伝』は真諦自身の著作ではないが，彼から得た情報に基づいて弟子の何者かが一つにまとめたものである」（フラウワルナー一九五一・一八頁）。

四、三枝充悳（さいぐさみつよし）「『伝』は，真諦訳とあるけれども，おそらく真諦の創作であろうと私は考える。以下の拙訳に明らかなように，真諦がインドで得た諸知識を盛りこんで，ヴァスバンドゥにかかわる記事は半ばにも満たない。才気に富んだこの文は，現代風にいえば，卓絶した当時のノン・フィクションとも評されよう」（三枝一九八三／二〇〇四・三五頁）

筆者の考えも基本的にこれら先行説と同じい。しかし研究に百年以上の蓄積があるとはいえ，原文の各処に解釈の分かれるところがあり，伝記の全体をどのように評価すべきかについても相容れない仮説が出されている。そこで筆者は本書において，自説を強調するのでなく，まず基本に立ち戻って原文を一字ずつ精読し，内容を理解し，平易な現代日本語訳を示し，必要な箇所に注を施して先行研究の整理を心懸けたい。

＊

インドの大乗仏教は，西暦紀元直前頃に興起し独自の経典（スートラ）を弘めた後，およそ紀元後二〜三世紀頃から，経典の内容を理論的に筋道立てて解説する「学派 school」を生み出した。大乗の学派は多くない。中観（ちゅうがん）派（マディヤマカ Madhyamaka）と瑜伽行（ゆがぎょう）派（ヨーガアーチャーラ Yogācāra）の二大学派を形作った。

最初に現れたのは中観派であった。中観派は大乗経典『般若経』に典型的に見られる「空（くう）の思想」を理論化して世に弘めた。中観派の祖師はナーガアルジュナ（ナーガールジュナ Nāgārjuna 龍樹，約一五〇〜二五〇頃）であり，その直弟子のデーヴァ Deva（アーリヤデーヴァ Āryadeva 提婆）の後，バーヴィヴェーカ Bhāviveka（清弁，六世紀中葉〜後半），チャンドラキールティ Candrakīrti（六〜七世紀頃）らを輩出した。

次に現れた瑜伽行派は，ヨーガ（精神統御）を主眼とし，迷いから悟りに転換する心の構造を理論化し，その実践論を説いた。瑜伽行派の祖師はマーイトレーヤ Maitreya（弥勒，四世紀頃）であり，その後，アサンガ Asaṅga（阿僧伽，無著）とヴァスバンドゥ Vasubandhu（婆藪槃豆，天親，世親）が現れ，教義の理論化を大幅に進めた。その後ディグナーガ Dignāga（陳那，六世紀前半頃），スティラマティ Sthiramati（安慧，安恵，六世紀中頃），ダルマパーラ Dharmapāla（護法，六世紀中葉〜後半頃），ダルマキールティ Dharmakīrti（七世紀中頃）らを輩出し，多くの注釈家がその後に続いた。

*

本書はインド大乗仏教の瑜伽行派の早期の思想家であるヴァスバンドゥの伝記を専ら扱う。ヴァスバンドゥの伝記資料は故国インドには残されず，最も早い伝記として六世紀後半に真諦による『婆藪槃豆法師伝』が漢語大蔵経に収められた。最も広く知られているテキストが大正新脩大蔵経本であることは上述した。このほか，チベットにて十四世紀前半に『プトン仏教史』（チベット人プトンがチベット語で著したインド仏教史概論。英訳版はプトン一九三二）が，十七世紀初頭に『ターラナータ仏教史』（チベット人クンガ・ニンポ，別名ターラナータが，チベット語で著したインド仏教史概論。英訳版はターラナータ一九九七）が編纂され，共に簡略なヴァスバンドゥ伝を含む。

ヴァスバンドゥの伝記三種の中，真諦訳『婆藪槃豆法師伝』は年代的に最も早く，最も詳しく，そして真諦自らがヴァスバンドゥ思想に精通した学僧だったという意味でも価値が高い。

かくして本書は真諦が六世紀中頃に中国に伝えたヴァスバンドゥ伝を取り上げ，その漢語原文と現代日本語訳とを，語注と共に提示する。

通常の大蔵経版が示す『婆藪槃豆法師伝』に代えて，本書は書名を『婆藪槃豆伝』と「法師」を付さずに表記する。その理由は後述する。

『婆藪槃豆（法師）伝』には，複数の全訳と漢文訓読が出版されている。全訳に高楠順次郎の英訳（一九〇四a），三枝充悳の和訳（一九八三／二〇〇四），アルバート・A・ダリアの英訳（二〇〇二）がある。漢文訓読に蓮澤成淳による国訳（一九三六）がある。内容を分析する研究は更に夥しい。本書の成果はこれらに負うところが頗る大きい。これまでの研究蓄積がなければ本書を刊行できなかったのは疑いない。しかし後学である筆者は，先人にもし不備があれば，それを明示し，研究史の一齣に貢献したい。そのため本書では先行研究の誤りは，これを明記し今後の糧とすることを諒とされたい。

*

本論に入る前に本書の構成を明らかにしておこう。本書は五章より成る。

第一章「眞諦譯『婆藪槃豆傳』原文」は，伝の漢語原文と校勘である。原文の文字は何か特定の一本に従うのでなく，大蔵経諸本その他を総合的に勘案し，現在分かる範囲で『婆藪槃豆伝』成立当時の原形に最も近い原文を提示する。諸本の原文に文字の相違がある場合，どれを採用しどれを採用しないかの詳細を校勘に示す。古典漢語の原文を適確に示すため，本章のみは常用漢字を用いず，正字で表記する。

第二章「『ヴァスバンドゥ伝』現代語訳」は，第一章原文の和訳である。

第三章「『ヴァスバンドゥ伝』語注」は，第二章和訳に対する注である。第二・第三章の注番号は対応する。長い語注は，適宜段落を改め，理解の便を図る。

第四章「『婆藪槃豆伝』訓読」は原文の訓読を示す。仏教文献のみで通用する訓読を避け，文字を呉音読みする以外は，一般的な訓読を心懸ける。

第五章「解題と分析」は，第一章原文と第二章和訳の理解を助ける書誌学的解説と，他の諸資料との比較に必要な内容整理を行う。

以上の全体を通じて本書は，ヴァスバンドゥの思想を知るための基盤とすべき伝記の内容と関連事項を，可能な限り正確に紹介することに努める。前書きはこの辺りで止め，これから一つ一つの章に入ってゆこう。

目次

婆藪槃豆伝（ばすばんずでん）

インド仏教思想家ヴァスバンドゥの伝記

第一章　眞諦譯『婆藪槃豆傳』原文

凡例

一，本章は陳の眞諦譯『婆藪槃豆傳』（大正新脩大藏經第五〇卷第二〇四九號『婆藪槃豆法師傳』）の原文と校勘を示す。

二，原典の資料的價値に鑑みて原文を正確に表記するため，本章のみ漢字を正字とする。

三，原文を校勘するに當たっては以下の略號を用いる。

慧沼　［唐］惠沼（慧沼とも。七一四沒）撰『成唯識論了義燈』一三卷

慧琳　［唐］慧琳（七三七〜八二〇）撰『一切經音義』卷七六，玄應「婆藪盤（ママ）豆法師傳」音義

金　金藏廣勝寺本（『中華大藏經（漢文部分）』六三，北京：中華書局，一九九三）……一一七四年完成†

玄應　［唐］玄應（七世紀中葉）撰『一切經音義』卷二〇「婆藪槃豆傳」音義

洪　洪武南藏（『《洪武南藏》精裝』，成都：四川省佛教協會，一九九九，二四一冊）……明の洪武五年（一三七二）開板

磧　［南宋〜元］磧砂大藏經（延聖院大藏經局編『宋版磧砂大藏經』三一，臺北：新文豐出版公司，一九八七）……南宋〜元代

善珠　［日本奈良］善珠（七二三〜七九七）撰『唯識義燈增明記』四卷

毘　［南宋］毘盧大藏經（福州開元禪寺版，福州開元寺版）（宮內廳書陵部藏本）……一一四八年（紹興戊辰）‡

麗再　高麗大藏經再雕本……一二三六〜一二五一年†

麗初　高麗大藏經初雕本（『高麗大藏經初刻本輯刊』，西南師範大學出版社・人民出版社，二〇一二）……一〇一一頃〜一〇八七年†

† 年代は竺沙（二〇〇〇／〇一）に從う。

‡ 宮內省（一九三一・八七頁）「以上十五經，紹興戊辰福州開元寺板」

□★　大正藏校勘記（脚注）に誤りがあることを示す。本稿に示す字は訂正後の正しい字である。

大正　大正新脩大藏經の本文に誤植が存することを示す。校勘に示す字は訂正前の誤った字である。

◇　一字空格

〈〉　原注（夾注，割注）

【】　原文の文頭の【】とその中に示す數字は原文に含まれない，筆者による段落表示である。段落番號は第二章『ヴァスバンドゥ傳』現代語譯における【】と一致する。

四，右の略號を，麗初—金—麗再—毘—磧—洪の順に排列して示す。その理由は，麗初・金・麗再はこの順で成立した同系統の大藏經であり，毘—磧—洪はこの順で成立した同系統の大藏經であるからである。そして兩系統のうち，最も古い麗初を含む系統を先に示すことで，年代と系統の雙方から文字の變遷を示したいからである。主な大藏經の系統と年代は竺沙（二〇〇〇／〇一）の所説に從う。

五，原文の句讀として「。」「，」「、」の三種を用いる。「。」は文末を示す。「，」は句末を示す。「、」は竝列的列擧その他を示す（中國語の「頓號」に相當）。このほか，必要に應じて「」と『』を用い，發話・書名・章名等を示す。

六，原文中，點線を施した字句は，眞諦による解説であると筆者が判斷した箇所（インド語原典に存在し得ないと判斷した，漢譯時に加えた解説）を示す。

『婆藪槃[1]豆傳[2]』

陳天竺三藏[3]眞諦譯

【一】【一・一】婆藪槃豆[4]法師者，北天竺富婁沙富羅國人也。

【一・二】富婁沙，譯爲丈夫。富羅，譯爲土。

【一・三】毘搜紐天王，世傳云，是帝釋弟。帝釋遣其出[5]閻浮提作王，爲伏阿修羅[6]。

其生閻浮提，爲婆藪提婆王之子。

有阿修[7]羅名因陀羅陀摩那。

「因陀羅」是「帝釋」名。「陀摩那」，譯爲「伏」。此阿修[8]羅恆與帝釋鬪戰，謂能伏帝釋，故有此名。

1　「槃」毘・磧・洪・玄應：「盤」麗初・金・麗再

2　「傳」毘・磧・洪・玄應：「法師傳」麗初・金・麗再。玄應『一切經音義』卷二〇作「婆藪槃豆傳」。法經等撰『衆經目錄』卷六作「婆藪槃豆傳一卷〈陳世眞諦譯〉」。

3　「三藏」毘・磧・洪：「三藏法師」麗初・金・麗再

4　「槃」毘・磧・洪：「盤」麗初・金・麗再

5　「出」麗初・金・麗再：「生」毘・磧・洪

6　「修」麗初・金・麗再：「脩」毘・磧・洪

7　「阿修」訂正：「阿脩」毘・磧・洪：「修」麗初・金・麗再

8　「修」麗初・金・麗再：「脩」毘・磧・洪

『毘伽羅論』解「阿修羅」[9]，謂「非善戲」，卽應以此名譯之。諸天恆以善爲戲樂，其恆以惡爲戲樂，故有此名。亦得名「非天」。

此阿修羅[10]有妹名波羅頗婆底〈知履反〉。波羅頗，譯爲明。婆底，譯爲妃。

此女甚有容貌[11]，阿修羅[12]欲害毘搜紐天，故將此妹誑之，以呪術力，變閻浮提一處令陰暗[13]。其[14]自居暗處[15]，不令人見。令妹別住明處，語妹云，「若人欲得汝爲婦，汝可[16]語云，「我兄有大力。若欲取我，必與我兄相違。若能將我兄鬪戰，乃可相許」」。毘搜紐天後於明處見此女，心大悅之，問云，「汝是何人」。答云，「我是[17]阿修[18]羅童女」。天云，「諸阿修[19]羅女由來皆適[20]諸天。我旣無婦，汝又無夫。今欲相取，得見從不」。女如其兄先言

---

9 「修」麗初・金・麗再：「脩」毘・磧・洪
10 「修」麗初・金・麗再：「脩」毘・磧・洪
11 「容貌」毘・磧・洪：「形容」麗初・金・麗再
12 「阿修」金：「修」麗初・麗再：「阿脩」毘・磧・洪
13 「暗」麗初・金・麗再：「闇」毘・磧・洪
14 「其」麗初・金・麗再・磧・洪：「冥」毘
15 「暗」麗初・金・麗再：「闇」毘・磧・洪
16 「汝可」毘・磧・洪：「可」麗初・金・麗再
17 「我是」毘・磧・洪：「我」麗初・金・麗再
18 「修」麗初・金・麗再：「脩」毘・磧・洪
19 「修」麗初・金・麗再：「脩」毘・磧・洪
20 「適」麗初・金・麗再：「嫡」毘・磧・洪

以[21]答之。天云，「汝今惜我身，故有此言。汝已愛我，我豈相置。我有大力，能與汝兄鬪戰」。女遂許之，卽爲夫妻。

阿修[22]羅後往明處，[23]問毘搜紐天，「汝云何輒[24]取我妹爲婦」。天答云，「若我非丈夫，取汝妹爲婦，可致嫌責。我是丈夫無婦，汝妹是童女無夫。我今[25]取之，正是其理，何故見怪」。阿修[26]羅云，「汝有何能自稱丈夫。若是丈夫，能將我鬪戰得勝，當以妹適[27]汝」。天云，「汝若不信，當共決之」。卽各執仗，互相斫刺。[28]毘搜紐天是那羅延身，斫刺所不能入。天斫阿修羅頭，斷頭[29]卽還復。手臂等餘身分悉爾。隨有斷處，隨卽[30]還復。

從旦至晩，斫刺不息，阿修[31]羅無有死狀。天力稍盡，轉就疲困。

若至夜，阿修[32]羅力則更強，明妃恐其夫不如，卽取[33]鬱波羅華，擘爲兩片，各擲一邊。明妃於其中行去而復來。天卽解其意，捉阿修[34]羅身，擘爲兩片，各擲一邊。天於其中行去[35]而復來，阿修[36]羅由此命斷。阿修[37]羅先就仙人乞恩，願令我身若被[38]斫刺，[39]卽便還復。仙人施其此恩，故後時被斫刺而不失命。仙人欲令諸天殺之，故不施其擘身還復之恩。故後時由此失命。

---

21 「言以」麗初・金・麗再：「言」毘・磧・洪
22 「修」麗初・金・麗再：「脩」毘・磧・洪
23 「明處」毘・磧・洪：「明」麗初・金・麗再
24 「輒」毘・磧・洪：「輙」麗初・金・麗再
25 「我今」麗初・金・麗再・磧・洪：「我」毘
26 「修」麗初・金・麗再：「脩」毘・磧・洪
27 「適」麗初・金・麗再：「嫡」毘・磧・洪
28 「刺」毘・磧・洪：「刾」麗初・金・麗再
29 「斷頭」毘・磧・洪：「斷」麗初・金・麗再
30 「隨卽」毘・磧・洪：「卽」麗初・金・麗再
31 「修」麗初・金・麗再：「脩」毘・磧・洪
32 「修」麗初・麗再：「脩」毘・磧・洪
33 「卽取」毘・磧・洪：「取」麗初・金・麗再
34 「修」麗初・金・麗再：「脩」毘・磧・洪
35 「行」金・毘★・磧・洪：「得」麗初・麗再
36 「修」麗初・金・麗再：「脩」毘・磧・洪
37 「修」麗初・金・麗再：「脩」毘・磧・洪
38 「若被」毘・磧・洪：「被」麗初・金・麗再
39 「斫刺」麗再・毘・磧・洪：「斫刾」金・「破刾」麗初

毘搜紐天既居此地，顯丈夫能，因此立名，稱丈夫國。

【二】此土有國師婆羅門，姓憍[40]尸迦，有三子同名婆藪槃豆。婆藪，譯爲天。槃豆，譯爲親。天竺立兒名有此體。雖同一名，復立別名以顯之。

【三】第三子婆藪槃豆，於薩婆多部出家，得阿羅漢果。別名比隣持〈定梨反〉[41]跋娑[42]。比隣持是其母名。紱娑[43]，譯爲子，亦曰兒。此名通人畜，如牛子亦名紱娑[44]。但[45]此土呼牛子爲犢。

【四】長子婆藪槃豆是菩薩根性人。亦於薩婆多部出家。後修定得離欲，思惟空義，不能得入，欲自殺身。賓頭盧[46]阿羅漢，在東毘提訶，觀見此事，從彼方來，爲說小乘空觀，如教觀之，卽便得入。雖得小乘空觀，意猶未安，謂理不應止爾。因此乘

---

40 「憍」麗初・金・麗再：「嬌」毘・磧・洪

41 「持〈定梨反〉」金・麗再・磧・洪：「持〈定利反〉」麗初：「持」毘

42 「跋娑」訂正：「跋婆」麗初・金・麗再・毘・磧・洪

43 「紱娑」訂正：「紱婆」麗初・金・麗再・毘・磧・玄應：「跋婆」洪。慧沼作「跋娑」。玄應『一切經音義』卷二〇「紱婆〈字又作［紼市］，同。甫勿反。譯云子。依字，紱，綬〉」（徐時儀二〇一二・四二六頁，黃仁瑄二〇一八・八一一頁。慧琳『一切經音義』卷七六引玄應音義）。

44 「紱娑」訂正：「紱婆」麗初・金・毘・磧：「跋婆」麗再・洪

45 「但」金・麗再・毘・磧・洪：「俱」麗初

46 「盧」毘・磧・洪：「羅」麗初・金・麗再

神通，往兜率多天[47]，諮問彌勒菩薩。彌勒菩薩[48]爲說大乘空觀。還閻浮提，如說思惟，卽便得悟。於思惟時，地六種動。既得大乘空觀，因此爲名，名阿僧伽。

阿僧伽，譯爲無著。[49]

爾後數上兜率多天[50]，諮問彌勒大乘經義。彌勒廣爲解說，隨有所得，還閻浮提，以己所聞爲餘人說，聞者多不生信。無著[51]法師卽自發願，「我今欲令衆生信解大乘。唯願，大師，下閻浮提，解說大乘，令諸衆生皆得信解」。

彌勒卽如其願，於夜時下閻浮提，放大光明，廣集有緣衆，於說法堂誦出『十七地經』。隨所誦出，隨解其義，經四月夜，解『十七地經』方竟。

雖同於一堂聽法，唯無著[52]法師得近彌勒菩薩，餘人但得遙聞，夜共聽彌勒說法，晝時無著[53]法師更爲餘人解釋彌勒所說。因此衆人皆信[54]大乘彌勒菩薩教。

無著[55]法師修日光三摩提，如說修學，卽得此定。從得[56]此定

---

47 「多」麗初・金・麗再：「陀」毘・磧・洪

48 「彌勒菩薩。彌勒菩薩」麗初・金・麗再：「彌勒菩薩」毘・磧・洪

49 「阿僧伽譯爲無著」麗再・磧：「阿僧伽譯爲无着」麗初・金：「譯爲無著」毘・洪

50 「多」麗初・金・麗再：「陀」毘・磧・洪

51 「著」麗再・毘・磧・洪：「着」麗初・金

52 「著」麗再・毘・磧・洪：「着」麗初・金

53 「著」麗再・毘・磧・洪：「着」麗初・金

54 「皆」毘・磧・洪：「聞」麗初・金・麗再

55 「著」毘・磧・洪・**大正**：「着」麗初・金・麗再★

56 「從得」麗初・金・麗再：「從」毘・磧・洪

後，昔所未解，悉能通達。昔[57]所見聞，永憶不忘。佛昔所說『華嚴』等諸大乘經，悉未解[58]義，彌勒於兜率多[59]天悉爲無著[60]法師解[61]說諸大乘經義，法師竝悉通達，皆能憶持。後於閻浮提造大乘經優波[62]提舍，解釋佛所說一切大敎[63]。

【五】第二[64]婆藪槃豆，亦於薩婆多部出家，博學多聞，遍通墳籍。神才俊朗，無可爲儔。戒行淸高，難以相匹[65]。兄弟既有別名[66]，故法師但稱婆藪槃豆。

【五・二】佛滅度後五[67]百年中，有阿羅漢名迦旃延子。

母姓迦旃延，從母爲名。

先於薩婆多部出家。本是天[68]竺人，後往罽賓國。

罽賓在天竺之西北[69]。

---

57 「昔」麗初・金・毘：「有」麗再・磧・洪

58 「未解」毘・磧・洪：「解」麗初・金・麗再

59 「多」麗初・金・麗再：「陀」毘・磧・洪

60 「著」麗再・毘・磧・洪：「着」麗初・金

61 「法師解」麗初・金・麗再：「解」毘・磧・洪

62 「波」麗初・金・麗再：「婆」毘・磧・洪

63 「大敎」麗初・金・麗再：「大乘敎」毘・磧・洪

64 「第二」麗初・金・麗再：「第二子」毘・磧・洪

65 「匹」麗再・毘・磧・洪：「疋」麗初・金

66 「名」麗初・金・麗再：「名說」毘・磧・洪

67 「五」麗初・金・麗再・毘・磧・洪：「三」慧沼

68 「天」麗初・金・麗再・毘・磧・洪：「中天」慧沼

69 「天竺之西北」麗初・金・麗再・毘・磧・洪・善珠：「西天竺」慧沼

【五・二】與五百阿羅漢及五百[70]菩薩共撰集薩婆多部阿毘達磨，製爲『八伽蘭他』。

卽此間云『八乾度』[71]。伽蘭他，譯爲結，亦曰節。謂義類各相結屬，故云結。又攝義令不散，故云結。義類各有分限，故云節。亦稱此文爲『發慧論』[72]。

以神通力及願力廣宣告遠近，「若先聞[73]說『阿毘達磨』，隨所得多少，可悉送來」。於是若天[74]、諸龍、夜叉乃至阿迦尼師吒諸天，有先聞佛說『阿毘達磨』，若略若廣[75]，乃至一句一偈，悉送與之。迦旃延子共諸阿羅漢及諸菩薩簡擇其義。若與『修多羅』、『毘那耶』不相違背，卽便撰銘[76]。若相違背，卽便棄捨。是所取文句隨義類相關，若明慧義[77]，則安置慧[78]結中。若明定義，則安置定結中。餘類悉爾。『八結』合有五萬偈。造『八結』竟，復欲造『毘婆沙』釋之。

【五・三】馬鳴菩薩是舍衛國娑[79]枳多土人。通『八分毘伽羅

70　「及五」麗初・金・麗再・毘・磧・洪・善珠：「五」慧沼

71　「乾」麗初・金・麗再・善珠：「揵」毘・磧・洪

72　「慧」金・麗再・毘・磧・洪：「惠」麗初

73　「聞」金・麗再：「聞佛」麗初・毘・磧・洪

74　「是若天」麗初・金・麗再：「是若人若天」毘・磧・洪

75　「若略若廣」麗初・金・麗再：「若廣若略」毘・磧・洪

76　「銘」麗初・金・麗再・玄應：「錄」毘・磧・洪。玄應『一切經音義』卷二〇「撰銘〈助繺反。撰猶述也。『廣雅』，撰，定也。下莫下反。銘之言名也。書其功於大常也。亦鐫刻金石，以紀功德也〉」（磧藏本。徐時儀二〇一二・四二六頁。慧琳『一切經音義』卷七六引玄應音義）。

77　「慧」金・麗再・毘・磧・洪：「惠」麗初

78　「慧」金・麗再・毘・磧・洪：「惠」麗初

79　「娑」訂正：「婆」麗初・金・麗再・毘・磧・洪

論』及四『皮陀』、六論，解十八部三藏，文宗學府，允[80]儀所歸。

迦旃延子遣人往舍衛國，請馬鳴爲製[81]文句。馬鳴既至罽賓，迦旃延子次第解釋『八結』，諸阿羅漢及諸菩薩卽共硏辯義意。若定，馬鳴隨卽著文。經十二年，造『毘婆沙』方竟，凡百萬偈[82]。

『毘婆沙』，譯爲『廣解』。

【五・四】製[83]述既竟，迦旃延子[84]卽刻石立表[85]云，「今去學此法[86]人，不得出罽賓國。『八結』文句及『毘婆沙』文句，亦悉不得出國。恐餘部及大乘汚壞此正法」。以立制事白王，王亦同此意。

罽賓國，四周有山如城。唯有一門出入。諸聖人以願力攝諸夜叉神令守門。

若欲學此法者，能來罽賓，則不遮礙。諸聖人又以願力令五百夜叉神爲檀越。若學此法者，資身之具無所短乏。

---

80 「允」麗初・金・麗再：「先」毘・磧・洪
81 「製」毘・磧・洪：「表」麗初・金・麗再
82 「偈」金・麗再・毘・磧・洪：「億」麗初
83 「製」毘・磧・洪：「表」麗初・金・麗再
84 「子」麗初・金・麗再・磧・洪：「一」毘
85 「表」麗初・金・麗再：「制」毘・磧・洪
86 「法」毘・磧・洪：「諸」麗初・金・麗再

【五・五】 阿緰[87]闍國有一法師名婆須跋[88]陀羅，聰明大智，聞卽能持。欲學『八結』、『毘婆沙』義，於餘國弘通之。

法師託迹，爲狂癡人，往罽賓國。

恆在大集中聽法，而威儀乖失，言笑舛異。有時於大集[89]中論『毘婆沙』義，乃問『羅摩延傳』，衆人輕之，聞[90]不齒錄。

於十二年中，聽『毘婆沙』得數遍。文義已熟，悉誦持在心，欲還本土。去至門側，諸夜叉神高聲唱令，「大阿毘達摩師今欲出國」，卽執將還於大集中。衆共檢問，言語[91]紕謬[92]，不相領解。衆咸謂爲狂人，卽便放遣。

法師後又出門，諸神復唱令，執還，遂聞徹國王。王又[93]令於大集中更檢問之。衆重檢問亦如先，不相領解。

如此三反去而復還。至第四反，諸神雖送將還，衆不復檢問，令諸夜叉放遣出國。

法師既達本土，卽宣示近遠，咸使知聞[94]云，「我已學得罽賓國『毘婆沙』，文義具足。有能學者，可急來取[95]」。於是四方雲集。法師年[96]衰老，恐出此法不竟，令諸學徒急疾取之。隨出

---

87 「阿緰」麗初・金・麗再：「阿踰」・毘・磧・洪。［參考］慧沼作「東天竺阿踰」。

88 「婆須跋」慧沼・善珠：「婆娑須跋」毘・思溪・普寧・磧・洪：「婆娑須拔」麗初・金・麗再

89 「大集」毘・磧・洪：「集」麗初・金・麗再

90 「聞」麗初・金・麗再：「皆」毘★・磧・洪

91 「言語」麗初・金・麗再：「語言」毘・磧・洪

92 「謬」麗初・金・麗再★・玄應・毘・磧・洪：「繆」**大正**。玄應『一切經音義』卷二十「紕謬〈匹毘反。『禮記』，一物紕謬。鄭玄曰，「紕，猶錯也」。下靡幼反。謬猶錯亂也。謬，誤也。『方言』，謬，訛也。『說文』，狂者之言也〉」（徐時儀二〇一二・四二六頁。黃仁瑄二〇一八・八一一頁。慧琳『一切經音義』卷七六引玄應音義）。

93 「又」金・麗再・毘・磧・洪：「人」麗初

94 「使知聞」麗初・金・麗再：「便聞知」毘・磧・洪

95 「取」麗初・金・麗再：「取之」毘・磧・洪

96 「年」麗初・金・麗再：「年已」毘・磧・洪

隨書，遂得究竟。罽賓諸師後聞此法已傳流餘土，人各嗟歎。

【五・六】【五・六一】 至佛滅後九百年中，有外道名頻闍訶婆娑。

頻闍訶是山名。婆娑譯爲住。此外道住此山，因以爲名。

【五・六二】 有龍王名毘梨沙迦那，住在頻闍訶山下池中。此龍王善解『僧佉論』。此外道知龍王有[97]解，欲就受學。龍王變[98]身，作仙人狀貌，住葉屋中。

外道往至龍王所，述其欲學意，龍王卽許之。外道採華，滿一大籃[99]。頭戴華籃[100]，至龍王所。繞龍王一匝，輒投一華，以爲供養。投一華，作一偈，讚歎龍王[101]。隨聞隨破其所立偈義，卽取華擲外道。其外道隨破隨立[102]，偈義既立，還投所擲華。如此投一籃[103]華盡，具[104]破且救[105]，諸偈悉成[106]就。

龍王既嘉其聰明，卽爲解說『僧佉論』，語外道云，「汝得論竟。愼勿改易」。龍王畏其勝己，故有此說[107]。及其隨聽所得，[108]卽簡擇之，有非次第，或文句不巧，義意不如，悉改易之。

---

97 「有」麗初・金・麗再：「善」毘・磧・洪

98 「變」麗初・金・麗再：「恆變」毘・磧・洪

99 「籃」玄應・**大正**：「藍」麗初・金・麗再★・毘★・磧・洪。玄應『一切經音義』卷二〇「大籃〈力甘反。筐屬也。『字林』，大篣也。篣，杯籠也。『纂文』，大筐也。篣音及各反〉」（磧藏本。徐時儀二〇一二・四二六頁）。［參考］慧琳『一切經音義』卷七六引玄應作「大藍」。

100 「籃」訂正・**大正**：「藍」麗初・金・麗再★・毘★・磧・洪

101 「王」麗初・金・麗再：「王德。龍王」毘・磧・洪

102 「擲外道。其外道隨破隨立」毘・磧・洪：「擲外，其隨施所立」麗初・金・麗再

103 「籃」麗初・麗再：「藍」金・毘・磧・洪

104 「具」麗初・金・麗再・毘：「且」磧・洪

105 「且救」毘・磧・洪：「敎」麗初・金・麗再

106 「成」毘・磧・洪：「來」麗初・金・麗再

107 「此說」毘・磧・洪：「此」麗初・金・麗再

108 「及其隨聽所得，卽」毘・磧・洪：「及其隨所得」麗初・金・麗再

龍王講論竟，其著述亦罷，卽以所著述論呈龍王。龍王見其所製勝本，大起瞋妬，語外道云，「我先囑汝不得改易我論。汝云何改易。當令汝所著述不得宣行」。外道答云，「師本囑我論成後[109]，不得改易，不囑我於說論中，不得改易。我不違師敎，云何賜責。乞師施我恩，我身未壞，願令此論不壞」。師卽[110]許之。

【五・六三】外道得此論後，心高很慢，自謂，「其法最大，無復過者。唯釋迦法，盛行於世，衆生[111]謂此法爲大，我須破之」。卽入阿緰[112]闍國，以顯[113]擊論義鼓云，「我欲論義。若我墮負，當斬我頭[114]。若彼墮負，彼宜輸頭」。

國王祕柯羅摩[115]阿秩[116]多。

譯爲正勤[117]日。

王知此事，卽呼外道問之。外道曰，「王爲國主，於沙門婆羅門心無偏愛。若有所習行法，宜試其是非。我今欲與釋迦

109 「成」毘・磧・洪：「竟」金・麗再：「來」麗初
110 「師卽」麗初・金・麗再：「卽」毘・磧・洪
111 「生」麗初・金・麗再：「人多」毘・磧・洪
112 「緰」麗初・金・麗再：「輸」毘・磧・洪
113 「顯」麗初・金・麗再：「頭」毘・磧・洪
114 「頭」金・麗再・毘・磧・洪：「級」麗初
115 玄應『一切經音義』卷二〇「祕柯〈蒲蔑反。祕柯摩羅阿秩多，譯云正勤〉」（徐時儀二〇一二・四二六頁。黃仁瑄二〇一八・八一二頁。慧琳『一切經音義』卷七六引玄應音義）。
116 「秩」麗初・金・麗再★：「祑」毘・磧・洪・**大正**
117 「勤」毘・磧・洪：「勒」麗初・金・麗再
118 「各須」毘・磧・洪：「須」金・麗再：「若須」麗初

弟子決判勝劣，各須[118]以頭爲誓」。王卽聽許。

王遣人問國內諸法師，「誰能當此外道。若有能當，可與論義」。于時摩㝹羅他[119]法師、婆藪槃[120]豆法師等諸大法師，悉往餘國不在。

摩㝹羅他，譯爲心願。

唯有婆藪槃[121]豆師[122]佛[123]陀蜜多羅法師在。

佛陀蜜多羅，譯爲覺親。

此法師本雖大解，年已老邁，神情昧弱，辯說羸微。法師云，「我法大將悉行在外[124]。外道強梁，復不可縱。我今正應自當此[125]事」。法師卽報國王。王仍剋日，廣集大衆於論義[126]堂，令外道與法師論義[127]。

外道問云，「沙門，爲欲立義，爲欲破義」。

法師答云，「我如大海，無所不容。汝如土塊，入中便沒。

---

119 「法」毘・磧・洪：「諸」麗初・金・麗再

120 「槃」毘・磧・洪・**大正**：「盤」麗初・金・麗再★

121 「槃」毘・磧・洪・**大正**：「盤」麗初・金・麗再★

122 「師」毘・磧・洪：「法師◇◇◇◇◇◇◇◇◇」金：「法師」麗再

123 麗初有空行十字，缺「等諸大法師悉往餘國不在摩㝹羅他譯爲心願唯有婆藪槃豆法師佛」三十字。

124 「在外」金・麗再：「在」麗初：「不在」毘・磧・洪

125 「此」麗初・金・麗再・磧：「其」毘・磧・洪

126 「義」麗初・金・麗再：「議」毘・磧・洪

127 「義」麗初・金・麗再：「議」毘・磧・洪

隨汝意所樂」。

外道云，「沙門，可立義。我當破汝」。

法師卽立無常義云，

一切有爲法，刹那刹那滅。

何以故。

後不見故。

以種種道理成就之。

是法師所說，外道一聞，悉誦在口。外道次第以道理破之，令法師誦取，誦不能得。令法師救之，救不能得。法師卽墮負。外道云，「汝是婆羅門種，我亦是婆羅門種，不容殺汝。今須鞭汝背，以顯我得勝」。於是遂行其事。

王以三洛沙金賞外道[128]。外道取金[129]，布散國內，施一切人，還頻闍訶山，入石窟中，以呪術力召得夜叉神女名稠林，從此神女乞恩，「願令我死後身變成石，永不毀壞」。神女卽許之，其自以石塞窟，於中捨命，身卽[130]成石。所以有此願者，其先從

---

128 「道」金・麗再・毘・磧・洪：「道金」麗初

129 「取金」金・麗再・毘・磧・洪：「取」麗初

130 「身卽」麗初・金・麗再・磧・洪：「身」毘

其師龍王乞恩，「願我身未壞之前，我所著『僧佉論』亦不壞滅」。故此論于今猶在。

【五・七】 婆藪槃豆後還，聞如此事，歎恨憤結，不得値之，遣人往頻闍訶山，覓此外道，欲摧[131]伏其很慢，以雪辱師之恥，外道身已成石。天親彌復憤懣，卽造『七十眞實論』，破外道所造『僧佉論』。首尾凡[132]解，無一句得立。諸外道憂苦，如害己命。雖不値彼師，其悉檀旣壞，枝末無復所依，報讐[133]雪恥，於此爲訖[134]。

衆人咸聞[135]慶悅[136]。王以三洛沙金賞法師。法師分此金爲三分，於阿緰[137]闍國起三寺。一、比丘尼寺。二、薩婆多部寺。三、大乘[138]寺。

【五・八】【五・八一】 法師爾後更成立正法。先學『毘婆沙』義已通，後爲衆人講『毘婆沙』義。一日講，卽造一偈，攝一日所說義，刻赤銅葉[139]，以書此偈，標置醉象頭下[140]，擊鼓宣令，「誰人能破此偈義。能破者當出」。如此次第，造六百餘偈，攝

---

131 「摧」麗初・金・麗再：「折」毘・磧・洪
132 「凡」麗初・金・麗再★・磧・洪：「瓦」毘★・大正
133 「報讐」麗再・毘・磧・洪：「報」麗初・金
134 「訖」金・麗再・毘・磧・洪：「乞」麗初
135 「聞」麗初・金・麗再：「皆」毘・磧・洪
136 「悅」麗初・金・麗再：「快」毘・磧・洪
137 「緰」麗初・金・麗再：「踰」毘・磧・洪
138 「乘」麗初・金・麗再：「乘部」毘・磧・洪
139 「葉」麗初・金・麗再・毘：「鍱」磧・洪
140 「下」麗初・金・麗再：「上」毘・磧・洪
141 「盡」麗再：「聞盡」麗初・金：「皆盡」毘・磧・洪

『毘婆沙』義。盡[141]一一皆爾，遂無人能破。卽是『倶舍論』偈也。

偈訖[142]後，以五十斤金并此偈，寄與罽賓諸毘婆沙師，彼[143]見聞[144]大歡喜，謂我正法已廣弘宣。但偈語玄深，不能盡解，又以五十斤金足前五十，爲百斤金，餉法師，乞法師爲作長行，解此偈義。

法師卽作長行解偈，立薩婆多義，隨有僻處，以經部義破之，名爲『阿毘達磨倶舍論』。論成後，寄與罽賓諸師，彼見其所執義壞，各生憂苦。

【五・八二】 正勤[145]日王太子名婆羅秩[146]底[147]也。

婆羅，譯爲新。秩[148]底也，譯爲日。

王本令太子就法師受戒。王妃出家，亦爲法師弟子。太子後登王位，母子同請留法師，住阿緰闍國，受其供養。法師卽許之。

---

142 「訖」麗再：「説」麗初・金：「足」毘・磧・洪
143 「彼」麗再・毘・磧・洪：「後」麗初・金
144 「聞」麗初・金・麗再：「皆」毘・磧・洪
145 「勤」毘・磧・洪：「勒」麗初・金・麗再
146 「秩」麗初・麗再：「袟」金・毘・磧・洪
147 「底」麗初・金・麗再：「底〈知履反〉」毘・磧・洪
148 「秩」麗初・麗再：「袟」金・磧・洪：「帙」毘

新日王妹夫婆羅門名婆修羅多，是外道法師，解『毘伽羅論』。

天親造『倶舍論』[149]，此外道以『毘伽羅論』義，破法師所立文句，謂「與『毘伽羅論』相違，令[150]法師救之。若不能救，此論則壞」。法師云，「我若不解『毘伽羅論』，豈能解其[151]深義[152]」。法師仍造『論』，破『毘伽羅論』三十二品，始末皆壞。於是失『毘伽羅論』，唯此『論』在。

王以一洛沙金奉法師。王母以兩洛沙金奉法師。法師分此金爲三分，於丈夫國、罽賓國、阿緰闍國各起一寺。

【五・八三】 此外道慚忿，欲[153]伏法師，遣人往天竺，請僧伽紱[154]陀羅法師來阿緰闍國，造論破『倶舍論』。此法師至，卽造兩論。

一、『光三摩耶論』，有一萬偈，止述『毘婆沙』義。

三摩耶，譯爲義類。

---

149 「論」麗初・金・麗再：「論竟」毘・磧・洪
150 「令」金・麗再・毘・磧・洪：「尒（＝爾）」麗初
151 「其」麗初・金・麗再：「甚」毘・磧・洪
152 「義」麗初・金・麗再：「妙義」毘・磧・洪
153 「忿欲」麗再・毘・磧・洪：「欲忿」麗初・金
154 「紱」麗初・金・麗再：「跋」毘・磧・洪

二、『隨實論』，有十二萬偈，救『毘婆沙』義，破『倶舍論』。

論成後，呼天親，更共面論決之。天親知其雖破，不能壞『倶舍』義，不復將彼面共論決。法師云，「我今已老。隨汝意所爲，我昔造論，破『毘婆沙』義，亦不將汝面共論決。汝今造論，何須呼我。有智之人自當知其是非」。

【五・九】【五・九二】法師既[155]遍通十八部義。妙解小乘，執小乘爲是，不信大乘，謂摩訶衍非佛所[156]說。

阿僧伽法師既見此弟聰明過人，識解深廣，該通內外，恐其造論，破壞大乘。阿僧伽法師住在丈夫國，遣使往阿緰闍國，報婆藪槃豆云，「我今疾篤。汝可急來」。

天親卽隨使還本國，與兄相見，諮問疾源。

兄答云，「我今心有重病[157]，由汝而生」。

天親又問，「云何。賜由」。

兄云，「汝不信大乘，恆生毀謗，以此惡業必永淪惡道。我今愁苦，命將不全」。

155　「旣」麗初・金・麗再：「先」毘・磧・洪
156　「佛所」麗初・金・麗再：「是佛」毘・磧・洪
157　「病」麗再・毘・磧・洪：「疾」麗初・金
158　「識」毘・磧・洪：「淺」麗初・金・麗再
159　「得悟」毘・磧・洪：「悟」麗初・金・麗再
160　「旣」毘・磧・洪：「卽」麗初・金・麗再

天親聞此驚懼，卽請兄爲解說大乘。兄卽爲略說大乘要義。法師聰明，殊有深識[158]，卽於此時得悟[159]，知大乘理應過小乘。於是就兄遍學大乘義，後如兄所解，悉得通達。解意既[160]明，思惟前後，悉與理相應，無有乖背，始驗小乘爲失，大乘爲得，若無大乘，則無三乘道果。昔既毀謗大乘，不生信樂，懼此罪業，必入惡道。深自咎責，欲悔先過[161]，往至兄所，陳其愚迷[162]，今欲懺悔，先僁[163]未知何方得免，云，「我昔由舌故生毀謗，今當割舌，以謝此罪」。兄云，「汝設割于舌[164]，亦不能滅此罪。汝若欲滅此罪，當更爲方便」。

法師卽請兄說滅罪方便。兄云，「汝舌能善巧[165]毀謗大乘。汝若欲滅此罪，當善巧[166]解說大乘」。

【五・九二】 阿僧伽法師但沒[167]後，天親方造大乘論，解釋諸大乘經。『華嚴』、『涅槃』、『法華』、『般若』、『維摩』、『勝鬘』等諸大乘經論，悉是法師所造。又造『唯識論』，釋『攝大乘』、『三寶性』、『甘露門』等諸大乘論。

凡是法師所造，文義精妙，有見聞者，靡不信求。故天竺

---

161 「過」金・麗再・毘・磧・洪：「愚」麗初

162 「愚迷」毘・磧・洪：「過迷」麗初・金・麗再

163 「僁」麗初・金・麗再・毘・磧・洪。［參考］國譯作「愆」。

164 「于舌」麗初・金：「千舌」麗再：「舌」毘・磧・洪

165 「善巧」毘・磧・洪：「善以」麗初・金・麗再

166 「善巧」毘・磧・洪：「善以」麗初・金・麗再

167 「但沒」麗初：「殂沒」麗再★：「但殂」金：「殂歿」毘・磧・洪・**大正**

168 「造」麗初・金・麗再：「造論」毘・磧・洪

及餘邊土學大小乘人，悉以法師所造[168]爲學本。異部及外道論師聞法師名，莫不畏伏。

【五・十】於阿緰闍國捨命，年終八十。雖迹居凡地，理實難思議也。

【六】前[169]來訖[170]此，記天親等兄弟。

此後記三藏闍梨從臺城出入東，至廣州，重釋[171]大乘諸論幷遷化後事，傳於後代。

『婆藪槃[172]豆法師傳』

---

169 磧・洪缺「前來……後代」。

170 「訖」麗初・金・麗再：「說」毘

171 「釋」麗初・金・毘：「譯」麗再

172 「槃」毘・磧・洪・**大正**：「盤」麗初・金：「媻」麗再★

第二章　『ヴァスバンドゥ伝』現代語訳

凡　例

一，本章は［陳］眞諦譯『婆藪槃豆傳』（本書第一章）の現代日本語訳である。

二，原文を適宜段落で区切り，各段冒頭に【 】を用いて段落番号と内容を示す。これは原文に含まれない筆者の補足であり，番号は第一章原文篇の【 】と一致する。

三，点線を施した訳語は，真諦による解説であると筆者が判断した箇所（インド語原典に存在し得ない漢訳時の補足解説）を示し，第一章の点線を施した原文と対応する。

四，語を補う際，〔 〕は原文にない補いを示し，（ ）は直前部の解説や原語を示す。

五，原文がインド語の漢字音写である場合（つまり意味を訳した漢語でない場合），現代日本語訳でも原文が外国語であることを示すため，片仮名とローマ字を用いる。本伝原典のインド語はサンスクリット語と特定できる。それ故，特に断わらない限り，片仮名はサンスクリット語を示し，パーリ語や中期プラークリット語ではない。

六，サンスクリット複合語を片仮名表記する時，パラマールタの代わりにパラマアルタ，サルヴァースティの代わりにサルヴァアスティのように複合語成分を分割して示す。

『ヴァスバンドゥ伝』(1)

陳の天竺の真諦三蔵訳

【一　概略】

【一・一　生地】

ヴァスバンドゥ Vasubandhu(2) 法師は北天竺(ほくてんじく)(3)のプルシャ・プラ Puruṣa-pura(4) 国の人である。

【一・二　プルシャ・プラという地名の由来】

「プルシャ」は「偉丈夫」と訳す。「プラ」は「領土」と訳す。

【一・三　地名「プルシャ・プラ」の伝説】

ヴィシュヌ Viṣṇu（毘捜紐）(5) 神は，世間の言い伝えによれば，(6) 神々の帝王シャクラ Śakra（帝釈(たいしゃく)）(7) の弟である。(8) 帝釈はその〔弟すなわちヴィシュヌ神〕をジャンブ・ドゥヴィーパ Jambu-dvīpa（閻浮(えんぶ)提(だい)）(9) に王として送り，アスラ asura（阿修羅）(10) を調伏させた。

その〔ヴィシュヌ神〕はジャンブ・ドゥヴィーパに生まれると，ヴァスデーヴァ Vasudeva[11] の息子となった。

インドラ・ダマナ Indra-damana という名のアスラがいた。

【インドラ・ダマナという名の意味】

「インドラ」は，「神々の帝王シャクラ〔帝釈〕」のことを言う名である。[12]「ダマナ」は「制圧する〔者〕」と訳す。このアスラは常にインドラ〔神〕と戦い，インドラを制圧する力があったので，故にこう呼ばれる。

【アスラの語義その一】

『ヴィヤーカラナ Vyākaraṇa 論（文法学書）[13]』に，「アスラ」の意味は「不善を楽しむ者[14]」であると言うのは，この〔アスラという語の〕意味を訳した名称である。[15]神々はいつも善を楽しむのに対し，それ（アスラ）はいつも悪（不善）を楽しむので，[16]故にこう呼ばれる。

【アスラの語義その二】

また〔「アスラ」は〕「神（スラ sura）でない（ア a）もの[17]」とも名づけられる。[18]

このアスラにはプラバーヴァティー Prabhāvatī という名の妹がいた。[19]

【プラバーヴァティーという名の意味】

「プラバー」は，意味を訳せば「輝く光」である。「ヴァティー」は，意味を訳せば「女性（妃）」[20]である。

この娘は容姿端麗であり，[21]〔兄の〕アスラはヴィシュヌ神を倒そうとしていた。そこで故意にこの妹〔の美貌〕でその〔ヴィシュヌ神〕を誑かそうとし，魔力でジャンブ・ドゥヴィーパの一所を暗くした。その〔兄のアスラ〕は自らその暗い場所に住まい，人から見えないようにした。妹を別の明い場所に住まわせ，妹にこう言った――「もし誰かがおまえを妻に迎えたいと欲したなら，[22]『私の兄は怪力です。もし私を娶りたいなら私の兄の思いと食い違うことでしょう。もし私の兄と戦い〔勝てる〕なら，[23]許してくれるでしょう』と言うがよい」。

ヴィシュヌ神はその後，明るい所でこの娘を見ると，心は大いに喜び，「そなたはどんな御方か」と訊ねた。〔プラバーヴァティーが〕「私はアスラの娘[24]です」と答えると，〔ヴィシュヌ〕神は，「アスラの娘たちは皆，昔から神に嫁ぐものだ。私は妻がいない。そなたも夫がいない。今ここで求婚するので受けてくれるか」と言った。娘は兄に言われた通りに返答した。すると〔ヴィシュヌ〕神は，「そなたは私が愛おしいから，そう言うのだ。そなたはもう私を気に入っているのだから，私はどうして捨ておけよう。(25)私は怪力だ。そなたの兄と戦える」と言った。かくして娘は許諾し，すぐに夫婦となった。

アスラはその後，明るいところに行き，ヴィシュヌ神に，「あなたはどうして勝手に私の妹を妻としたのか」と問い質すと，〔ヴィシュヌ〕神は，「もし私が偉丈夫でないなら，あなたの妹を妻としたことは責めを受けるべきことになろうが，しかし私は偉丈夫で妻がいなかったし，あなたの妹は生娘で夫がいなかった。私が妻に迎えたのは筋が通っているのだから，なぜ咎め立てされる言われがあろうか(26)」と答えた。アスラは，「あなたはどうして自ら偉丈夫と言えるのか。もし偉丈夫であり，私と戦っても勝てるなら，妹をやろう」と言った。〔ヴィシュヌ〕神は，「あなたが信じないなら決着を付けようか」と言い，その場ですぐに各々刀を手にし，互いに切り合った。ヴィシュヌ神は〔怪力の〕ナーラーヤナ Nārāyaṇa(27)が本身であったので，〔アスラが〕切りつけても〔刀は体に〕刺さらなかった。(28)〔ヴィシュヌ〕神がアスラの頭を切りつけると，切り裂いても〔頭は〕すぐまた元に戻った。手や腕等，体の他の部分もまったく同じく，斬ってもすぐ後に元に戻った。

早朝から夕方まで斬り合いを止めなかったが，アスラは死ぬ様子がなかった。〔ヴィシュヌ〕神の体力は徐々に尽きてゆき，疲労困憊(29)がどんどん酷くなった。

夜になると，アスラの力は益々強くなったので，(30)明妃〔プラバーヴァティー〕は夫が敵わないのではないかと恐れ，ウトパラ utpala〔睡蓮(すいれん)〕(31)の花を手に取り，それを二つに裂き，それぞれ別のところに放り投げ，明妃はその間を行きつ戻りつした。すぐに〔ヴィシュヌ〕神はその意図を察知し，アスラの体をつかまえ，それを真っ二つに裂き，それぞれ別のところに放り投げ，〔ヴィシュヌ〕神はその間を行きつ戻りつしたところ，これによりアスラは絶命した。これより以前，アスラはある聖仙(32)のもとで恩寵を乞い求め，身を切りつけられてもすぐに元に戻れるよう頼んでいたのだった。その仙人は，恩寵を施した。それ故，その後は切りつけられても命を失うことがなくなったのだった。〔しかし〕その仙人は，神々には〔アスラを〕殺させようとしたので，〔戦いの相手が神の場合は〕その〔アスラの〕体が引き裂かれても元に戻る恩寵を与えずにおいた。それ故，その後，〔ヴィシュヌ神が殺そうとした〕時，〔アスラは元に戻れず〕絶命したのだった。

〔このように〕ヴィシュヌ神がこの地に住まい偉丈夫の力を発揮したので，それ故，この地を「偉丈夫の国土（プルシャ・プラ）」と称したのである(33)。

【三　ヴァスバンドゥ三兄弟(34)】

この地には，国王の師であった婆羅門（ばらもん） brāhmaṇa(35) がいて，姓をカーウシカ Kauśika(36) と言い，息子三人すべてに，ヴァスバンドゥ Vasubandhu という同じ名をつけた(37)。

【ヴァスバンドゥという名の意味】

「ヴァス」は，意味を訳せば「神」である(38)。「バンドゥ」は，意味を訳せば「近い繋がり」である。天竺（インド）には子供に名をつける時，こうした方法がある。兄弟が同じ名でも，更に別の名をつけて〔区別を〕表す。

【㈢ 三男ヴァスバンドゥ 別名ヴィリンチ・ヴァツサ】

〔ヴァスバンドゥ三兄弟のうち〕三男ヴァスバンドゥは，サルヴァアスティ・ヴァーダ Sarvāsti-vāda 部(39)で出家し，〔修行して〕阿羅漢(あらかん)(40)の成果を得た。別名をヴィリンチ・ヴァツサ Viriñci-vatsa(41)と言った。

【ヴィリンチ・ヴァツサという名の意味】

「ヴィリンチ」は母親の名である。「ヴァツサ」は，意味を訳せば「息子」であり，また「小児」とも言う(42)。この名は人にも動物にも共通して用いる。例えば牛の子供も「ヴァツサ」という。但しこの地（中国）では仔牛のことは「犢(とく)」と呼ぶ。

【㈣ 長男ヴァスバンドゥ 別名アサンガ】

長男ヴァスバンドゥは，菩薩の素質を備えていた(43)。やはりサルヴァアスティ・ヴァーダ部で出家した(44)。その後，精神統御を修得し，欲望から離脱できたが，〔一切は〕空であるという教えを思念しても，そこに没頭できずに自殺しようとした。ピンドーラ Piṇḍola（賓頭盧(45)）阿羅漢はこれを〔遠方の〕東ヴィデーハ Videha(46)で観察し，そこから〔長男ヴァスバンドゥの所に〕やって来て，〔彼に〕小乗(47)

の空を観察する方法を説き示したところ，〔長男ヴァスバンドゥは〕教えの通りに観察し，すぐにそれに入ることができた。〔但し〕小乗の空を観察する方法を体得したとはいえ，心の安泰は得られず，物事の道理として単に〔小乗の空観〕だけでは十分ではないと思った。そこで神通力をたよりに〔上方の〕トゥシタ Tusita 天（兜率多天）[48]に趣き，マーイトレーヤ Maitreya（弥勒）[49]菩薩に大乗経の教えを問い訊ねた。マーイトレーヤ菩薩は〔長男ヴァスバンドゥの〕ために大乗の空を観察する方法を説き示した。〔長男ヴァスバンドゥは，トゥシタ天から〕ジャンブ・ドゥヴィーパに戻り，説かれた通りに思いを巡らし，たちまち悟りを得た[50]。〔空を〕思念していた時，大地は六種類に震動した[51]。大乗の空を観察する方法を体得したので，それに因んで「アサンガ Asaṅga」と呼ばれた。

【アサンガという名の意味】

「アサンガ」は「無著（執着心のない者）」と訳す。

その後，何度もトゥシタ天に上って弥勒に大乗経の教えを問い訊ねた。弥勒は広く様々に解説し，〔アサンガはその新たな教えを〕知る度にジャンブ・ドゥヴィーパに戻り，〔マーイトレーヤ菩薩から〕自ら聞いたことを他の人々に説いてやった。それを聞いた人々はたいてい信じなかったので，無著（アサンガ）法師は自ら，「私は今や生きものたちに大乗を信じさせ確信を得させたい。願わくは，〔マーイトレーヤ〕大師よ，ジャンブ・ドゥヴィーパに降臨して大乗を解説し，生きものたちすべてがそれを信じ確信できるようにしてください」と誓願を発した。

そこでマーイトレーヤは彼の発願の通り，夜間，ジャンブ・ドゥヴィーパに降臨し，大光明を発し，縁ある人々を幅広く集め，説法堂において『十七地経』[52]を誦出し教えた。誦出する側からすぐに意味を解説することを繰り返した。[53] 丸四ヶ月かかってようやく『十七地経』の解説は終わった。

人々は同じ場所に集まって教えを聴いたが，ただ一人，無著法師のみがマーイトレーヤ菩薩の傍で直に聴聞できた。[54] ほかのすべての者たちはただ遥か遠いところでマーイトレーヤの説法の声を聞けたに過ぎなかった。〔アサンガと他の者たちは，毎日〕夜は皆共に弥勒の説法を聴き，〔翌日の〕日中に無著法師はあらためて他の人々に向けて，〔前夜自ら直に聴いた〕マーイトレーヤの説いた内容を解説してやった。[55] これによって多くの人々が皆マーイトレーヤ菩薩の大乗の教説を信ずるようになった。

無著法師は太陽光のサマーディ **samādhi**（三摩提，精神統御[56]）を修得し，〔マーイトレーヤが〕教えた通りに学び，立ち所にこの精神統御を会得した。この精神統御法を会得した後は，以前は理解できなかった事柄にもすべて通暁できるようになり，以前に聞いたことを忘れず記憶にとどめた。〔それ以前には〕ブッダ **buddha** がかつて説き示した『華厳経』等の大乗諸経について，その教義がすべて分かっていたわけではなかったが，[57] マーイトレーヤがトゥシタ天にて無著法師に様々な大乗経の教えを解説すると，法師はそのすべてに通暁し，すべてを暗記し，記憶にとどめた。その後，ジャンブ・ドゥヴィーパにて大乗諸経のウパデーシャ **upadeśa**（注解[58]）を作り，ブッダが説いた偉大な教えのすべてを解き明かした。

【五　次男ヴァスバンドゥ，別名なし】

次男ヴァスバンドゥも[59]，サルヴァアスティ・ヴァーダ部で出家し[60]，広く学び，〔仏教の〕典籍にあまねく通じた。才能は素晴らしく，比類なかった。戒律を守る行いは気高く，他の誰よりも勝れていた。兄弟には別名があったので，この法師は〔別名を与える必要がなく〕，「ヴァスバンドゥ」と本名だけで呼ばれた[61]。

【五・一　カーティヤーヤニー・プトラ】

釈迦仏の入滅後の第五の百年目に[62]，カーティヤーヤニー・プトラ Kātyāyanī-putra（迦旃延子）という名の阿羅漢がいた。

【カーティヤーヤニー・プトラという名の意味】

母の姓はカーティヤーヤニー Kātyāyanī だったので，母の名によって〔「カーティヤーヤニー・プトラ」すなわち「母カーティヤーヤニーの息子」と〕呼ばれた[63]。

この者はまず，サルヴァアスティ・ヴァーダ部で出家した。元来は天竺（インド）出身であり，後に罽賓（けいひん）（カシュミール[64]）国に行った。

罽賓は天竺（インド）の西北に位置する。

【五・二『八グランタ』の編纂】

〔カーティヤーヤニー・プトラは，罽賓国において〕五百の阿羅漢と五百の菩薩とが[65]共同して，サルヴァアスティ・ヴァーダ部のアビダルマ abhidharma（薩婆多部阿毘達磨）を編纂し，『八グランタ grantha[66]』を著した。

【『八グランタ』という書名の意味】

これは，ここ（中国）で『八乾度』と称する書である。[67]「グランタ」は「纏まり（結）」と訳し，「各部分（節）」とも言う。すなわち同内容の論がそれぞれまとまっているから「纏まり（結）」と言う。そしてまた，教義をとりまとめて分散しないようにするから「纏まり」と言う。同内容の論がそれぞれ境界を有するから「各部分」と言う。また，この文を『発慧論（正しい智慧を発する論書）[68]』とも呼ぶ。

〔『八グランタ』の編纂者たちは〕神通力と誓願力を用い，遠近の様々な者に幅広く告げた――「以前に『アビダルマ[69]』を聞いたことのある者は，〔聞いた〕分量の長短を問わず，そのまますべて送って来るがよい」。かくして神々・ナーガ（龍）・ヤクシャ yakṣa（夜叉）[70]から，果てはアカニシュタ Akaniṣṭha[71]に至るまでの〔上位の〕神々でブッダの説いたアビダルマを聞いたことのある者は，その文言の長短にかかわらず，果ては一句一偈[72]に至るまですべてを送り届けた。カーティヤーヤニー・プトラは，阿羅漢たちと菩薩たちと一緒にその教義を選定した。スートラ sūtra（修多羅）やヴィナヤ vinaya（毘那耶）と相違しないものは編纂し，その文章に書名を付けた。もし相違したらすぐに破棄した。こうして取り出された文言を，内容の種類に応じて関連させて，〔戒律・禅定・智慧という学ぶべき三種のうち〕智慧を明らかにする文章は智慧の纏まりに配置し，禅定（精神統御）を明らかにする文章は禅定の纏まりに配置した。これ以外の種類も同様に処理した。『八つの纏まり（八結＝八グランタ）』は，合わせて五万偈分（百六十万字）の長さであった[73]。『八つの纏まり』を作成した後，更にその『ヴィバーシャー Vibhāṣā（毘婆沙）[74]』を作って注釈しようとした。

【五・三　アシュヴァゴーシャの『ヴィバーシャー』編纂】

アシュヴァゴーシャ Aśvaghoṣa（馬鳴）[75]菩薩はシュラーヴァスティー Śrāvastī 国のサーケータ Sāketa[76]の人である。『八部構成のヴィヤーカラナ論（文法学書）[77]』ならびに四種の『ヴェーダ Veda[78]』と〔『ヴェーダ』の内容を補足する〕六つの論書[79]に精通し，〔更に仏教について〕十八部派の三蔵[80]のすべてを解したので，実に広範な知識を有する模範的人物として尊信された[81]。

カーティヤーヤニー・プトラはシュラーヴァスティー国に使者を遣わし[82]，アシュヴァゴーシャにその知識を文字に書いて著作して欲しいと依頼した。

アシュヴァゴーシャが罽賓に到着すると，カーティヤーヤニー・プトラは，順を追って『八つの纏まり』を注釈した。[83] 阿羅漢と菩薩たちは共同し，すぐにその教義を細かく分析した。[84] そして〔正しい教義と認めてよいと〕確定した側からアシュヴァゴーシャは文章にし，十二年をかけて『ヴィバーシャー論』はやっと完成した。[85] 合わせて百万偈分（三千二百万字）の長さであった。[86]

【『ヴィバーシャー』という書名の意味】

「ヴィバーシャー」は「広範な解説」と訳す。

【五・四 『ヴィバーシャー』の国外流出を禁ず】

編纂が完了したので，カーティヤーヤニー・プトラは次のように石に刻み付け，告知を掲げた――「今より以後，この〔『ヴィバーシャー』の〕教えを学んだ者は罽賓（カシュミール）国より出国してはならぬ。また『八つの纏まり』の文章も『ヴィバーシャー』の文章も決して国外に出してはならぬ。他の部派や大乗の者たちがこの正しい教えを汚したり破壊したりするのを懸念してのことである」。〔このように〕重大案件の処置を提案して〔カシュミール〕国王に奏上すると，国王もこれに同意した。

【罽賓の関門】

罽賓〔カシュミール〕国は，四方を山に囲まれた城塞のような所であり，国の内外を出入りする関門がただ一つだけあった。[87]〔アビダルマ学の〕聖者たちは誓願の力でヤクシャ神たちをとりまとめ，その関門を守らせた。[88]この〔アビダルマの〕教えを学びたいと余所から誰かが罽賓に来ても遮断し，〔通さなかった〕。[89]そのうえ聖者たちは誓願の力で五百のヤクシャ神たちに物資を提供させ，この〔アビダルマの〕教えを学びたい者に必要品を与え，欠乏することがないようにした。

【五・五　ヴァスバドラ，『ヴィバーシャー』をアヨーディヤー国に伝う】

アヨーディヤー Ayodhyā[90] 国にヴァスバドラ Vasubhadra[91] という名の法師がいて，聡明で智慧あり，聞いたことはすぐ記憶できた。『八つの纏まり』と『ヴィバーシャー』の教義を学び，他国に広く流布させたいと思った。

その法師は本当の姿を隠し[92]狂人になりすまし，罽賓〔カシュミール〕国に行った。いつも大法会で教えを聴いたが，ふるまいは常軌を逸し，言葉も笑い方も奇異だった。ある時，『ヴィバーシャー』の教義を論ずる法会の席で，〔突拍子もなく〕『ラーマーヤナ *Rāmāyana*』[93] について質問したので，人々は法師を軽んじ，〔彼の言うことを〕聞いても相手にしなかった。

十二年間で『ヴィバーシャー』〔の全文〕を数回聴講できた[94]ので，その文章の意味に熟達し，すべてを諳誦して心に留め，本国に帰ろうとした。国の関門のところまでやって来ると，ヤクシャ神たちが大声で「偉大なアビダルマの師が今出国しようとしている」と〔警告を〕発したので，〔ヴァスバドラを〕捕まえて大法会に連れ戻させた。人々が皆で取り調べたところ，言葉は間違いだらけで言っていることの意味が分からなかった。人々は皆，法師を狂人と見なし，無罪放免とした。

その後，〔ヴァスバドラ〕法師がまた関門を出ようとすると，〔ヤクシャ〕神たちは再び〔警告を〕唱え，捕まえ引き戻した。その結果，国王の耳にまで届いた。王は大法会で更に取り調べさせ，人々は前と同じようにもう一度取り調べたが，何を言っているのか分からなかった。

このようにして三度，出国しようとしては戻った。そして四度目には〔ヤクシャ〕神たちが送り戻しても，人々は何も取り調べず，ヤクシャ神たちに〔ヴァスバドラを〕解放させ，出国させた。[95]

法師は本国に到着するとすぐに遠近の者たちに，「我は罽賓国の『ヴィバーシャー』を修学し，文章の意味を知悉している。それを学ぶ力量のある者は，直ちに来て学び取るがよい」と告知した。そこで四方より人々が雲の如くに集まった。法師は高齢で老衰していたので，その教えの伝授が完了しないことを懸念し，学徒たちにすぐに学得させようと，〔諳誦内容を〕口で誦出する側から書き写させ，[96]こうして作業を完遂することができた。罽賓の法師たちは，この教えが余所の地方に流出したことを後から聞き，皆が憂い歎いたのであった。[97]

【五・六　ヴィンディヤ・ヴァーシンの『サーンキャ論』と論争】

【五・六一　ヴィンディヤ・ヴァーシン】

釈迦仏の入滅後の第九の百年目に入ると,[98] ヴィンディヤ・ヴァーサ（ヴィンディヤ・ヴァーシン Vindhya-vāsin）[99] という名の異教徒がいた。

【ヴィンディヤ・ヴァーサ（ヴィンディヤ・ヴァーシン）という名の意味】

「ヴィンディヤ」は山名である。[100]「ヴァーサ」は「住む」と訳す。この異教徒はこの山に住んでいたので，こう呼ばれた。

【五・六二　ヴァールシャ・ガニヤ】

ヴリシャ・ガナ（ヴァールシャ・ガニヤ Vārṣa-gaṇya）[101] という名の龍王がヴィンディヤ Vindhya 山麓の池の中にいた。この龍王は『サーンキャ Sāṃkhya（僧佉）論』[102] をよく理解していた。この異教徒（ヴィンディヤ・ヴァーシン）は龍王が理解しているのを知り，その下で学びたいと思った。龍王は，仙人の姿に身を変えて木の葉で作った小屋[103]に住んでいた。

異教徒が龍王のいるところを訪れて自ら学びたいという気持ちを述べると，龍王はすぐに許諾した。異教徒は大きな籠を花で一杯にした。頭に花籠を戴き，龍王のいるところに到り，龍王の周りをぐるりと一周し,[104] その度毎に花を一つ投げては龍王に敬意を示した。花を一つ投げては詩を一つ作り，龍王を賞讃した。〔龍王は〕聞く側からその〔異教徒が〕定立した偈の意味をすぐに論破し,[105] そして花を摑んで外道に投げた。その異教徒は論破される側からすぐに〔訂正し直した詩を〕定立し，〔龍王は〕詩の内容が成り立っている〔のを見届け〕，投げられた花を再び投げ返した。こうして〔異教徒が〕花籠一つ分をすべて投げ終えると，〔異教徒が〕論難する度毎に，〔その論難が不十分であれば，龍王は自説を〕まず擁護した。〔こうして龍王の修正を経て，異教徒の〕偈がすべて出来上がった。[106]

　龍王は彼の聡明さを賛美し，彼に『サーンキャ論』を解説してやり，異教徒に，「汝は論をすべて得たのだから，改変してはならぬぞ」と言った。龍王は，彼が自らより勝れているのを恐れたのでこう言ったのであったが，その〔異教徒〕が教えを聴く度にそれを弁別してみると，〔言葉の〕順序が正しくない箇所があり，あるいは文章表現が上手くなかったり意味がすっきりしない箇所があったので，それらをその場ですべて改変した。[107]

　龍王は論を講じ終えると，〔異教徒が書き写した〕著作も完了し，そこで著作した論書を龍王に見せると，龍王は彼の作ったものが原本より勝れているのを見て大いに怒り，異教徒に，「私は先に汝に改変してはならぬと言ったのに，汝はなぜ私の論書を改変したのか。汝の著作を流布させるわけには行かぬ」と言った。異教徒は答えた――「師（あなた）は，論を授けた後で改変してはならぬと私に仰しゃいましたが，論を説いている最中に改変してはならぬとは私に仰しゃいませんでした。私は師（あなた）の教えに背いてはおりません。なぜお咎めを受けねばならないのでしょう。御願いです，私に恩寵をお与えください。私の体が朽ち果てるまで，どうかこの論書を壊さないでください」。師はすぐに許諾した。

【五・六三　ヴィクラマアーディティヤ王統治下のアヨーディヤー国】

異教徒はこの論書を得た後，心は高慢となり，誤って自ら考えた――「この〔『サーンキヤ論』の〕教えはこの世で最も偉大であり[108]，これに優るものはない。ただ釈迦の教えだけは〔同じ様に〕この世に流行し，人々はその教えを偉大と思うであろう。我はそれを論破する必要がある」。そこでアヨーディヤー国に入り，論義の鼓を打ち鳴らして言った[109]――「私は論争の場をもちたい。もし私が〔論争に〕負けたら，私の頭を切り落とすべし。もし相手が負けたら，そやつが頭を差し出すがよい」。

国王はヴィクラマアーディティヤ Vikramāditya であった。

【ヴィクラマアーディティヤという名の意味】

〔ヴィクラマアーディティヤは〕「正しく精励する太陽（正勤日）」と訳す[110]。

国王はこれを知ると，異教徒を呼び出し〔委細を〕訊ねた。異教徒は言った――「王は国家の主であり，沙門にも婆羅門にも贔屓しない御方です。もし〔両者それぞれに〕親しみ実践している教えがあるなら[111]，どちらが正しいか〔論争で〕検するがよろしい。私は今，釈迦の弟子とどちらが勝れているか白黒を付けたい。両者がそれぞれの首を賭けて誓う必要がある」。国王はすぐに許可した。

王は使者を遣わして国内の仏教の法師たちに訊ねた――「この異教徒に敵うのは誰か。もし敵う者がいるなら，論争[112]するがよい」。この時，マノーラタ Manoratha[113] 法師やヴァスバンドゥ法師らの大法師は皆，〔偶々〕他国に出かけており，不在であった。

【マノーラタという名の意味】

「マノーラタ」は「心に思慕する」と訳す。

【ブッダミトラ法師の敗北】

ただ一人，ヴァスバンドゥ法師の師匠ブッダミトラ Buddhamitra(114) のみが〔国内に〕いた。

【ブッダミトラという名の意味】

「ブッダミトラ」は「覚〔者〕と親密な者」と訳す。(115)

この〔ブッダミトラ〕法師にはもとより高い見識があったが，既に老いが進み，見かけはよぼよぼで弁論も精彩がなかった。法師は言った――「我が仏法の偉大な猛者たちは皆，今は外に出かけている。異教徒は強力であるから，好き放題のままにさせてはならぬ。今や私が自ら事に当たろう」。そこで法師が国王に知らせると，国王は日を定め，論義をする建物に幅広く多くの人々を集めた。異教徒は問うた――「沙門よ，そなたは主張の側にまわりたいか，それとも反主張(116)の側にまわりたいか」。

〔ブッダミトラ〕法師は返答した――「私は大海原のように何でも受け入れる。汝はちょうど土塊のように，(117)〔大海原に〕入ればすぐに沈んでしまう。汝の希望通りにするがよい」。

異教徒は言った――「沙門よ，そなたは立論するがよい。私は汝を論破しよう」。

そこで〔ブッダミトラ〕法師は無常の教義を立論して言った――，

〔主張〕一切の作られた存在物は，瞬間ごとに滅する。(118)

それは何故か。

〔理由〕〔存在物が生じた瞬間より〕後には認識されなくなるからである。(119)


〔法師は〕様々な理屈によってこれを証明した。

異教徒はこの法師の説を一度聞いただけですべて諳んじ，口で復唱してみせた。(120)異教徒は順繰りに論理によって逐一論破し，法師に〔反論を〕復唱させたが，法師は復唱できなかった。(121)法師に自説を擁護させようとしたが，法師は擁護できなかった。(122)法師はそこで論争に敗北した。(123)

異教徒は，「汝も婆羅門，私も婆羅門であるから，汝を殺すことは許されない。(124)今は〔殺す代わりに〕汝の背に鞭打つことで私が勝利したことをはっきりとさせる必要がある」と言い，こうして結局それを行ったのであった。

王は三ラクシャ **lakṣa**（三十万(125)）の黄金を異教徒に与えた。異教徒は黄金を受けとると，〔アヨーディヤー〕国内に分配し，すべての人々に施与した。そしてヴィンディヤ山に戻り，石窟に入って，呪術の力で密林[126]という名のヤクシャ神の娘を呼び寄せ，この娘に恩寵を乞い，「願わくは私の死後，我が体が石に変化し，永遠に壊れなくなりますように」と言った。〔ヤクシャ〕神の娘は承諾した。彼は自ら岩で石窟〔の入口〕を塞ぎ，その中で死ぬと，体はたちまち石となった。このような誓願をした理由は，彼はそれより以前に，彼の師匠である龍王に恩寵を乞い，「願わくは我が体が壊れない限り，私の著した『サーンキヤ論[127]』も壊れませんように」と言っていたからだった。それ故，この『〔サーンキヤ〕論』は今も現存するのである。

【五・七 ヴァスバンドゥの雪辱】

ヴァスバンドゥは後に帰国し，このような事件を聞くと，憤懣やるかたなかったが，その〔異教徒に〕会うことはできなかった。使者を遣わしてヴィンディヤ山に行かせ，この異教徒を探して折伏し，師（ブッダミトラ）に与えられた恥辱を雪ぎたいと思ったけれども，その異教徒の体は既に石となり果てていた。天親（てんじん）（ヴァスバンドゥ[128]）は愈々憤りを増し，『七十真実論[129]』を作り，その異教徒の作った『サーンキヤ論』を論破した。『〔サーンキヤ〕論』は始めから終わりまですべて壊れ，僅か一句すら成り立たないものとなった。異教徒たちの悲嘆に暮れる様は，まるで自らの命を害されたかのようだった。当の異教徒本人には会えなかったけれども，彼の定説〔という根本[130]〕が瓦解した以上，〔サーンキヤの徒は，残された〕枝葉末節のどこにも，もはや拠るべき根拠を失った。讎に報いて〔師の〕汚名を挽回する〔行為〕はここに完結した。

人々は皆それを聞くと喜んだ。国王は三ラクシャ（三十万）の黄金を法師に与え讃えた。法師はその黄金を三つに分け，アヨーディヤー国に三寺を建てた。一はビクシュニー bhikṣuṇī（比丘尼）(131)の寺，一はサルヴァアスティ・ヴァーダ部の寺，一は大乗の寺であった。

【五・八　ヴァスバンドゥの『アビダルマ・コーシャ（倶舎論）』】

【五・八一　『アビダルマ・コーシャ』の編纂】

〔ヴァスバンドゥ〕法師はその後，更に正しい仏法をうち立てた。まず，先に『ヴィバーシャー』の教義を学んで通暁していたので，その後，多くの人たちに『ヴィバーシャー』の教義を講じた。一日講じたら一偈を作り，その一日に説いた教義をまとめ，赤銅の薄い板(132)にその偈を彫り刻み，酔った象(133)の頭に掲げ(134)，鼓を叩き，「誰かこの偈の内容を論破できる者はいるか。論破できる者は出て来い」と告知した。こうして順に六百余りの偈を作り，『ヴィバーシャー』の教義をまとめた。偈一つ毎にこうした〔告知〕をしたが，結局，誰も〔名乗り出る者はなく，〕それを論破できる者はいなかった。その偈こそが『〔アビダルマ・〕コーシャ論』の偈である(135)。

偈ができあがった後，五十斤(136)の黄金とそれらの偈とを罽賓（カシュミール）の『ヴィバーシャー』法師たちに送ったところ，彼らはそれを見聞して大いに喜び，我らの正法は既に広く普及していると思った。ただ，偈の文言だけでは奥深すぎて十分理解できなかったので，更に五十斤の黄金を先の五十斤に合わせて百斤の黄金とし，〔ヴァスバンドゥ〕法師に送り届けて，法師に，散文の注釈(137)を作って偈の意味を解説して欲しいと頼んだ。
法師はそこで散文の注釈を作って偈の本文を解説し，〔偈には〕サルヴァアスティ・ヴァーダの教義を定立していたが，〔偈の中に〕具合の悪い部分があるとその度に経部（サーウトラーンティカ[138]）の教義を用いてそれ（サルヴァアスティ・ヴァーダ部の定説）を論破して〔覆し，本文の偈とこの批判的な散文注釈の全体を〕『アビダルマ・コーシャ *Abhidharma-kośa* 論[139]』と名づけた[140]。この論ができた後に，罽賓の諸師にそれを送ったところ，彼らは自説が否定されているのを見て，皆それぞれ悲嘆に暮れた。

【五・八二 バーラアーディティヤ王】

正勤日（ヴィクラマアーディティヤ）王の太子はバーラアーディティヤ **Bālāditya** という名であった。

【バーラアーディティヤという名の意味】

「バーラ」bāla は「新しい」と訳す。「〔アー〕ディティヤ [ā]ditya」は「太陽」と訳す[141]。

〔バーラアーディティヤ〕国王は以前，太子を〔ヴァスバンドゥ〕法師の下で〔在家者の戒を〕受戒させていた。〔国王の〕王妃は出家し，やはり〔ヴァスバンドゥ〕法師の弟子となっていた。太子はその後，王位に就き，母子は共に〔ヴァスバンドゥ〕法師にアヨーディヤー国に止まって彼らの供養を受けてくれるよう嘆願したところ，法師はすぐに承諾した。

新日（バーラアーディティヤ）王の妹の夫はヴァスラータ *Vasurāta(142) という名の婆羅門であった。異教徒であるこの師（ヴァスラータ）は『ヴィヤーカラナ論（文法学書）』の知識を備えていた。

天親（ヴァスバンドゥ）が『〔アビダルマ・〕コーシャ論』を作ると，この異教徒は『ヴィヤーカラナ論』の教義によって〔ヴァスバンドゥ〕法師の立論を否定し，こう考えた――「『ヴィヤーカラナ論』と齟齬があれば〔ヴァスバンドゥ〕法師に救いの論を出させよう，しかしもし擁護できなかったらこの論は崩壊することになろう」。〔ヴァスバンドゥ〕法師は言った――「私がもしも仮に『ヴィヤーカラナ論』を理解できていないとしたら，どうしてその深い教義を理解〔して，それを更に論破〕することができようか（私が『ヴィヤーカラナ論』を知悉しているのは自明である）」。

〔ヴァスバンドゥ〕法師はそこで『論』を作り(143)，『ヴィヤーカラナ論』の三十二章(144)を論破すると，〔『ヴィヤーカラナ論』は〕始めから終わりまですべてが崩壊した。かくして『ヴィヤーカラナ論』をこの世から葬り去り，ただこの『〔アビダルマ・コーシャ〕論』だけが勝ち残った。

国王は一ラクシャの黄金を法師に献上した。国王の母は二ラクシャ（二十万）の黄金を法師に献上した。法師はその黄金を三つに分け，丈夫（プルシャ〔・プラ〕）国・罽賓（カシュミール）国・アヨーディヤー国にそれぞれ一寺を建てた。

【五・八三 サンガバドラ法師からの論難】

この異教徒（ヴァスラータ）は恥じ怒り，法師（ヴァスバンドゥ）を折伏しようとし，使者を遣わして天竺（インド）に行かせ，サンガバドラ Samghabhadra[145] 法師に，「アヨーディヤー国に来て，〔新たな〕論を作って『〔アビダルマ・〕コーシャ論』を論破して欲しい」と頼んだ。この法師（サンガバドラ）は〔アヨーディヤー国に〕やって来ると，二論書を作った。[146]

一つは『光サマヤ samaya 論[147]』だった。それは一万偈分（三十二万字）の長さであり，[148]『ヴィバーシャー』の教義内容を〔そのまま〕叙述するに過ぎなかった。

【サマヤの意味】

「サマヤ」は「対象の理解」と訳す。[149]

もう一つは『随実(ずいじつ)論[150]』だった。それは十二万偈分（三百八十四万字）の長さであり，[151]〔この『随実論』は〕『ヴィバーシャー』の教義を擁護し，『〔アビダルマ・〕コーシャ論』を論破するものだった。[152]

この両論ができた後，〔サンガバドラは〕天親(ヴァスバンドゥ)を呼び出し，二人は論争して勝敗を決することになった。天親(ヴァスバンドゥ)は彼（サンガバドラ）が論破しようとしても『〔アビダルマ・〕コーシャ論』の教義を論破できないと分かっていたので，対面して決戦しようとはしなかった。法師は，「今や私は年老いた。汝の好きなようにせよ。私は昔『ヴィバーシャー』の教義を論破したので，ここでまた汝と対面して論じ決戦しようとは思わぬ。汝はもう論を作ったのだから，私を呼び出す必要などあるまい。智慧ある者ならその是非は当然分かるだろう」。

【五・九　ヴァスバンドゥの大乗転向】

【五・九一　回心の経緯】

法師はこれまで十八部派[153]の教義にすべて通暁し，小乗を絶妙に理解し，小乗は正しいと頑なに思い込み，大乗を信じず，マハーヤーナ Mahāyāna（摩訶衍[154]）はブッダの説いたものではないと思っていた。〔北天竺のプルシャ・プラ国に住まう〕アサンガ法師は，弟が誰よりも聡明で，理解が深く，仏教内の教えにも仏教外の教えにも広く通じているのを見たので，弟は大乗を破壊する論書を著すのではないかと恐れた。アサンガ法師は丈夫国（プルシャ・プラ）に住まい，〔そこから〕アヨーディヤーに使者を遣わし，ヴァスバンドゥに，「私は今，病が重篤の状態である。汝は急いで駆けつけるがよい」と知らせた。

天親（ヴァスバンドゥ）はすぐ〔アサンガの〕使者と故国〔のプルシャ・プラ国〕に戻り，兄と会い，病の原因を訊ねた[155]。

兄は，「私は心に重篤を抱えている。その病は汝のせいで起こったのだ」と答えた。

天親（ヴァスバンドゥ）が「どういうことですか。理由を知らせてください[156]」と更に訊ねた。

兄は言った――「汝は大乗を信じず，いつも誹謗ばかり。この悪業によって〔汝は〕必ずや長く悪い生まれに落ちるだろう。私はそれが辛く哀しいが，我が寿命はもう長くはない」。

天親(ヴァスバンドゥ)はこれを聞いて驚き，すぐ兄に大乗を自分に説き示して欲しいと頼んだ。そこで兄は弟に大乗の要となる教義をあらまし説き示した。

〔ヴァスバンドゥ〕法師は聡明で，とりわけ深い学識があった。その時すぐ大乗の理法は小乗を超えているに違いないと理解できた。かくして兄から大乗の教義を広く学び，その後，兄が理解するのと同じように教えを知り尽くした。内容理解が明晰となった以上，前後の文脈を思弁すると，すべて筋が通り，齟齬がなくなったので，そこで始めて小乗の教えには欠けているところがあり，大乗の方が勝れ，もし大乗の教えがなかったら，〔声聞乗・独覚(どっかく)[157]乗・大乗という〕三乗の修行の成果はすべてないだろうとはっきり知った。〔ヴァスバンドゥは〕以前に大乗を誹謗し，信じ認める心を起こさなかったから，その罪業により必ず悪道に入るにちがいないと恐れ，自らを深く責め，過去の過ちを悔い改めたいと思った。〔そこで〕兄の所に趣き，自らの愚かな過ちを述べ，今ここで懺悔(さんげ)[158]したいと欲したが，一体どうすれば以前に犯した過ちから免れられるか分からなかったので，〔兄に〕言った――「私はむかし舌で〔言葉を発すること〕によって〔大乗への〕誹謗を生み出したのだから，今や舌を裂くことで謝罪したいと思います」。兄は言った――「お前が舌を裂いたとて，罪を滅ぼすことはできぬ。お前が罪を滅ぼしたいなら，別の手段を講ずべきである」。

法師はそこで兄に罪を滅ぼす手段を教えて欲しいと頼んだところ，兄は言った――「お前の舌が巧みに大乗を誹謗した。もしお前が罪を滅したいなら，大乗を〔誹謗するのでなく，その舌で〕見事に解説するがよい」。

【五・九二　ヴァスバンドゥの大乗諸論書】

アサンガ[159]法師が没した後に，始めて天親(ヴァスバンドゥ)[160]は大乗の論書を著し，大乗の諸経に解説を施した。[161]『華厳(けごん)〔経〕[162]』、『涅槃(ねはん)〔経〕』、『法華〔経〕』、『般若〔経〕』、『維摩(ゆいま)〔経〕[163]』、『勝鬘(しょうまん)〔経〕[164]』等の大乗諸経〔に注釈した〕論書はすべて〔ヴァスバンドゥ〕法師の著作である。[165]また『唯識論[166]』を造り，『摂大乗(しょうだいじょう)〔論〕[167]』、『三宝性(さんぼうしょう)〔論〕[168]』、『甘露門〔論〕[169]』等の大乗の諸論書にも注釈した。[170]

これらはいずれも法師の著作であり，文意は正確で素晴しく，著作を見聞した者たちは皆これらを信頼し学得したいと願った。このようなわけで天竺（インド）並びに他の辺境の土地で大乗や小乗を学ぶ者たちはすべて，〔ヴァスバンドゥ〕法師の著作を習学の根本とした。異なる部派〔の仏教徒〕や異教徒たちも法師の名を聞くと皆が畏怖し平服したのだった。

【五・十　ヴァスバンドゥの最期】

〔ヴァスバンドゥ法師は〕アヨーディヤー国で亡くなった。享年は八十。[171]〔彼の活動の〕実跡は凡夫の境涯に収まるものだったけれども，筋道立った教えは，凡人に理解できぬ奥深いものであった。[172]

【六　後記】

(173)ここまでは天親ら兄弟について記録した。これより後は，〔真諦〕三蔵先生が(174)〔建康の〕宮城か(175)ら出て東方に趣いたことや南のかた広州に(176)行き大乗の諸論を繰り返し訳したこと及び〔三蔵の〕逝去後のことを記録し，後代に伝えたい。(177)

『ヴァスバンドゥ法師伝(178)』

第三章　『ヴァスバンドゥ伝』語注

凡　例

続蔵	大日本続蔵経。
続蔵A・B・C・D	大日本続蔵経初版の函・冊・葉及び段を示す。例えば「続蔵一・七四・一・一四裏下」は大日本続蔵経第一編第七十四套第一冊第十四葉裏下段を示す。
大正	大正新脩大蔵経。
大正X・Y	大正新脩大蔵経の第X巻のY頁を示す。例えば「大正一二・三七四上」は大正新脩大蔵経第十二巻の三七四頁上段を示す。末尾の「上」は大正蔵一頁に収める三段中の上段を，「中」は中段を，「下」は下段を示す。
□†	†はその注の終わりに注記があることを示す。
〈　〉	原注（夾注，割注）

（1）**『ヴァスバンドゥ伝』，原文『婆藪槃豆伝』**

大蔵経諸本の多くは書名を『婆藪槃豆法師伝』に作るが，毘盧蔵・磧砂蔵・洪武南蔵は『婆藪槃豆伝』に作る。「法師」は後代の付加であり本来の題名になかった可能性が高い。

校勘には敢えて記さなかったが，いわゆる江南諸蔵中最古の崇寧蔵（福州東禅寺版ないし福州東禅等覚禅院版とも）の表題も同じく『婆藪槃豆伝』に作る（醍醐寺宋版二〇一五4・二四九頁上段）。本伝の題名については本書第五章「（二）『婆藪槃豆伝』の書誌」を見よ。

「法師」を付す題名が本来のものでなく後代の付加である場合，本伝の漢訳の元となったサンスクリット語原典の題名が「法師」を有したと想定すべき理由は消える。従って，デレアヌ（二〇〇六・一八七頁）は題名を“*Biography of Dharmācārya Vasubandhu*”とするが，**dharmācārya** という語の想定は安直に過ぎ，俄に従うことはできない。仮に百歩譲って原題に「法師」が含まれていたとしても，その原語は **ācārya**（師）だった可能性は否定できない。例えば真諦訳『倶舎論』には「法師」の用例が一例あり，その原語は ācārya であり dharmācārya ではない（平川ほか一九七七・四三〇頁左）。

（2）**「ヴァスバンドゥ Vasubandhu」，原文「婆藪槃豆」**

原文はヴァスバンドゥ Vasubandhu の漢字音写。陳の真諦訳は「天親」。唐の玄奘訳は「世親」。

（3）**「北天竺」**

天竺すなわちインドを，中天竺・北天竺・東天竺・南天竺・西天竺の五つの地域（五天竺）に分ける時の一地域。本書二三九頁「インド概略図」と二四〇頁「五天竺概念図」を併せて参照されたい。

地図を漫然と眺める限りでは北天竺はインド北部という意味であるからヒマーラヤ山脈以南のネパール周辺であろうと想像しがちであるが，本伝その他の中国中世文献に現れる北天竺はまったく異なる。北天竺はヒマーラヤ山脈南方一帯でなく，現在のパキスタンおよびアフガニスタンの北方に当たる。

具体的にはガンダーラ（狭義には現代のパキスタン共和国ペシャーワル盆地。注4）やカシュミール，更に現代のパキスタン共和国スワート地方などを含む。この地域は現代は「西北インド」と呼び習わされている。北西インドの境域はどこかといえば，玄奘のインド巡礼に基づく地理書『大唐西域記』を全訳した水谷真成は，『大唐西域記』における「北インドのうち，インダス河以西を「西北インド」と呼ぶ。インド的風土とはいうが，昔も今も言語風俗ともに特殊な趣を存する民族が居るので有名である」と注記するのが参考になろう（水谷一九九九1・二〇三頁注一）。本稿も「西北インド」と言う場合，水谷と同じ意味で用いるものとする。

五天竺の境域は文献の種類・性格や編纂時代によって拡大縮小があり一定しない。五天竺を表すサンスクリット語表記として一般に受け入れられているのは次の通りである。

中天竺　マディヤ・デーシャ Madhya-deśa（中央地域）
北天竺　ウッタラ・パタ Uttara-patha（北方の道）
東天竺　プラーチヤ Prācya（東方）
南天竺　ダクシナー・パタ Dakṣiṇā-patha（南方の道）
西天竺　アパラアンタ Aparānta（西の端）　ロー（一九五四／八四・一一～一五頁）

概して北天竺はパミール高原以南を北限とし，東は中天竺と接する。北天竺と中天竺の境域について，真諦に先行する五世紀初頭の法顕は，『法顕伝』摩頭羅国（現代のインド共和国ウッタル・プラデーシュ州マトゥラー Mathurā）の条において，「是従り以南を名づけて中国と為す」と解説する（大正五一・八五九中）。この「中国」は「中天竺」に同じ（『法顕伝』烏萇国の条に「中天竺とは所謂る中国なり」という。大正五一・八五八上。章巽一九八五・三三頁）。すなわち北西インドから東南に移動する場合，現在のウッタル・プラデーシュ州マトゥラー（首都ニューデリーの南一四五キロ辺り。タージ・マハルで有名なアグラの北方）が中天竺の始まりと法顕は言うのである。

厳密にまったく同じ説明ではないが，インド正統文化の法律書『マヌ法典 *Manu-smṛti*』第二章二一〜二二詩節にも言う――「ヒマーラヤおよびヴィンディヤ〔両山脈〕の中間にあって，ヴィナシャナの東，プラヤーガの西は「マディヤデーシャ」（中原の地）と呼ばれる。これらの両山脈に挟まれかつ東方の海および西方の海にまで達する地を賢者たちは「アーリヤーヴァルタ」（アーリヤの地）と知る」（渡瀬一九九一・四三頁）。ヴィナシャナは現在のデリーの北西にあり，サラスヴァティー河が消える地である。プラヤーガはヤムナー河がガンジス河と合流する地である。ヴィンディヤ山脈はインド西方のカティアワル半島の南の付け根辺りから東西に延びる大山脈であり，その南側にナルマダー河が流れ，しばしばインドの中央部と南部の境界線と見なされる。

本伝でも北天竺と中天竺の境域は概してほぼ同様と考えてよいであろう。

（4）**「プルシャ・プラ Puruṣa-pura」，原文「富婁沙富羅」**

原文はプルシャ・プラ Puruṣapura の漢字音写。プルシャ・プラはガンダーラ Gandhāra の都城。現在のパキスタンのペシャーワルに当たる。因みにガンダーラとは，本来，ペシャーワル盆地一帯を指す。また更に，それを含む広い地域として，西は現在のアフガニスタンのカーブルを越えて更に西方のバーミヤーン辺りまで，東はペシャーワル盆地よりも東方のタキシラやその北東に位置するギルギット辺りまでの広い地域を，広域ガンダーラ Greater Gandhāra と呼ぶ場合もある。

（5）**「ヴィシュヌ Viṣṇu（毘捜紐）」，原文「毘捜紐」**

原文はサンスクリット語の神名「ヴィシュヌ Viṣṇu」の漢字音写。「毘紐」「毘瑟笯」「毘瑟挐」等とも。インド伝統思想で三大神シヴァ神・ヴィシュヌ神・ブラフマー神の一。

（6）**「世間の言い伝えによれば」，原文「世伝云」（世に伝うるに云わく）**

この箇所については先行研究に異説がある。注8を見よ。

（7）**「帝釈」**

神々の帝王であるインドラ神（シャクラ・デーヴァーナーム・インドラハ Śakra devānām Indraḥ）。「強い者」を意味する「シャクラ」はインドラ神の別称。

（8）**「ヴィシュヌ Viṣṇu（毘搜紐）神は，世間の言い伝えによれば，神々の帝王シャクラ Śakra（帝釈）の弟である」，原文「毘搜紐天王，世伝云，是帝釈弟」（毘搜紐天王は，世に伝うるに，是れ帝釈の弟なりと云う）**

高楠訳・三枝訳・ダリア訳・蓮澤国訳はいずれも「毘搜紐天王世伝」を『毘搜紐天王世伝』という書名と見なす。高楠は，『毘搜紐天王世伝』とは『ヴィシュヌ・プラーナ *Viṣṇu-purāṇa*』のことであろうが，直接的な対応箇所は見られないと注記する。蓮澤国訳も『ヴィシュヌ・プラーナ』と注記するが，具体的なことは何も示さない。三枝も『ヴィシュヌ・プラーナ』に比定しようとしたができなかった旨を注記する。

私見によれば，原文は「毘搜紐天王，世伝云，是帝釈弟」と区切るべきであり，高楠らのように書名と解するには「世」に問題がある。原文は「毘搜紐天王伝」でなく「毘搜紐天王世伝」である。この七字全体を書名と見なすならば，「世」の意味を理解できない。

（9）**「ジャンブ・ドゥヴィーパ Jambu-dvīpa（閻浮提）」，原文「閻浮提」**

原文はジャンブ・ドゥヴィーパ Jambu-dvīpa の漢字音写。「剡浮洲」「贍部洲」とも。我々人間の住む土地であり，スメール Sumeru 山（須弥山）の南方に位置する島。インドの古典的世界観を説く真諦訳『阿毘達磨倶舎釈論』巻八の分別世間品（大正二九・二一五上）によると，世界の中心にはスメール山という大山が聳え，その四方の海にそれぞれ一島が浮かぶ。四島のうち，我々の住むジャンブ・ドゥヴィーパはスメール山の南方にあり，島の形は逆三角形。

（10）「アスラ asura（阿修羅）」，原文「阿修羅」

原文はアスラ asura の漢字音写。戦いだけを繰り返す存在。

（11）「ヴァスデーヴァ Vasudeva」，原文「婆藪提婆」

原文はヴァスデーヴァ Vasudeva の漢字音写。ヴァスデーヴァという名の神。最初の母音が長化したヴァースデーヴァ Vāsudeva の可能性もあるけれども，ヴァスバンドゥ Vasubandhu という名の由来なので，同じく短母音「ヴァ va」である可能性が高いと考えておきたい。

原文が「婆藪提婆」であり「婆藪天」や「婆藪天王」でないことは，「婆藪提婆」全体が固有名詞であることを示す。すなわち「ヴァス神」でなく「ヴァスデーヴァ」である。

因みに三枝訳は注記を含めて「ヴァスデーヴァ（婆藪提婆）〔Vasudeva クリシュナすなわちヴィシュヌの父〕王」と訳す。

（12）「インドラ」は，「神々の帝王シャクラ（帝釈）」のことを言う名である」，原文「因陀羅是帝釈名」（「因陀羅」は是れ「帝釈」の名なり）

インドラは「因陀羅」「因達羅」等と漢字音写するインドの著名な神。「強力な〔者〕」を原意とし，神名としては「帝王」の意。

「神々の帝王シャクラ」と訳した原文「帝釈」は，漢字音写と意味の訳を併用した訳語（いわゆる梵漢双挙と呼ばれる訳語）を更に短縮した表記であり，「帝釈」は「帝〔王〕であるシャク〔ラ〕」という意味。インドラ神は我々の住まうジャンブ・ドゥヴィーパ（閻浮提）の北方にある神話的な大山であるスメール山 Sumeru（須弥山，妙高山とも）の頂上にある忉利天（三十三天とも）を治める。

南宋の法雲『翻訳名義集』巻二に解説がある——「釈提桓因。『大論』に云わく，「釈迦 Śak[r]a」は秦に能と言う。「提婆 devā[nām]」は秦に天と言う。「因 [In[dra]」は秦に主と言う。合して之れを言わば，釈提婆那民 Śak[ra]-devānām-In[dra] と云う。或いは釈迦提婆因陀羅 Śak[r]a-devā[nām]-Indra と云う。今は略して帝釈と云う。蓋し華梵を双つながら挙ぐるなり」（大正五四・一〇七七上）。『大論』とは後秦の鳩摩羅什訳『大智度論』である。その巻五四に「釈提桓因。釈迦，秦言能。提婆，秦言天。因提，秦言主。合而言之，釈提婆那民」（大正二五・四四三中）とある一節を引用している。インドラ神の正しい呼称はサンスクリット語「シャクラ・デーヴァーナーム・インドラ Śakro devānām Indraḥ」であり，その逐語訳は「シャクラという，神々の帝王」である。その漢字音写である「釈提桓因」は，後漢の支婁迦讖訳『道行般若経』『般舟三昧経』『阿闍世王経』等に見られる古い表記であるが，サンスクリット原語と語順が異なり，「桓」を用いる意義も今なお不明のままの如くである。

本伝の示すインドラ神とヴィシュヌ神の関係は次の通り。

【表1】

インドラ神	＝	神々の帝王	＝	シャクラ
ヴィシュヌ神	＝	インドラ神の弟	＝	ヴァスデーヴァの息子

（13）**『ヴィヤーカラナ Vyākaraṇa 論（文法学書）』，原文『毘伽羅論』**

原文の「毘伽羅」はヴィ〔ヤー〕カラ〔ナ〕vy[ā]kara[ṇa] に対応する漢字音写。意味は文法学書，サンスクリット文法学の書物。後代の文献であるが，唐の玄奘の伝記『大慈恩寺三蔵法師伝』巻三は文法学書を「記論」と表し，その古い時代の漢字音写が『毘伽羅論』であることを述べて言う――「梵王（ブラフマー Brahmā 神）の所説なるが故に「梵書」と曰う。其の言（文字）は極めて広く，百万頌有り（百万詩節に相当する三千二百万字の長さである）。即ち旧き訳に毘伽羅論と云う者是なり。然れども其の（古い訳の）音は正しからず。若し正しくは，応に毘耶羯刺諵（vyākaraṇa）と云うべし。此（中国）に名を翻じて声明記論と為す。其の広く諸法の能詮（様々な物事を言い表す語句）を記せば，故に声明記論と名づく」（『大慈恩寺三蔵法師伝』巻三。大正五〇・二三九上）。

（14）**「不善を楽しむ者」，原文「非善戯」（善に非ざるを戯ぶ）**

アスラ asura という語の意味を表す。「ア a-」は否定辞（某でない）であり，漢訳「非」に当たる。「ス -su-」は善い，上手いを意味し，漢訳「善」に当たる。「ラ -ra」は，動詞ラム√ram より派生した名詞（楽しみ。例えばラティ rati やラナ raṇa 等）を意味し，漢訳「戯」に当たる。真諦訳『倶舎論』に「戯」が動詞ラム√ram の漢訳である例を確かめられる。アスラを「アス」と「ラ」とに分解し，「アス（不善＝悪）を楽しむ者」の意に解す。高楠訳「徳ある歓びなしに（without virtuous pleasure）」と三枝訳「非善戯〔善戯に非ず〕」は共に誤り。「非」は「善」のみに掛かり「非善」は「悪」と同義であるから。

（15）**「この〔アスラという語の〕意味を訳した名称である」，原文「即応以此名訳之」（即ち応に此を以て名づけて之れを訳すべし）**

阿修羅すなわちアスラ asura を，否定を意味する「ア a-」と「スラ -sura」とに分解し，「スラでない者」の意に解す。多くの用例があるように「スラ sura」は神（deva），アスラ a-sura は神に敵対する者，神ならざる者を表す。

（16）**「神々はいつも善を楽しむのに対し，それ（アスラ）はいつも悪（不善）を楽しむ」，原文「諸天恒以善為戯楽，其恒以悪為戯楽」（諸天は恒に善を以て戯楽と為し，其れは恒に悪を以て戯楽と為す）**

アスラの訳語「不善楽」の「楽」を同義語の「戯楽」の二字に引き延ばして示す。更にまた，本伝に対応する阿修羅の二種の語義解釈は，真諦訳『立世阿毘曇論』巻六に，「云何が阿脩羅道を説きて阿脩羅と名づく。善を忍ぶ能わず，心を一にする能わず，意を下して諦かに善語を聴き，種種に教化するも，其の心は動じず。憍慢を以ての故に，非善の健児なり（すなわち悪の勇士である）。又た天に非ざるが故に，阿脩羅と名づく」とある（大正三二・一九八上）。本伝におけるアスラの解釈はこのようなインド語文献を背景とすると考えられる。

右の『立世阿毘曇論』にアスラの「ア a-」を否定辞とする解釈が見られる。類似の解釈は他の漢訳文献にもある。すなわち北涼の浮陀跋摩・道泰等訳『阿毘曇毘婆沙論』巻七にアスラの語義を解釈する――「何故に阿修羅と名づくるや。答えて曰わく，修羅は是れ天なり。彼〔の阿修羅〕は天に非ざるが故に阿修羅と名づく。復た説く者有り，修羅は端政なるを言う。彼〔の阿修羅〕は端政なるに非ざるが故に阿修羅と名づく」（大正二八・四九下）。また隋の吉蔵は『法華義疏』巻一において阿修羅の語義解釈として，「『毘婆沙』に云わく，「阿 a- は無を言う。修羅 -sura は端正なるを云えば，〔阿修羅とは〕端正なること無きを謂うなり。男は醜く女は好きを以の故なり（アスラの男性は皆醜悪で，女性は美麗であるからである。注21）」」云云と解説する（大正三四・四六五中～下）。智顗『妙法蓮華経文句』巻四下にも，「阿修羅なる者は，修羅は天に名づく。阿は非を言う。天に非ざるが故に阿修羅と称す。又た修羅は端正なるに名づく。彼は端正ならざるが故に阿修羅と言う」云云と解説する（大正三四・六〇中）。

(17) **「神（スラ sura）でない（ア a）もの」，原文「非天」**

「スラ」は神を表す場合があるので，否定辞「ア」を付した「アスラ」は「神でない者」と解釈できる。アスラの語義を，「不善を楽しむ者」と「神ではない者」の二通りに解釈するのである。「ア」を否定辞とする解釈は注14，16，18を見よ。

(18) 現代語訳に示したように本伝はアスラを二通りに解釈するが，それ以外の解釈もインド語原典と漢訳にある。それは「ア」を否定辞，「スラ」を酒（すなわちスラー酒 surā）とする解釈である。

端的な用例は，『維摩詰所説経』の「阿修羅」についての漢訳者鳩摩羅什の注釈に見える――「〔経文〕『阿修羅』。〔鳩摩羅〕什曰わく，〔阿修羅は〕秦に不飲酒と言う。不飲酒の因縁は『雑宝蔵（未詳）』に出ず。此は是れ悪趣にして，男は醜く，女は端正なり。大いなる勢力有り，常に天と共に闘うなり」（『注維摩詰経』巻一。大正三八・三三一下）。この説を承けて吉蔵は『維摩経義疏』巻一で，「阿修羅は此に無酒神と云う。凡そ二説有り。一は過去に不飲酒戒を持てば，感得して此の神となる。二は現世に華を採り海に醸して酒を為らんとするも，而れども遂に酒と成らず，海は変じて苦鹹たり。故に無酒と称す」と解説する（大正三八・九二三下）。

(19)**「このアスラにはプラバーヴァティー Prabhāvatī という名の妹がいた」，原文「此阿修羅有妹名波羅頗婆底〈知履反〉」（此の阿修羅に妹の波羅頗婆底〈知履の反〉と名づくる有り）**

原文はプラバーヴァティー Prabhāvatī の漢字音写。夾注「知履反」（知履の反）は，「底」の発音が，「知」の当時の発音の子音と「履」の当時の発音の母音を合した音であることを示す。反切とも言う。

本伝でプラバーヴァティーはアスラの童女である。逸話は神話的であり史実ではない。しかしながら，先行研究は一切触れないけれども，プラバーヴァティーという名はインドのグプタ朝史と関係するのは留意すべきである。すなわちマジュムダル（一九五四／八八・二一頁。一七九～一八一頁）によれば，グプタ朝の王チャンドラ・グプタ二世（約三八〇／三七六～四一三／四一五頃在位）は，姻戚関係による統治で知られ，ナーガ族のクヴェーラ・ナーガー Kuvera-nāgā を妻とし，プラバーヴァティー・グプター Prabhāvatī-guptā という娘をもうけた。プラバーヴァティー・グプターの活動はプルシャ・プラと直接関係しないから，名の一致は単なる偶然であると片付けることはできる。しかしプラバーヴァティー・グプターとその父チャンドラ・グプタ二世は共にヴィシュヌ神の信仰者として有名である（マジュムダル一九五四／八八・一八頁。四一九頁。仲澤二〇〇八・三六頁）。『婆藪槃豆伝』が冒頭に記す伝承によればプルシャ・プラという街の名はヴィシュヌ神と関係のある名として描写されている。ヴィシュヌ信者プラバーヴァティー・グプターが『婆藪槃豆伝』のプラバーヴァティーのモデルとなった可能性もあることを否定せず，残しておきたい。

(20) **「女性（妃）」，原文「妃」**
「ヴァティー vatī」には，漢字「妃」の示す「妻・夫人・連れ合い」という意味はない。この語は「〜を有するもの」を意味し，原語の女性形を「妃」で示しているに過ぎない。

(21) **「この娘は容姿端麗であり」，原文「此女甚有容貌」（此の女（むすめ）は甚だ容貌有り）**
ここで言われているのはプラバーヴァティーの美貌であるが，それとは別に，一般に，アスラの女性は美女揃いだったとされる。例えば次を参照——迦旃延子造・五百羅漢釋・〔北涼〕浮陀跋摩・道泰等訳『阿毘曇毘婆沙論』巻二七「諸天に食を好む有り，阿修羅に女を好む有り。諸天は食を慳惜し，余（残った食物）を去らしめんと欲せず，女に於いて嫉を生じて言わく，「我に於いては等しく好むも，阿修羅は女に於いて慳惜すれば，出さめんと欲せず」。食に於いて嫉を生じて言わく，「我に於いては等しく好むも，諸天は女の為の故に下りて阿修羅城に詣（いた）る。阿修羅は食の為の故に上りて天城に詣る」。是の事を以ての故に，天と阿修羅は数数（しばしば）共に闘うなり」（大正二八・二〇一下）。

(22) **「もし誰かがおまえを妻に迎えたいと欲したなら」，原文「若人欲得汝為婦」（若し人，汝を得て婦と為さんと欲せば）**
三枝訳「もしも誰かが汝を妻にすることがかなえられるよう望んだならば」は冗長。

(23) **「もし私の兄と戦い（勝てる）なら」，原文「若能将我兄闘戦」（若し能（よ）く我が兄と闘戦せば）**
三枝訳「それでもなお，私の兄と戦うことをお考えになっておられているのであれば」は逐語訳でない。

(24) **「娘」，原文「童女」**

サンスクリット語として kanyā（未婚女性）を想定すべきか。

(25)「私はどうして捨てておけよう」，原文「我豈相置」（我れ豈に相い置かん）

三枝訳「私としてもどうして互いの愛を放置しておかれましょう」は誤訳。

(26)「咎められる言われがあろうか」，原文「何故見怪」（何故に見を怪しむや）

動詞の前に添える助字「見」は受身を表す。

(27)「ナーラーヤナ Nārāyaṇa」，原文「那羅延」

怪力で知られるヴィシュヌ神の別名。隋の吉蔵は『百論疏』巻上之中に「ナーラーヤナ」をこう説明する――「別に提婆の『論』有りて云わく，韋紐（ヴィシュヌ）は那羅延天と名づく，斉（臍）従り蓮華を生じ，蓮華は梵天を生じ，梵天は衆生の祖と為る。梵天の口従り婆羅門を生じ，臂より刹利（クシャトリア）を生じ，脇より毘舎（ヴァイシュヤ）を生じ，脚より首陀（シュードラ）を生ず。大地は是れ其の戒場なり。一切の衆生は，此の場の上に於いて殺生して天を祀り，〔死後に〕皆，彼の天に生ず」（大正四二・二四三下～二四四上）。

ナーラーヤナはヴィシュヌと同一視されるほか，ブラフマー神 Brahmā（ブラフマン Brahman）の別名とされることもある。例えば『マヌ法典』第一章第一〇詩節は「ナーラーヤナ」を語義解釈して次のように言う――「水はナーラーと呼ばれる。実に水はナラの子供であるから。その初め，水は彼（ブラフマン）の住居（アヤナ）であった。それゆえに〔ブラフマンは〕「ナーラーヤナ（ナーラー・アヤナ）」（水を住居とするもの）と呼ばれるのである」（渡瀬一九九一・二二頁）。同様に吉蔵『法華義疏』巻一二もまた「那羅延」をこう語義解釈する――「真諦云わく，「那羅（nara 人，nāra 人々）は，翻じて人と為す。延（[a]yan[a]）は生の本源を云う。梵王（ブラフマー Brahmā 神）は是れ衆生の祖父なれば，故に生の本源なりと云う」。羅什云わく，「天の力士の那羅延と名づくるは，端正にして猛健なり」。……」（大正三四・六二二下）。二人のうち前者の真諦は本伝の訳者。後者は著名な漢訳者クマーラジーヴァ（鳩摩羅什）の訳。

（28）**「〔アスラが〕切りつけても〔刀は体に〕刺さらなかった」，原文「斫刺所不能入」（斫刺するも入る能わざる所なり）**

那羅延（注27）は堅固で，決して壊れない強靱な体をもつ。唐の慧琳『一切経音義』巻二六「那羅延〈此に力士と云い，或いは天中と云い，或いは人中の力士と云い，或いは金剛力士と云うなり。或いは堅固なる力士と云う〉」（大正五四・四七二中）。『同』巻四一「那羅延〈梵語なり。欲界天の名なり。此の天は多力の身にして金色八臂の金翅鳥王に縁る。手に闘輪及び種種の器仗を持ち，毎に阿脩羅王と戦争するなり〉」（大正五四・五七六上）。

（29）**「疲労困憊」，原文「疲困」**

蓮澤国訳に「疲用」とするのは誤り。誤植か。

（30）**「夜になると，アスラの力は益々強くなったので」，原文「若至夜，阿修羅力則更強」（若し夜に至れば，阿修羅の力，則ち更に強ければ）**

筆者は事実の描写と解してこのように訳した。高楠訳も同様。一方，ダリア訳は，「もしも彼らが夜まで戦い続けたら，アスラの力は益々強くなるだろう」と未来の予想と解す。蓮澤国訳も同様。

（31）**「ウトパラ utpala（睡蓮）」，原文「鬱波羅」**

原文は utpala の漢字音写。漢字音写は「優鉢羅」「漚鉢羅」「烏鉢羅」とも。睡蓮，青蓮華のこと。

（32）**「ある聖仙」，原文「仙人」**

具体的な名は不明。原文「仙人」はインド正統派宗教の聖仙（サンスクリット語リシ ṛṣi）の漢訳に用いる場合が多い（船山二〇一九a・三四〇頁）。

（33）**「それ故，この地を「偉丈夫の国土（プルシャ・プラ）」と称したのである」，原文「因此立名，称丈夫**

国」（此に因りて名を立て，丈夫国と称す）

確実な証拠はないが，冒頭の「プルシャ・プラ国の人である」より後の「「プルシャ」は」からこの箇所までの全体を，点線を付すべき補足説明とも解釈できる。

(34) **【三　ヴァスバンドゥ三兄弟】**

ヴァスバンドゥの活動した年代について以下に注記する。本伝はヴァスバンドゥを三兄弟とするが，三人いずれについても生年に関する情報を記載しない。一方，**【五・六二】**冒頭に「至仏滅後九百年中，有外道名頻闍訶婆娑」（ブッダの入滅後第九の百年目にヴィンディヤ・ヴァーシンという名の異教徒がいた）と表記し，ヴァスバンドゥと論争したサーンキヤ学派のこの論師を「仏滅後九百年中」の人とするから，論争したヴァスバンドゥも同じく「仏滅後九百年中」の人であることを暗示する。

しかしヴァスバンドゥの生年情報は真諦門下の中で何らかの混乱ないし錯綜があったようである。というのも真諦の一番弟子と言ってよい慧愷は「摂大乗論釈序」と「阿毘達磨倶舎釈論序」という二つの序文を残しており，そこに見られる情報が異なるのである。慧愷「摂大乗論釈序」は，ヴァスバンドゥの兄アサンガの活動した年代を「如来滅後将千一百余年」と記す（大正三一・一五三中）。同じ慧愷の「阿毘達磨倶舎釈論序」はヴァスバンドゥの年代を「仏滅度後千一百余年」と記す（大正二九・一六一上）。すなわち慧愷の両序によれば，ヴァスバンドゥ兄弟の活動した年代は仏滅後一千一百余年であって，本伝の**【五・六二】**に含意される仏滅後九百年と二百年異なる。

錯綜はこれだけでない。後代，唐の窺基『成唯識論述記』巻一本は，真諦の注釈『中辺疏』（すなわち真諦訳『中辺分別論』に対して訳者真諦自身が施した注釈。散佚し現存しない）を引用し，その内容として「真諦法師『中辺疏』亦云「凡百年中天親生也」」（大正四三・二三二下）と記す。更に恵沼『成唯識論了義燈』巻二本は同じ事柄を「真諦三蔵『中辺疏』序「九百年出」」（大正四三・六八八中）と記すから，窺基の「凡百年」は「九百年」の誤記であることと，それは真諦『中辺疏』の「序」に書かれていたことがはっきりする。このように窺基と恵沼の引用によって，真諦自身はヴァスバンドゥの生年を仏滅後第九の百年目と述べたことが分かるのである。これは本伝の【五・六二】に含意される年代と正に適合するが，直弟子の慧愷が二度にわたって記す年代と二百年の開きがある。

以上に記した二種の年代論――仏滅後第九の百年目と仏滅後第十一の百年目――の相違についてはフラウワルナー（一九五一・五～一五頁，特に一二頁）に注目すべき解釈がある。それについて本書第五章「(七) ヴァスバンドゥは一人か二人か」において再検討するので併せて参照されたい。

(35)「**婆羅門**(ばらもん) **brāhmaṇa**」，**原文「婆羅門」**

婆羅門はサンスクリット語「ブラーフマナ brāhmaṇa」の漢字音写。インド伝統社会の身分制（ジャーティ・ヴァルナ制，後にポルトガル語に基づく「カースト制」の名で知られる）で定める四階級の最高位。伝統的宗教儀礼を司る聖職者の身分。「梵志」とも言う。

(36)「**カーウシカ Kauśika**」，**原文「憍尸迦」**

原文は Kauśika の漢字音写。インドの婆羅門に多い姓の一。

(37)「**息子三人すべてに，ヴァスバンドゥ Vasubandhu という同じ名を付けた**」，**原文「有三子同名婆藪槃豆」（三子の同**(とも)**に婆藪槃豆と名づくる有り）**

ここで本伝はヴァスバンドゥを同じ父から生まれた三人兄弟と記す。これに対し，後に七世紀中期の中国に伝わった玄奘系の伝承と，十四世紀前半の『プトン仏教史』と十七世紀初頭の『ターラナータ仏教史』より知られるチベット系の伝承は，共に真諦の伝える伝承と異なる内容である。兄弟を三人でなく二人とし，同父兄弟でなく，同母兄弟であると記すのである。

玄奘の地理書『大唐西域記』巻五の阿踰陀国（アヨーディヤー国）の条（大正五一・八九六中。季羡林一九八五・四五二頁。水谷一九九九2・二一一〜二一二頁）と玄奘の伝記『大慈恩寺三蔵法師伝』巻三（大正五〇・二三三下）は，世親（ヴァスバンドゥ）を無著（アサンガ）の弟と明記する。更に，玄奘の弟子であった窺基（六三二〜六八二）は『成唯識論掌中枢要』巻上本に「時に筏蘇畔徒菩薩，唐に世親と言う有り。無著菩薩の同母弟なり」と述べる（大正四三・六〇八上）。フラウワルナー（一九五一・五四頁）もこの資料の価値に注目する。

次にチベット伝承はどうかといえば，十四世紀前半のチベットに伝わった伝承を示す『プトン仏教史』においても同様に，ヴァスバンドゥの兄弟として言及されるのは，兄アサンガと弟ヴァスバンドゥの二人であり，兄弟を三人とはしない。更に二人は同母兄弟であるが，父は異なり，アサンガの父はクシャトリア階級であり，ヴァスバンドゥの父は婆羅門だったとする（プトン一九三二・一三七頁）。十七世紀初頭のチベットにおける伝承を記す『ターラナータ仏教史』は，アサンガは婆羅門階級の母とクシャトリア階級の父との間に生まれた子とし，出家後の修行を詳細に記す（ターラナータ一九九七・一五五頁）。これらは漢語の伝承とチベット語の伝承が相違する点である。

両伝承には注目すべき共通点もある。『ターラナータ仏教史』は，ヴァスバンドゥとアサンガは同母兄弟であり，ヴァスバンドゥの父は三ヴェーダに通じた婆羅門であったと記す（ターラナータ一九九七・一六七頁）。『ターラナータ仏教史』は，弟ヴァスバンドゥの誕生は兄アサンガの出家後であったとする。ただしアサンガが何歳で出家したかは明記していない（ターラナータ一九九七・一六七頁）。漢語の本伝においても，父親はカーウシカという姓の婆羅門であったとするから，父を婆羅門とする伝承はチベット語と漢語の伝承に共通する。

真諦の伝える伝承であるヴァスバンドゥ三兄弟のうち，三男ヴァスバンドゥについてのみ，ヴィリンチ・ヴァッサという母の名に因む別名で兄二人と区別したと記していることは，裏返して言えば，アサンガとヴァスバンドゥは同じ母の息子であったことを含意する。

真諦訳『婆藪槃豆伝』はアサンガとヴァスバンドゥの年齢差を明記しないが，内容的にアサンガが出家し大乗の教えを学得した後にヴァスバンドゥが誕生した可能性を窺わせる（注59，61）。このようにアサンガとヴァスバンドゥが同母兄弟であり，年齢に約十五かそれ以上の差があったことは，漢語の伝承とチベット語の伝承に共通すると考えてよい。

(38) **「「ヴァス」は，意味を訳せば「神」である」，原文「婆藪，訳為天」（「婆藪」は訳して「天」と為す）**

ここで意図することはサンスクリット語ヴァスの逐語的意味が神であるということでなく，ヴァスはある神の名（具体的にはヴァス神という神）であるということである。詳しくは本書第五章「（四）ヴァスバンドゥという名の意味」参照。

(39) **「サルヴァアスティ・ヴァーダ Sarvāsti-vāda 部」，原文「薩婆多部（さつばたぶ）」**

原文はサルヴァアスティ・ヴァーダ Sarvāsti-vāda（一切は実在すると説く）の漢字音写。厳密にはサンスクリット語形の漢字音写ではなく，プラークリット語（自然言語）のやや崩れた語形の漢字音写である。「サルヴァアスティ・ヴァーダ」の唐の玄奘訳は「説一切有部」（現在の存在だけでなく，過去・現在・未来の一切存在が実在すると主張する部派の意）。六朝時代は真諦系伝承も含めて「薩婆多」と音写することが多く，本伝でもこの漢字音写を用いる。しかし真諦訳『部執異論（ぶしゅういろん）』は漢字音写に「薩婆阿私底婆拕部」，漢訳に「説一切有部」を用いる。

(40) **「阿羅漢（あらかん）」**

「阿羅漢」は伝統的部派仏教（いわゆる小乗仏教）の修行で到達できる最高位。煩悩を完全に離れ，迷いの世界に生まれ変わることのない者。阿羅漢はアルハン arhan 或いはその原形アルハト arhat の漢字音写。しばしば「供養に値する者」の意と言われるが，仏教文献に示される阿羅漢の意味は実は多様である。

後秦（こうしん）の鳩摩羅什（くまらじゅう）訳『大智度論』巻一によれば，大乗仏教において「阿羅漢」はブッダの十種の尊称の一であり，三通りに解釈できる。すなわち敵（ari 煩悩のこと）を殺す（√han）から阿羅漢である，生じる（√ruh）ことがない（a-）から阿羅漢である，供養を受けるに相応しい（√arh）から阿羅漢であると説明される（大正二五・七一中〜下）。船山（二〇一三・一一〇頁）も併せて参照。

（41）**「ヴィリンチ・ヴァツサ Viriñci-vatsa」，原文「比隣持跋娑（びりんじばっしゃ）」**

本伝は次男の別名がヴィリンチ・ヴァツサであることを示し，母親ヴィリンチの息子を意味するという。三兄弟を区別するために付した別名が母親の名に因むということは，恐らく，三男のみは異母兄弟であったことを示唆するのであろう。

三兄弟の父がカーウシカという姓であったことを本伝は明記するのに対して，長男アサンガと次男ヴァスバンドゥが同母兄弟だったかどうかは明確でないけれども恐らく同母兄弟と見なし得る。玄奘の弟子，窺基は『成唯識論掌中枢要』巻上本において「時に筏蘇畔徒菩薩，唐に世親と言う有り。無著菩薩の同母弟なり」（大正四三・六〇八上）と記しているのも本伝の内容と矛盾しない。因みにチベットの伝承として『プトン仏教史』（プトン一九三一・一三七頁）と『ターラナータ仏教史』（ターラナータ一九九七・一五五頁と一六七頁）は，ヴァスバンドゥを三兄弟でなく，二兄弟――アサンガとヴァスバンドゥの二人のみ――とし，二人の母親は同じで婆羅門階級であるが，アサンガの父はクシャトリア階級，ヴァスバンドゥの父は婆羅門階級と，二人は異父兄弟であったと記す。

（42）**「「ヴァツサ」は，意味を訳せば「息子」であり，また「小児」とも言う」，原文「絨娑，訳為子，亦曰児」（「絨娑」は訳して「子」と為し，亦（ま）た「児」と曰（い）う）**

母の名に「子」を付して息子の名とする風習がインドにはあった。ヴィリンチの子という命名もその類いである。しかし一般に広く知られるのは「子」に当たる語を「プトラ putra（息子）」とする場合である。例えば仏弟子にシャーリ・プトラ（母シャーリーの息子，舎利弗，舎利子）やカーティヤーヤニー・プトラ（母カーティヤーヤニーの息子）など。

（43）**「この名は人にも動物にも共通して用いる。例えば牛の子供も「ヴァツサ」という。但しこの地（中国）では仔牛のことは犢と呼ぶ。〔四〕長男のヴァスバンドゥは，菩薩の素質を備えていた」，原文「此名通人畜，如牛子亦名紱娑。但此土呼牛子為犢。〔四〕長子婆藪槃豆是菩薩根性人」（此の名は人と畜とに通ずること，牛の子も亦た紱娑と名づくるが如し。但だ此土には牛の子を呼びて犢と為す。〔四〕長子の婆藪槃豆は是れ菩薩の根性の人なり）**

三枝訳「（……。このヴァッサの名は人間にも動物にも通じて，たとえば牛の子もまたヴァッサと名づけることがあり，この国では牛の子をヴァッサ「犢長子」と呼んでいる）〔Viriñci-vatsa〕といった」は句読を見事に誤った迷訳。

（44）**「サルヴァアスティ・ヴァーダ部で出家した」，原文「於薩婆多部出家」（薩婆多部に於いて出家す）**

原文「薩婆多」はサンスクリット語サルヴァアスティ・ヴァーダ Sarvāsti-vāda（〔過去・現在・未来の〕一切は存在すると説く）に当たる口語表現の漢字音写。

本伝は諸本一致してアサンガはサルヴァアスティ・ヴァーダ部で出家したとする。一方，玄奘の伝承を伝える地理書『大唐西域記』巻五は，アサンガはマヒー・シャーサカ部（弥沙塞部，化地部）で出家したとする（大正五一・八九六中。季羨林一九八五・四五二頁。水谷一九九九2・二一一～二一二頁）。玄奘の伝記『大慈恩寺三蔵法師伝』巻三も同じくマヒー・シャーサカ部とする（大正五〇・二三三下）。チベットの伝承はどうかといえば，『プトン仏教史』と『ターラナータ仏教史』はアサンガの出身部派を明記しないので，両書からは何も分からない。

「薩婆多部」は部派名であるから，対応するサンスクリット語は右に示した通り「サルヴァアスティ・

ヴァーダ Sarvāsti-vāda」である。三枝訳で想定する原語 Sarvāsti-vādin は部派でなく，部派に所属する者（人）を意味するので適切でない。

(45) **「ピンドーラ Piṇḍola（賓頭盧）」，原文「賓頭盧」**
正しくはピンドーラ・バーラドゥヴァージャ Piṇḍola-Bhāradvāja である。

(46) **「東ヴィデーハ Videha」，原文「東毘提訶」**
原語と推定される語はプールヴァ・ヴィデーハ Pūrva-videha（東ヴィデーハの意）。「弗婆毘提訶」とも漢字音写する。ピンドーラと東ヴィデーハの繋がりを示す文献は未詳。インドの古典的世界観を説く真諦訳『阿毘達磨倶舎釈論』巻八の分別世間品（大正二九・二一五上）によると，世界の中心にはスメール山（須弥山）という大山が聳え，その四方の海にそれぞれ一島が浮かぶ。四島のうち，東ヴィデーハはスメール山の東方にあり，島の形は半月形。

(47) **「小乗」**
小さな乗物。声聞乗とも部派とも言う。部派は釈迦牟尼の生前には存在せず，仏教の教団は一つにまとまっていた。釈迦滅度後のマウリヤ朝アショーカ王（前二六八〜前二三二頃在位）の時代に起こった「根本分裂」とその後に起こった「枝末分裂」とにより，小乗の部派は細かく分かれた。しばしば部派の数を「十八部」と言い表す。部派の数を表す言い方には十八部派のほか，二十部派，二十二部派その他がある。「十八部派」については注153を見よ。

(48) **「トゥシタ Tuṣita 天（兜率多天）」，原語「兜率多天」**
トゥシタ天は神々の世界の一として，スメール山の上方に位置し，そこにマーイトレーヤ（注49）が住まい，現在も説法を続けている。神々の世界は，欲界に六種，色界に十七種（十八種や二十二種とする説もある），無色界に四種ある。このうち，トゥシタ天は欲界六天の第三天。欲界・色界・無色界を併せて三界と言い，その最上界の無色界第四天である非想非非想処を有頂天という。これらはすべて迷いの世界に属し，更にそれらを超えた領域として，ブッダの悟り（解脱，涅槃）がある。

本伝の記載によれば，アサンガはプルシャ・プラ国にいた時に神通力によってトゥシタ天に上昇し，そこにいるマーイトレーヤに出会ったことになるようである。地上のどこにいたかは明記されていないが，場所の移動が何も示されていない以上，ずっと故郷のプルシャ・プラにいたと考えるのが自然と思われる。

一方，玄奘系の伝承を示す『大唐西域記』巻五の阿踰陀国（アヨーディヤー国）の条によれば，アサンガはプルシャ・プラ国からでなく，アヨーディヤー国からトゥシタ天に昇った（大正五一・八九六中。季羨林一九八五・四五二頁。水谷一九九九2・二一一頁）。

チベット系伝承はどうかと言うと，アサンガがトゥシタ天に上昇してマーイトレーヤに接見したことは明記されるが，地上のどの国より上昇したかを特に記さない（プトン一九三二・一三七～一三九頁。ターラナータ一九九七・一五六～一五九頁）。しかしアサンガの出家後，マーイトレーヤに出逢うまでの間に，アサンガはまずクックタパーダ山 **Kukkutapāda-parvata** の石窟を訪れたということを，『プトン仏教史』も『ターラナータ仏教史』も共に記載する（プトン一九三二・一三七頁。ターラナータ一九九七・一五六頁）。クックタパーダ山は漢訳の鶏足山（漢字音写は屈屈吒播陀）に当たり，中印度のマガダ国にある（『大唐西域記』巻九摩掲陀国下の条。大正五一・九一九中。季羨林一九八五・七〇五頁。水谷一九九九3・一一二頁）。これを考慮すれば，チベット系伝承では，アサンガはガンダーラ国やその都プルシャ・プラで修行したのではなく，インド中央部に移動したということになる。要するに，本伝の伝承は，玄奘系伝承ともチベット系伝承とも異なる。

（49）**「マーイトレーヤ Maitreya（弥勒）」，原文「弥勒」**

原文はサンスクリット語マーイトレーヤ Maitreya に相当する漢字音写。マーイトレーヤは，意味を訳せば「慈しみある者，親切な者」であり，「慈氏」と漢訳する。マーイトレーヤは菩薩としてトゥシタ天の宮殿において説法を続けていると信じられた。

(50) **「たちまち悟りを得た」，原文「即便得悟」（即便に悟りを得）**
この「悟り」は，ブッダになったことではなく，煩悩を離れた聖者の位に達したことを言う。具体的には菩薩の十地（十種の修行階位）の初地に達したこと。その詳細は船山（二〇〇三・一二九～一二八頁）（二〇一九b・九～一二頁）参照。

(51) **「説かれた通りに思いを巡らし，たちまち悟りを得た。〔空を〕思念していた時，大地は六種類に震動した」，原文「如説思惟，即便得悟。於思惟時，地六種動」（説かれし如くに思惟し，即便に悟りを得。思惟するの時に於いて，地は六種に動ず）**
大地が六種に震動することを一般に「六種震動」と称する。仏典においては，地震は不吉な前触れでもなく，災害でもなく，吉祥な現象を象徴する。六種は，縦揺れ・横揺れ等の三種の揺れと，揺れる時の大きな音や静かな音などの三種の音を表す。三枝訳「その説法にしたがってどこまでも深く考えに考えぬいているあいだに，ついにその深く考えているそのさなかに悟りを得ることができ，その時には大地が六種に震動し」は混乱した誤訳。

(52) **『十七地経』**
『十七地論』とも言う。マーイトレーヤの説いた『瑜伽師地論』の中核となる十七地を説いた箇所。真諦は『十七地経』を漢訳したと経録に記録されているが現存せず，僅かに十七地の名称のみが知られている。一方，現存する漢訳に玄奘訳『瑜伽師地論』中の「本地分」の十七地がある。

隋の費長房『歴代三宝紀』巻一一は，真諦訳『十七地論』の訳出について，「『十七地論』五巻〈太清四年（五五〇），富春の陸元哲の宅に於いて沙門の宝瓊等，二十余の名徳の為に訳す〉」と記す（大正四九・九九上。ラディッチ二〇一二・八八～八九頁も参照）。富春は富春県。現在の浙江省富陽に当たる。陸元哲は富春県令であった。真諦訳『十七地論』の漢訳が五巻であったことは，真諦訳は全訳でなかったことを明示している。玄奘訳『瑜伽師地論』百巻中，『十七地論』に相当する本地文は巻一～五〇の五十巻である。それと比べて真諦訳五巻は分量が少なすぎるから。

真諦訳と玄奘訳の十七地の名称を列挙すると左記の通り。

【表2】

	真諦訳『十七地経』の十七地	玄奘訳『瑜伽師地論』の十七地
一	善心地	五識身相応地
二	**聞慧地**	意地
三	**思慧地**	有尋有伺地
四	**脩慧地**	無尋唯伺地
五	**有心定 地**	無尋無伺地
六	**無相定 心地**	三摩呬多地
七	**声 聞地**	非三摩呬多地

八	**縁覚地**	**有心地**
九	十信地	**無心地**
十	十住地	**聞所成地**
十一	十行地	**思所成地**
十二	捨小乗廻向大乗地	**修所成地**
十三	大乗十廻向地	**声聞地**
十四	十地	**独覚地**
十五	仏地	菩薩地
十六	**有余涅槃地**	**有余依地**
十七	**無余涅槃地**	**無余依地**

以上の真諦訳『十七地経』の十七地名は，慧均『大乗四論玄義記』巻二に引用する表記に従う（続蔵一・七四・一・一四裏下～一五表上）。右表中，現れる順序は同じでないが，ゴシック体は上欄と下欄で全体として対応する。ゴシック体としなかった地名はかなり異なる。

デレアヌ（二〇〇六・一九九，二三三，二四五頁）は『十七地経』とその別名『十七地論』の原題として

"*Saptadaśabhūmiśāstra" と "*Śaptadaśabhūmiśāstra" を想定するが，想定根拠が示されていないため筆者には当否を判断できない。

(53) **「誦出する側からすぐに意味を解説することを繰り返した」，原文「随所誦出，随解其義」（誦出する所に随い，随ち其の義を解す）**

連詞「随～随…」は二句の緊密な聯関を表す。虚詞詞典（一九九九・五六一頁左）の解説を見よ。真諦と関連する用例として弟子の慧愷による「摂大乗論釈序」に真諦の訳す側から慧愷が筆受（筆録）した様子を，「〔慧〕愷筆受し，〔真諦の〕出すに随い随ち〔慧愷〕書し，一章一句備さに尽く研覈し，義を釈すること若し竟れば，方めて乃ち文を著す」と記す（大正三一・一五三中）。

(54) **「ただ一人，無著法師のみがマーイトレーヤ菩薩の傍で直に聴聞できた」，原文「唯無著法師得近弥勒菩薩」（唯だ無著法師のみ弥勒菩薩に近づくを得）**

これは，アサンガがこの地上（ジャンブ・ドゥヴィーパ）に降臨し説法した時に，大衆の全員が等しく聴聞したにもかかわらず，一人マーイトレーヤのみが直接に教えを受け，他の者たちは遥か遠くから説法の声を聞けたに過ぎず，説法を細密に聞き取ることはできなかったということを言い表している。そのために翌日の昼間にアサンガは他の聴衆たちに，自らが直接聞いた内容を解説してやる必要があった。マーイトレーヤの説法をありありと聞くことのできる人と，遠くから声をぼんやりと聞くことができるだけの人の二種に分かれたのである。本伝はこれ以上説明しないが，中国では後に唐の玄奘の時代に，この相違を象徴的に示す表記が現れた。弥勒の宮殿の「内院」と「外院」の区別である。すなわちジャンブ・ドゥヴィーパで説法を聞く場合でなく，マーイトレーヤの住まうトゥシタ天に転生往生した人々の場合であるが，玄奘の伝承によれば，トゥシタ天で弥勒の住まう宮殿には「内院」と「外院」があった。「内院」（すなわち宮殿内の建物）にいる聴衆はマーイトレーヤの姿を目の当たりにし，説法の声を聞いて理解することができた。他方，「外院」（すなわち宮殿外の建物）にいる人々は，マーイトレーヤのいるトゥシタ天に生まれたとはいえ，マーイトレーヤの姿を見ることもできず，聴法することもできなかった。それ故，玄奘自身もトゥシタ天への往生を願望した際，トゥシタ天の「外院」でなく「内院」に転生することを強く願った。玄奘系伝承における「内院」「外院」の詳細は船山（二〇一九b・一三六～一四〇頁「弥勒の内院とは」），船山（二〇二〇a・一六六～一七九頁）参照。

本伝におけるアサンガと他の大衆の差異は，玄奘の伝承におけるトゥシタ天の「内院」と「外院」の区別に当たる同様の違いを，先行する時代に表現したものであろうと思われる。

(55) **「〔アサンガと他の者たちは，毎日〕夜は皆共に弥勒の説法を聴き，〔翌日の〕日中に無著法師はあらためて他の人々に向けて，〔前夜自ら直に聴いた〕マーイトレーヤの説いた内容を解説してやった」，原文「夜共聴弥勒説法，昼時無著法師更為余人解釈弥勒所説」（夜には共に弥勒の説法を聴き，昼時には無著法師は更めて余人の為に弥勒の説く所を解釈す）**

『大唐西域記』巻五の阿踰陀国（アヨーディヤー国）条の次の記事と共通する。「〔阿踰陀国の都〕城の西南五六里の大いなる菴没羅林の中に故き伽藍有り，是れ阿僧伽〈唐に無著と言う〉菩薩，益を請い凡を導くの処なり。無著菩薩は夜は天宮（トゥシタ天の宮殿）に昇り，慈氏菩薩（マーイトレーヤ菩薩）の所に於いて『瑜伽師地論』，『荘厳大乗経論』，『中辺分別論』等を受り，昼は大衆の為に妙理を講宣す」（『大唐西域記』巻五。大正五一・八九六中。季羡林一九八五・四五二頁。水谷一九九九2・二一一頁）。本伝が『十七地経』（『瑜伽師地論』の中核）を教化の対象とするのに対して『大唐西域記』は『大乗荘厳経論』や『中辺分別論』も大衆に教えたとする点を除いてほぼ同じ。

(56) **「太陽光のサマーディ samādhi（三摩提，精神統御）」，原文「日光三摩提」**

原文「三摩提」はサマーディ samādhi の漢字音写。精神統御の意。原文の「日光」に当たるサンスクリット原語として，高楠訳は「スーリヤ・プラバー・テージャス sūrya-prabhā-tejas」を想定する。一方，レヴィ（一九一一・序三頁）は sūrya-prabhā を想定する。参考とすべきであるが，いずれも十分に確かな比定ではない。

「日光三摩提」と同義の「日光定」が天親造・真諦訳『摂大乗論釈』巻一冒頭の帰敬偈に次のように現れる――「弥勒菩薩に事え，日光定に依止し，実法相を照了し，無動及び出世（＝出世間）なり」（大正三一・一五三下）。対応する玄奘訳『摂大乗論釈』巻一の偈は「放大法光三摩地」を用い，「我が師は此に於いて前後すること非ず，聖者大慈尊（マーイトレーヤ）に逢い事え，無動にして出世間なる，大いなる法の光を放つ三摩地に依止す」という（大正三一・三二一中）。

最勝子等造・玄奘訳『瑜伽師地論釈』は，アサンガが初地（聖者の初位）に到達した時に「法光定」という精神統御を得たと記す――「無著菩薩は，位は初地に登り，法光定を証し，大神通を得て，大慈尊に事え，此の論（『瑜伽師地論』）を説かんことを請う」（大正三〇・八八三下）。「法光定」は右掲玄奘訳『摂大乗論釈』にいう「放大法光三摩地」と同じ。更に，ヴァスバンドゥよりやや後の注釈家無性『摂大乗論釈』巻七の玄奘訳は，「発光定」を用い，「此地（＝初地）の中に希有の定を証し，能く智の光を発し，諸法（諸の存在物）を照了すれば，故に発光と名づく」という（大正三一・四二四上）。「発光定」は初地で会得するのである。

以上を勘案すると「日光三摩提」「日光定」「法光定」「放大法光三摩地」「発光定」は少しずつ異なるけれども同じ精神統御を意味するのが分かる。弥勒に見える体験は，この会得にかかっている。

後代のチベット語伝承にも関連する事柄を見出せる。『プトン仏教史』は，アサンガとマーイトレーヤを繋ぐ精神統御として「法流定 dharma-srotaḥ-samādhi（Tib. chos rgyun ting nge 'dzin）」を重視し，この精神統御と修行位を論じ，アサンガが聖者位に到達したことを示す精神統御であると結論する（プトン一九三二・一四一～一四二頁)。

『ターラナータ仏教史』も同じ精神統御に言及し(ターラナータ一九九七・一五八頁),"chos rgyun gyi ting nge 'dzin" と表記する。しかし英訳でそのサンスクリット語を "srotaḥ-anugata-nāma-samādhi" とするのは誤り。"dharma-srotaḥ-samādhi" である。船山(二〇〇三・一三〇～一二八頁)参照。

(57)**「ブッダ buddha がかつて説き示した『華厳経』等の大乗諸経について,その教義がすべて分かっていたわけではなかった」,原文「仏昔所説『華厳』等諸大乗経,悉未解義」(仏,昔説きし所の『華厳』等の諸の大乗経は,悉く未だ義を解せざりしも)**

三枝訳「仏がむかし説いた『華厳経』等の多くの大乗経の全部が,いまだその意義内容が理解されないであったけれども」には,「悉」の解釈と文意の肯定否定とに混乱がある。

(58)**「ウパデーシャ upadeśa(注解)」,原文「優波提舎」**

原文はサンスクリット語「ウパデーシャ upadeśa」の漢字音写。憂波提舎という漢字音写もある。漢訳は「論義」や「論議」など。経典に説かれた内容を注解する書のこと。十二部経と呼ばれるものの一。真諦が漢訳した経論中の用例として,真諦訳『随相論』に,「仏滅後,阿難・迦旃延等は還た先時に聞く所を誦出し,以て経中の義を解せしこと,諸弟子の論を造り経を解すが如し。故に名づけて経優波提舎と為す」とある(大正三二・一五八中)。これと類似する内容の解説として,後秦の鳩摩羅什訳『成実論』巻一に,「憂波提舎なる者は,摩訶迦栴延(マハー・カーティヤーヤナ Mahā-kātyāyana)等の諸の大智の人,広く仏語を解す。人の信ぜずして仏説に非ずと謂うもの有れば,仏は是が為の故に経を論ずるもの有りと説く。経に論有るが故に,義(経典の言葉の意味)は則ち解し易し」とある(大正三二・二四五中)。

ウパデーシャの意味を解説する仏教書として更に以下の文献がある。鳩摩羅什訳『大智度論』巻三三に,「論議経なる者は,諸の問者に答えて其の所以を釈す。又た復た広く諸義を説くこと仏の四諦を説くが如し。何等か是れ四なる。謂う所の四聖諦なり。何等か是れ四なる。謂う所の苦・集・滅・道の聖諦なり。是れを論議と名づく。何等をか苦聖諦と為す。謂う所の生苦等の八種の苦なり。何等か是れ生苦なる。謂う所の諸の衆生は，各各の生ぜし処において是の中に苦を受く。是の如き等の問答もて広く其の義を解く。是れ優波提舎と名づく」とある（大正二五・三〇八上）。北涼の曇無讖訳『大般涅槃経』巻一五に，「何等をか名づけて『優波提舎経』と為す。仏世尊の説く所の諸経の如し。若しくは議論を作し，分別して広く説き，其の相貌を弁ずるもの，是れを『優波提舎経』と名づく」とある（大正一二・四五二上）。隋の慧遠『大乗義章』巻一に，「第十二なる者は，「優婆提舎」と名づけ，此（中国）に「論義」と名づく。問答して理を弁ずるを，「論義経」（経の内容を論義する書）と名づく」（大正四四・四七〇中）とある。

（59）**「次男のヴァスバンドゥ」，原文「第二婆藪槃豆」（第二の婆藪槃豆）**

長男ヴァスバンドゥ（すなわちアサンガ）と次男ヴァスバンドゥの年齢差について，後にチベットで編纂された『ターラナータ仏教史』は，アサンガが出家得度した後に次男ヴァスバンドゥは生まれたとする（ターラナータ一九九七・一六七頁）。アサンガが出家した年齢の記録はない。得度する年齢に厳密な制限はなく，七歳から十五歳の頃が多い。本伝から推測すると，アサンガとヴァスバンドゥには十五歳程の年齢差が考えられる（注61）。

（60）**「次男ヴァスバンドゥも，サルヴァアスティ・ヴァーダ部で出家し」，原文「第二婆藪槃豆，亦於薩婆多部出家」（第二の婆藪槃豆も亦た薩婆多部に於いて出家し）**

サルヴァアスティ・ヴァーダ部については注39を見よ。本伝はここでヴァスバンドゥが出家した時の所属部派をサルヴァアスティ・ヴァーダ部とする。この点は玄奘系伝承でも同じであり，『大唐西域記』巻五の阿踰陀国の条は「其弟世親菩薩於説一切有部出家受業」と記す（大正五一・八九六中〜下。季羨林一九八五・四五二頁。水谷一九九九2・二二二頁）。一方，チベット系伝承はどうかといえば，出家時の所属部派に関する明確な説明はない。しかしヴァスバンドゥは若くしてサンガバドラ（サルヴァアスティ・ヴァーダ部教理学の専門家として名を知られた）に学ぶためカシュミール国を訪れたという（プトン一九三二・一四二頁。ターラナータ一九九七・一六七頁）。このことは恐らくヴァスバンドゥの所属部派はサンガバドラと同じサルヴァアスティ・ヴァーダ部であったことを含意する。

（61）**「兄弟には別名があったので，この法師は〔別名を与える必要がなく〕，「ヴァスバンドゥ」と本名だけで呼ばれた」，原文「兄弟既有別名，故法師但称婆藪槃豆」（兄弟に既に別名有れば，故に法師は但だ婆藪槃豆とのみ称す）**

ヴァスバンドゥ兄弟には別名があったと言うから，「兄弟」は長男アサンガと三男ヴィリンチ・ヴァッサを指す。

長男のアサンガという別名は，出家して小乗を学んだ後に大乗を修得したことに因む（本伝【四】）。三兄弟はすべて同じくヴァスバンドゥを本名とし，それぞれを区別するため別名があったが，次男のみ別名をもたなかった。次男が生まれた時，兄の名と区別する必要がなかったと考えられる。その最も簡潔明瞭な理由付けは，彼が生まれた時，既に長男は出家して家を離れていたから次男を本名だけで呼んでも混同することがなかったという状況である。次男が別名を必要としなかったことはこの状況を暗々裏に告げている。このように想定してよいなら，長男と次男には相当の年齢差があったことになろう。すべての事例に当てはまる一般論として出家年齢が定まっていたわけではないが，最も若くても七歳頃――しばしば「駆烏沙弥（くうしゃみ）」と呼ばれる年齢――であり，およそ十五歳前後に出家する事例が多いと言える（少なくとも中国の仏伝を読む限りはそう言える）。とすれば，兄アサンガは弟より十五歳程年長だったと考えられようか。

長男と次男の年齢にかなりの差があったことはチベット系伝承にも見られる。すなわち『ターラナータ仏教史』は，ヴァスバンドゥの出生をアサンガの出家後であったと明記する（ターラナータ一九九七・一六七頁）。アサンガ，ヴァスバンドゥ兄弟の年齢差については本書第五章「(六) 2 兄アサンガと弟ヴァスバンドゥの年齢差」を参照。

(62)「釈迦仏の入滅後の第五の百年目に」，原文「仏滅度後五百年中」（仏滅度後の五百年中に）

以下に二つの異なる事柄を注記する。

第一は仏滅後の年代表記が示す意味である。釈迦牟尼仏の滅度（涅槃すなわちニルヴァーナ nirvāṇa）を起点として，百年を単位として時間の経過を示す表現がインド仏教の様々な文献にある。本伝の如き「仏滅度後五百年中」は仏滅度後の五百年目を意味する。仏滅後四百年目の末年まで経過し，更に第五百年目に入ってからの百年を表す。つまり釈迦仏の入滅後四〇一～五〇〇年である。高楠訳に五〇〇～五九九年と注記するのは誤り。更にフランケ（一九一四），高楠（一九一四），フラウワルナー（一九五一・九頁注一）も参照。

この年代表記は，アジア古典期に一般的な年齢表記と同じく，「満～年」という意味でなく，数え年を意味する。仏滅から「零年」でなく「一百年」が始まる。このような時間経過を示す端的な例として，仏滅後にインドを統治したマウリヤ朝アショーカ王の年代に関する表記がある。真諦訳『部執異論』はその冒頭に，「仏世尊の滅せし後，一百年を満たすこと，譬えば朗き日（輝く太陽）の頞悉多（Asta）山に隠るるが如し。百年を過ぎし後，更に十六年して，一大国の波吒梨弗多羅（パータリプトラ Pāṭaliputra）と名づくる有り。王は阿輸柯（アショーカ Aśoka）と名づけ，閻浮提（ジャンブ・ドゥヴィーパ Jambu-dvīpa）に王たり，大いなる白き蓋の一天下を覆うがごとき有り」（大正四九・二〇上）とある。真諦のもたらした伝承によれば，アショーカ王の出現は仏涅槃後一百十六年目のことであった。こうして最初の百年と十六年が過ぎた時の様子を記した後，『部執異論』はその後を第二百年，第三百年，第四百年，……と表記する。この表記法からも，最初の百年は，第一百年を意味する数え年と分かる。三枝訳「仏が入滅されてからあと〔およそ〕五百年を経たときに」は，年数表記が数え年であることを理解していない誤訳。

留意すべき点はもう一つある。すなわちこの箇所から分かる通り，本伝は，カーティヤーヤニー・プトラの年代を釈迦仏滅後の「第五百年中」とし，第六百年に入る以前に置く。これは玄奘系伝承が示す年代と異なる。すなわち『大唐西域記』巻四の中印度・至那僕底（チーナブクティ Cīnabhukti）国の条によれば，迦多衍那（カーティヤーヤナ。カーティヤーヤニー・プトラを示す「迦多衍尼子」の方が適切）を釈迦仏滅後の「第三百年中」とし，第四百年に入る以前に置く（『大唐西域記』巻四。大正五一・八八九下。季羡林一九八五・三六八頁。水谷一九九九2・一三二頁）。つまりカーティヤーヤニー・プトラについて本伝の示す真諦系伝承は，玄奘系伝承より一世紀早い年代を示す。

（63）**「母の名によって〔「カーティヤーヤニー・プトラ」すなわち「母カーティヤーヤニーの息子」と〕呼ばれた」，原文「従母為名」（母に従い名と為す）**
後代における類似の解説として，唐の普光『倶舎論記』巻一に，「「迦多衍尼子」なる者は，「迦多」は剪剃を名づく。「衍」は名づけて種と為す。「尼」は是れ女声なり。此人は是れ剪剃種の女より生まれれば，母の姓に従い名と為す。故に「迦多衍尼子」と名づく。是れ婆羅門十姓中の一姓なり」とある（大正四一・一〇下）。

（64）**「罽賓（カシュミール）国」，原文「罽賓国」**
罽賓という地域がどこを指すかは文献と時代によって異なる。本伝の用いる罽賓はカシュミールを指す。そのことは，以下に続く話で『八伽蘭他』と『毘婆沙』の編纂地を罽賓とすることから確定できる。

元来，罽賓はカシュミールに相当するインド語の漢字音写であったが，六朝時代の仏教文献においては『法顕伝』や梁の慧皎『高僧伝』の用例が示すように，インド文化圏の北西部（すなわち「北天竺」）に含まれる領域を指し，しばしば「中天竺」と対比される。その場合，六朝期の一般的な意味として，罽賓はガンダーラを中心とする地域を指すことが多く，時にカシュミールを特定的に意味し，また時にガンダーラやカシュミールを含む西北インドの広域を意味することもある。

その後，唐の玄奘とその弟子たちは，罽賓が意味する音と実際の境域が相違することを問題視し，様々な論書においてカシュミールを「迦湿弥羅」と音写した上で「旧く『罽賓』と曰うは訛なり」と注を付すようになった（例えば『大唐西域記』巻三。大正五一・八八六上。季羨林一九八五・三二〇頁。水谷一九九九2・八五頁。『大慈恩寺三蔵法師伝』巻二。大正五〇・二三一上）。『法顕伝』『高僧伝』等の六朝仏典の罽賓がガンダーラを主に指すことについては桑山（一九九〇・三八～五五頁）を見よ。

(65)**「五百の阿羅漢と五百の菩薩と」，原文「与五百阿羅漢及五百菩薩」（五百阿羅漢及び五百菩薩と）**

本伝はここで『八グランタ』（また『発慧論』とも『八乾度論』とも言う）を，カーティヤーヤニー・プトラ **Kātyāyanī-putra**（迦旃延子）が主導して五百阿羅漢および五百菩薩と共に編纂した書とする。編纂地は罽賓（カシュミール）国とされる。これは玄奘系伝承と大きく異なる。すなわち『大唐西域記』巻四の中印度・至那僕底（チーナブクティ **Cīnabhukti**）国の条によれば，『八グランタ』に当たる書を『発智論』と表記し，その編纂者はカーティヤーヤニー・プトラのみであり，五百阿羅漢と五百菩薩を含まず，編纂地は中印度のチーナブクティ国であるとする（『大唐西域記』巻四の至那僕底国の条。大正五一・八八九下。季羨林一九八五・三六八頁。水谷一九九九2・一三一頁）。つまり編纂者と編纂地の両方に相違がある。

(66)**『八グランタ grantha』，原文『八伽蘭他』**

原題は『アシュタ・グランタ *Aṣṭa-grantha*』。サルヴァアスティ・ヴァーダ部の教理学書。「伽蘭他」という漢字音写は真諦訳『倶舎論』に六例ある。そのうち五例は **grantha** の漢字音写であり，一例は **Prakaraṇa**（世友『品類足論』）の訳語である（平川ほか一九七七・六八頁左）。ダリア訳は八グランタを書名と解さず，「八つのグランタに編纂された」とする。

（67）**「これは，ここ（中国）で『八乾度（はっけんど）』と称する書である」，原文「即此間云『八乾度』」（此間（しかん）に『八乾度』と云うなり）**

本伝は中国名を『八乾度』と呼ぶ。まったく同名の漢訳仏典はないけれども，迦旃延子造・［前秦］僧伽提婆・竺仏念共訳『阿毘曇八犍度論』三十巻（大正新脩大蔵経第二六巻第一五四三号）がそれに当たる。更に『八乾度』は，迦多衍尼子造・［唐］玄奘訳『阿毘達磨発智論』二十巻（大正新脩大蔵経第二六巻第一五四四号。注68）に当たる。

『八伽蘭他』と『八乾度』は同じ書であり，『八犍度論』とも同じである。いずれも「八」は八という数を示す。しかし「伽蘭他」と「乾度」という二つの漢字音写が示すサンスクリット原語は異なる。「伽蘭他」の原語はグランタ grantha（文章・纏まり）であるのに対し，「乾度」と「犍度」の原語はグランタでなく，スカンダ skandha（集まり・集合）である。従って『八乾度』が示すサンスクリット語は，もし仮に逐語的サンスクリット語形を想定するならば，『八グランタ』に当たる『アシュタ・グランタ *Aṣṭa-grantha*』でなく，『アシュタ・スカンダ *Aṣṭa-skandha*』或いはその派生語形に違いない。こう考えるべき理由は，『八犍度論』が雑犍度・結使犍度……定犍度・見犍度の八犍度から成る一方，同論に対応する玄奘訳『発智論』は雑蘊・結蘊……定蘊・見蘊の八蘊から成るものであり，玄奘訳において「蘊」は「スカンダ」の漢訳であると確定できるので，「犍度」の原語も同様に「スカンダ」であると結論できるからである。しかし本伝の「伽蘭他」はグランタの音写であり，スカンダであり得ない点に問題が残る。

（68）**『発慧論（ほつえ）』（正しい智慧を発する論書）』**

真諦より後に唐の玄奘が訳した『阿毘達磨発智論』二十巻（注67）に当たる。『発慧論』と『発智論』の原題は共に『ジュニャーナ・プラスターナ *Jñāna-prasthāna*』である（『智慧の発揮』を意味する。サンスクリット語原典は現存しないが，断片的引用の存在が知られている）。すなわち本伝の『発慧論』は，玄奘訳『発智論』と同本。

（69）**『アビダルマ』，原文『阿毘達磨』**
「阿毘曇」とも漢字音写する。サンスクリット原語は abhidharma であり，「存在に対する〔研究〕」の意。唐の玄奘訳は「対法」。東晋の釈道安（三一二～三八五）は「阿毘曇序」においてアビダルマを「大法」（偉大な存在）と訳し，こう解説する――「阿毘曇なる者は，秦に大法と言うなり。衆祐（仏世尊）は以て道果の至賾を見る有りて性を形容に擬え，真像を執る。之れを大と謂う。以て道慧の至斉たる有り，如を司南に観，一なる相を察す。之れを法と謂う。故に大法と曰うなり」（僧祐『出三蔵記集』巻一〇「阿毘曇序」。大正五五・七二上。また大正二六・七七一上の道安「阿毘曇八犍度論序」も同文）。「アビダルマ」の概説として櫻部（一九六九／九六・一八～一九頁）参照。

（70）**「ナーガ（龍）・ヤクシャ yakṣa（夜叉）」，原文「諸龍、夜叉」**
原文「龍」は中国風の龍でなく，ナーガ nāga の訳。ナーガはインドコブラに象徴されるような蛇が神話化された存在である。仏教を守護する存在として仏教経典に現れることもあるが，逆に，恐ろしい害悪をもたらす存在とも見なされる。一方，「ヤクシャ」の原文は「夜叉」。ヤクシャ yakṣa は神の一種。恐ろしい鬼神と人間の活動を守る守護者の両面をもつ。本伝のこの箇所でナーガとヤクシャは，共に仏教の守護者である。

（71）**「アカニシュタ Akaniṣṭha」，原文「阿迦尼師吒」**
原文はアカニシュタ akaniṣṭha の漢字音写。漢訳は「色究竟天」。欲望を離れた物質のみからなる色界中，最上位の天の名前。

（72）**「一句一偈」**

「偈」は「伽他」「伽陀」とも言う。「ガーター gāthā」の漢字音写。一偈は一詩節（ひとまとまりの韻文）を指す。漢字音写と訳を併せて偈頌とも言う。最も代表的な韻文は三十二音節（三十二字）からなるシュローカ śloka 体の韻文。

（73）**「合わせて五万偈分（百六十万字）の長さ」，原文「合有五万偈」（合して五万偈有り）**

ここで用いる「偈」は書物の長さを表す。三枝訳「合計五万の詩がある」とダリア訳「五万ガーターを有した（had fifty thousand *gāthās*）」は共に不適。「偈」はその文献が偈（韻文）で書かれているということを意味しない。文の長さを一偈（一シュローカ。注72）の長さに置き換えて示す数量単位である。散文であっても，インドの文字で表記すると一偈（三十二音節から成るシュローカの長さ）に換算してそれの五万倍分，すなわち三十二音節×五万＝百六十万音節（百六十万字）の長さをもつ散文であることを意味する。偈に換算して何偈分かで長さを表す仕方は，その書物が韻文か散文かを問わず，また仏教か否かも問わず，インドの古典に広く見られる。隋の吉蔵『百論疏』の序に，東晋の釈道安の解説を紹介して，「釈道安云わく，「胡人，経を数うるの法なり。長行（散文）か偈（韻文）か問うこと莫く，但だ三十二字を満たしむれば便ち是れ一偈なり」」（大正四二・二三四中）と解説するのも併せて参照。

（74）**『ヴィバーシャー Vibhāṣā（毘婆沙）』，原文『毘婆沙』**

原文は「ヴィバーシャー vibhāṣā」の漢字音写。ヴィバーシャーは注釈の一形式。特に異説を併記するなどして編纂した詳細な注釈を指す。漢訳は「広解」「広説」など。唐の玄応『一切経音義』巻一七に「毘婆沙〈『随相論』は毘頗沙に作る。此に広解と云う。応に鼻婆沙と言うべし。此に訳して種種説と云い，或いは分分説と言い，或いは広説と言うは，同一義なり〉」とある（徐時儀二〇一二・三五六頁。黄仁瑄二〇一八・六六三，九二九頁）。また『同』巻二四に「毘婆沙〈或いは鼻婆沙と言う。『随相論』は毘頗沙に作る。此に訳して広解と云い，或いは広説と言い，亦た種種説とも云い，或いは分分説と言うは，同一義なり〉」（徐時儀二〇一

二・四八六頁。黄仁瑄二〇一八・九二九頁)。

ここで意図されている『ヴィバーシャー』は『八グランタ』(一名『発慧論』)に対する注釈を指す。サンスクリット語表記は『マハー・ヴィバーシャー *Mahā-vibhāṣā*』(大注釈書の意)が一般的である。その現存する漢訳は次の三種である。

尸陀槃尼撰・[前秦]僧伽跋澄訳『鞞婆沙論』十四巻

(大正新脩大蔵経第二八巻第一五四七号)

迦旃延子造・五百羅漢釈・[北涼]浮陀跋摩・道泰等共訳『阿毘曇毘婆沙論』六十巻

(大正新脩大蔵経第二八巻第一五四六号)

五百大阿羅漢等造・[唐]玄奘訳『阿毘達磨大毘婆沙論』二百巻

(大正新脩大蔵経第二七巻第一五四五号)

(75)**「アシュヴァゴーシャ Aśvaghoṣa(馬鳴)」,原文「馬鳴」**

原文「馬鳴」は「アシュヴァゴーシャ Aśvaghoṣa」の訳。「アシュヴァ」は馬,「ゴーシャ」は音(鳴き声)の意。因みに馬鳴の意味については,本伝に記す『八グランタ』とは別の『大乗起信論』の著者である馬鳴という名の語義解釈として,唐の法蔵『大乗起信論義記』巻上は三種の解釈を示す。すなわち「馬鳴の名は,諸の伝記に依れば,略し三釈有り。一は,此の菩薩は初めて生るるの時,諸馬を感動せしめ悲鳴息まざるを以ての故に,此の名を立つるなり。二は,此の菩薩は善く撫琴(琴瑟の演奏)を能くし,法音を宣べれば,諸馬聞き已りて咸な悉く悲鳴するを以ての故に此の名を立つ。三は,此の菩薩は善く能く法を説き,能く諸馬をして悲鳴し垂涙せしめ,食せざること七日ならしむれば,此に因りて名を為すなり」という(大正四四・二四五下〜二四六上)。

(76)**「サーケータ Sāketa」,原文「娑枳多」**

原文はサーケータ Sāketa またはシャーケータ Śāketa の漢字音写。アシュヴァゴーシャの著した『端正なナンダ *Saundarananda*』の跋文に，著者アシュヴァゴーシャを Sāketa 出身の比丘（sāketaka bhikṣu）と記す。また，後秦の鳩摩羅什訳『馬鳴菩薩伝』にも，「馬鳴菩薩は，仏滅後三百余年，出ずるに東天竺の桑岐多国自りす。婆羅門種なり」という（落合／齊藤二〇〇〇・二六八頁）。

(77) **『八部構成のヴィヤーカラナ論（文法学書）』，原文『八分毘伽羅論』**

ここで意図されているのは，アシュヴァゴーシャが精通していたとされる『八分（八部，八章）から成る文法学書』である。残念ながら，それが何かを特定することはできない。考えられるのは，サンスクリット文法書として不動の位置を保つ，パーニニ Pāṇini による文法書『アシュタアディヤーイー *Aṣṭādhyāyī*』を指す可能性であろうか。この書は八章（アディヤーヤ）から成る。まったく同じ表記ではないが，唐の玄奘の詳細な伝記『大慈恩寺三蔵法師伝』の巻三に「又有『八界論』八百頌」（又た『八界論』八百頌有り）という文があり，この『八界論』をブラフ（一九七三・二五〇～二五一頁）は『アシュタアディヤーイー *Aṣṭādhyāyī*』に比定し，『八界論』という書名は『八つの構成要素から成る論書』を意味すると論ずる。これは『八部毘伽羅論』を考えるのにも有益である。

(78) **『ヴェーダ Veda』，原文『皮陀』**

原文は「知ること・知識」を意味するサンスクリット語「ヴェーダ veda」の漢字音写。インド伝統の宗教文化で最も古く重要な典籍。『ヴェーダ』に四種ある。すなわちヴェーダ文献中で最も古い『リグ・ヴェーダ Ṛg-veda』，祭式に用いる歌詠の歌詞と旋律とを記す『サーマ・ヴェーダ Sāma-veda』，祭式の作法・供物等の実務を定める『ヤジュル・ヴェーダ Yajur-veda』，吉祥をもたらす呪法と呪詛のための呪法に関する讃歌を収める『アタルヴァ・ヴェーダ Atharva-veda』である。

(79) **「〔『ヴェーダ』の内容を補足する〕六つの論書」，原文「六論」**

六種のヴェーダ補助学。すなわち真諦訳『金七十論』巻上に，「六皮陀分あり。一は式叉論（シクシャー śikṣā 音韻学書），二は毘伽羅論（ヴァーイヤーカラナ vaiyākaraṇa 文法学書），三は劫波論（カルパ kalpa 典礼学書），四は樹底論（ジョーティシャ jyotiṣa 天文学書），五は闡陀論（チャンダス chandas 韻律学書），六は尼禄多論（ニルクタ nirukta 語源学書）なり」とある（大正五四・一二五一上）。

隋の吉蔵『百論疏』巻上之下は四ヴェーダ・六論・八論をまとめてこう解説する――，

「四「韋陀」なる者は，外道の十八大経にして亦た十八明処と云う。四「皮陀」をば四と為す。復た六論有り，四「皮陀」と合して十と為す。復た八論有り，足して十八と為す。

四「皮陀」なる者は，一の『荷力皮陀（リグ・ヴェーダ）』は，解脱法を明かす。二の『冶受皮陀（ヤジュル・ヴェーダ）』は，善道法を明かす。三の『三摩皮陀（サーマ・ヴェーダ）』は欲塵法を明かす。一切の婚嫁欲楽の事を謂い，四の『阿闥皮陀（アタルヴァ・ヴェーダ）』は，呪術・算術等の法を明かす。本と『皮陀』と云うも，此間(しかん)の語の訛するが故に「韋陀」と云う。

六論なる者は，一の『式叉（シクシャー）論』は，六十四能法を釈す。二の『毘伽羅（ヴァーイヤーカラナ）論』は，諸音声法（音韻文法学）を釈す。三の『柯刺波（カルパ）論』は，諸天仙の上古以来の因縁の名字を釈す。四の『竪底沙（ジョーティシャ）論』は天文・地理・算数等の法を釈す。五の『闡陀（チャンダス）論』は，首盧迦（シュローカ śloka）を作る法を釈す。仏弟子・五通仙等の説く偈をば首盧迦と名づく。六の『尼鹿多（ニルクタ）論』は，一切物名を立つるの因縁を釈す。

復た八論有り。一の『眉亡婆†（ミーマーンサー Mīmāṃsā）論』は諸方の是非を簡択す。二の『那邪毘薩多（ニヤーヤ・ヴィスタラ Nyāya-vistara?）論』は，諸法の道理を明かす。三の『伊底呵娑（イティハーサ Itihāsa）論』は，伝記・宿世の事を明かす。四の『僧佉（サーンキャ Sāṃkhya）論』は，二十五諦を解く。五の『課伽(ママ)（ヨーガ Yoga）論』は，摂心法を明かす。此の両論（サーンキャとヨーガ）は，同(とも)に解脱法を釈す。六の『陀菟（ダヌ Dhanu）論』は兵杖を用いるの法を釈す。七の『楗闥婆（ガンダルヴァ Gandharva）論』は音楽法を釈す。八の『阿輸（アーユル〔ヴェーダ〕Āyurveda）論』は，医方を釈す」（大正四二・二五一上〜中）。

†原文は「肩亡婆」に作るが，「眉亡娑」の誤写である。「肩」は字形の類似する「眉」の誤りと見なすべきである。「婆」と「娑」は諸文献でしばしば混同すること広く知られる通りであるから，本来の字は「眉亡娑」であり，「ミーマーンサー Mīmāṃsā」と解すことができる。

（80）**「十八部派の三蔵」，原文「十八部三蔵」**
十八部派は，いわゆる小乗（声聞乗(しょうもんじょう)のこと。注47）の全部派を象徴的に表す。三蔵は経蔵・律蔵・論蔵。それぞれ順にスートラ（ブッダの教説）・ヴィナヤ（出家者教団の生活規則を記す文献）・シャーストラ（アビダルマとも。後代の仏教徒が書いた教理学書および経律への注釈書）。「蔵」に当たるサンスクリット原語「ピタカ piṭaka」は，元来，宝物や花などを入れる籠を意味するが，中国ではそれを「蔵」（貯蔵庫の意）と漢訳した。要するに「十八部派の三蔵」は，伝統的な部派のすべてが保持する一切の仏教文献を表す。

（81）**「実に広範な知識を有する模範として尊信された」，原文「（解十八部三蔵，）文宗学府，允儀所帰」（十八部の三蔵を解し，文宗にして学府たりて，允(まこと)に儀の帰する所なり）**
蓮澤国訳「十八部の三蔵，文宗・学府・允儀の所帰を解(げ)したれば」は誤訓。

（82）**「使者を遣わし」，原文「遣人」**
蓮澤国訳「文を遣わして」は誤り。誤植か。

（83）**「カーティヤーヤニー・プトラは，順を追って『八つの纏まり』を注釈した」，原文「迦旃延子次第解釈『八結』」（迦旃延子は次第に『八結』を解釈す）**
東晋の釈道安（三一二〜三八五）の「鞞婆沙序」にも内容的に重なる事柄が記されている——「迦旃延

子は其の（阿含経の）要行を撮し，経を引きて訓釈し，阿毘曇（アビダルマ）四十四品を為り，要約（経典の要点は）婉しく顕らかなれば，外国は之れを重んず」（僧祐『出三蔵記集』巻一〇。大正五五・七三中）。原文の「迦旃延子」（カーティヤーヤニー・プトラ）は，『八結』すなわち『発慧論』の撰者。注63，注65～68参照。

（84）**「阿羅漢と菩薩たちは共同し，すぐにその教義を細かく分析した」，原文「諸阿羅漢及諸菩薩即共研弁義意」（諸の阿羅漢及び諸の菩薩は即ち共に義意を研弁す）**

この一節を含む前後の内容から，本伝によれば，『ヴィバーシャー』はカーティヤーヤニー・プトラがアシュヴァゴーシャ Aśvaghoṣa に著作を依頼し，それに応じたアシュヴァゴーシャがシュラーヴァスティー国より罽賓（カシュミール）国に趣き，五百阿羅漢および五百菩薩と共に十二年の歳月をかけて著作したとされているのが分かる。これは本伝独自の状況描写であり，玄奘系伝承と大きく異なる。すなわち『大唐西域記』巻三の迦湿弥羅（カシュミール）国の条によれば，『毘婆沙論』は世友（ヴァスミトラ Vasumitra）と羅漢ら五百人がカシュミール国で編纂した書であるとする（『大唐西域記』巻三。大正五一・八八六中～八八七上。季羨林一九八五・三三一～三三八頁。水谷一九九九2・九五～一〇三頁）。本伝の示す真諦系伝承と玄奘系伝承の相違が明らかである。現在の研究状況では玄奘系の伝承が史実に近く，真諦系の伝承をそのまま認めることは難しいとされている（蓮澤一九三六・四七四頁。三枝一九八三／二〇〇四・三六頁）。

（85）**「そして〔正しい教義を認めてよいと〕確定した側からアシュヴァゴーシャは文章にし，十二年をかけて『ヴィバーシャー論』はやっと完成した」，原文「若定，馬鳴随即著文。経十二年，造『毘婆沙』方竟」（若し定まれば，馬鳴は随いて即ちに文を著す。十二年を経て，『毘婆沙』を造ること，方に竟れり）**

本伝のここと直前の記事によれば，『ヴィバーシャー』を編纂するに当たり，カーティヤーヤニー・プトラはアシュヴァゴーシャをシュラーヴァスティー国サーケータから罽賓（カシュミール）国に招聘し，アシュヴァゴーシャを中心に罽賓で編纂したことになる。この伝承は玄奘系の伝承と異なる。玄奘によれば，『阿毘達磨大毘婆沙論』（『ヴィバーシャー』）の編纂地は，迦湿弥羅（カシュミール）国であるから本伝と一致するが，編纂者は異なり，五百阿羅漢だった（『大唐西域記』巻三の迦湿弥羅国の条。大正五一・八八六中～八八七上。季羨林一九八五・三三二～三三八頁。水谷一九九九2・九五～一〇〇頁）。

（86）**「百万偈分（三千二百万字）の長さ」，原文「凡百万偈」（凡そ百万偈なり）**

文章の長さを表す単位「偈」は，インドの文字で三十二音節から成るシュローカ体韻文で百万詩分（三二×百万），すなわち三千二百万音節（三千二百万字）の長さの散文であることを示す（注72，73）。詩から構成されるように訳す三枝訳とダリア訳は共に不適切。

（87）後に『大唐西域記』巻三も同様に，「迦湿弥羅国は，周七千余里なり。四境は山を負い，山は極めて陗峻なり。門径（小さな出入り口）有りと雖も，而れども復た隘狭なり。古自り隣敵も能く攻伐する無し」という（大正五一・八八六上。季羨林一九八五・三二一～三二四頁。水谷一九九九2・九七頁）。更に後の悟空「十力経序」はカシュミールの四周について，「この〔カシュミール〕国の四周は，山を外郭と為す。総じて三路を開き，以て関を設けて防ぐ。東は吐蕃（チベット）に接し，北は勃律（ボロール）に通じ，西門の一路は乾陀羅（ガンダーラ）に通ず。別に〔南に〕一途有るも，常時は禁断せらる」とある（大正一七・七一六上＝大正五一・九八〇上）。

（88）**「ヤクシャ神たちをとりまとめ，その関門を守らせた」，原文「摂諸夜叉神令守門」（諸の夜叉神を摂めて門を守らしむ）**

カシュミールは周囲を山に囲まれ，ヤクシャ神たちが守護している。このことは『大唐西域記』巻三の迦湿弥羅国の条も，「此国は四周の山は固く，薬叉の守衛するなり」（大正五一・八八六下。季羨林一九八五・三三二頁。水谷一九九九2・九七頁）と記す。更にカシュミールで編纂した仏典をヤクシャ神たちに守護させ国外流出を防いだことを，「迦膩色迦王は遂に赤銅を以て鍱と為し，論文を鏤み写さしめ，石函に緘封し，窣堵波を建てて其の中に蔵す。薬叉神に命じて其の国を周く衛らしめ，異学をして此の論を持ちて出さしめず」（『同』大正五一・八八七上。季羡林一九八五・三三三頁。水谷一九九九2・九九〜一〇〇頁）と記す。

（89）**「罽賓（カシュミール）国は，四方を山に囲まれた城塞のような所であり，国の内外を出入りする関門がただ一つだけあった。〔アビダルマ学の〕聖者たちは誓願の力でヤクシャ神たちをとりまとめ，その関門を守らせた。この〔アビダルマの〕教えを学びたいと余所から誰かが罽賓に来ても遮断し，〔通させなかった〕」，原文「罽賓国，四周有山如城。唯有一門出入。諸聖人以願力摂諸夜叉神令守門。若欲学此法者，能来罽賓，則不遮礙」（罽賓国は四周に山の城の如き有り。唯だ一門より出入する有り。諸の聖人は願力を以て諸の夜叉神を摂めて門を守らしむ。若し此の法を学ばんと欲する者，能く罽賓に来れば，則ち遮礙せず）**

カシュミール国が周囲を山に囲まれた天然の要塞の如き地形であったことは，『大唐西域記』巻三の迦湿弥羅国の条にも記されている――「此の国は四周山に固まれ，薬叉守衛し，土地は膏腴，物産は豊盛なり。賢聖の集往する所，霊仙の遊止する所なり」（大正五一・八八六下。季羡林一九八五・三三二頁。水谷一九九九2・九七頁）。更に『大唐西域記』巻三の同国の条は，カシュミールで編纂した仏典をヤクシャ神たちに守護させ国外流出を防いだことを記す（注88参照）。

（90）**「アヨーディヤー Ayodhyā」，原文「阿緰闍」**

原文はアヨーディヤー ayodhyā の漢字音写。「阿踰闍」や「阿踰陀」とも漢字音写する。現在のインド共和国ウッタル・プラデーシュ州アヨーディヤーに当たる。古代から知られる文化都市で，叙事詩

『ラーマーヤナ』のラーマ王子の故郷でもある。玄奘系の伝承は地理書『大唐西域記』巻五の阿踰陀国の条と玄奘の伝記『大慈恩寺三蔵法師伝』巻三を参照。

(91)**「ヴァスバドラ Vasubhadra」，原文「婆須跋陀羅」**

原文は人名「ヴァスバドラ Vasubhadra」の漢字音写。この原語比定は高楠訳に従う。本伝は「婆娑須跋陀羅」に作るが，唐の恵沼『成唯識論了義燈』巻一本は「婆須跋陀羅」（大正四三・六五九下）に作る。高楠は「娑」を衍字と見なす。三枝訳「ヴァシャスバドラ（婆娑須跋陀羅）〔Vaśasubhadra〕」とダリア訳“Vaśasubhadra”は誤り。

(92)**「本当の姿を隠し」，原文「託迹」**（**迹を託して**）

身分や姿を別のものにかこつける。三枝訳「みずからの行き先をくらまし」は誤訳。

(93)**『ラーマーヤナ *Rāmāyaṇa*』，原文『羅摩延伝』**

ヴァールミーキ Vālmīki 作の叙事詩『ラーマーヤナ *Rāmāyaṇa*（ラーマの到来）』。英雄ラーマ王子の叙事詩。『マハー・バーラタ *Mahā-bhārata*』と並ぶインドの二大叙事詩の一。『ラーマーヤナ』は著名な作品だが，仏教論書『ヴィバーシャー』と何の繋がりもないので，質問したヴァスバドラは嘲笑されたということを述べている。

(94)**「十二年間で『ヴィバーシャー』〔の全文〕を数回聴講できた」，原文「於十二年中，聴『毘婆沙』得数遍」**（**十二年中に於いて『毘婆沙』を聴くこと数遍を得**）

十二年で『ヴィバーシャー』を数回通しで学ぶことができたというのは，回数が少ないようにみえるが，その逆である。漢語で最もよく知られる『ヴィバーシャー』は玄奘訳『阿毘達磨大毘婆沙論』であり，分量は二百巻。現在最もよく用いられる大正新脩大蔵経の第二七巻全部に相当し，その総頁数は一頁三段組みで一千四頁に及ぶ。これは一行十七文字，三十行前後を一紙とする書式で書写するならば，およそ三千紙を超える膨大な量である。

(95) **「このようにして三度，出国しようとしては戻った。そして四度目には〔ヤクシャ〕神たちが送り戻しても，人々は何も取り調べず，ヤクシャ神たちに〔ヴァスバドラを〕解放させ，出国させた」，原文「如此三反去而復還。至第四反，諸神雖送将還，衆不復検問，令諸夜叉放遣出国」（此の如く三反去らんとするも復た還す。第四反に至れば，諸神送りて将に還さんとするも，衆は復た検問せず，諸の夜叉をして放ち遣り出国せしむ）**

ここから知られるように，本伝は**【五・五】**において，再三にわたって『ヴィバーシャー』の知識をもって罽賓から出国しようとした者をヴァスバドラ Vasubhadra とし，出国後，ヴァスバドラは故国アヨーディヤーに『ヴィバーシャー』を流布させたとする。

一方，チベット系伝承は異なる。すなわち『プトン仏教史』によれば，三度まで関門でヤクシャ神に塞き止められた者はヴァスバンドゥであり，出国後，ヴァスバンドゥは『ヴィバーシャー』をナーランダー寺（現在のビハール州ナーランダー地区）に流布させたとする（プトン一九三二・一四三頁）。ごく簡略ではあるが，『ターラナータ仏教史』も同じ内容を記す（ターラナータ一九九七・一六八頁）。

(96) **「〔諳誦内容を〕口で誦出する側から書き写させ」，原文は「随出随書」（出すに随い随ち書せしめ）**三枝訳「発表するごとにつぎつぎとそれを書き取っていって」の「発表する」は誤訳。連詞「随～随…」については注53を見よ。

(97) **「罽賓の法師たちは，この教えが余所の地方に流出したことを後から聞き，皆が憂い歎いたのであった」，原文「罽賓諸師後聞此法已伝流余土，人各嗟歎」（罽賓の諸師は後，此の法已に余土に伝流するを聞き，人，各の嗟歎す）**

本伝はここまでに『八グランタ』とその注釈『ヴィバーシャー』の編纂と流伝に関する逸話を物語る。

関連する注65～68，74，75，83～85，88～91，95に基づき，以下に両書に関する真諦系・玄奘系・チベット系の三伝承を対比的に整理すると次のようである。

【表3】

主題	真諦系『婆藪槃豆伝』	玄奘系『大唐西域記』	チベット系『プトン仏教史』『ターラナータ仏教史』	語注番号
著作名	『八伽蘭他』『八乾度』『発慧論』	『発智論』	（無記載）	66 67 68
著者	迦旃延子が五百阿羅漢と五百菩薩と共同編纂	迦多衍尼子（迦多衍那とも表記）のみ	（無記載）	65
編纂地	罽賓（カシュミール）	中印度至那僕底（チーナブクティ）	（無記載）	65
著作名	『毘婆沙』	『阿毘達磨大毘婆沙論』	（無記載）	74
著者	馬鳴・迦旃延子・五百阿羅漢・五百菩薩	五百大阿羅漢等	（無記載）	75 84

編纂地	罽賓（カシュミール）	迦湿弥羅（カシュミール）	カシュミール	89 88 84 83
流出先	阿緰闍（アヨーディヤー）	（無記載）	中印度ナーランダー寺	95 90
流出者	婆須跋陀羅（ヴァスバドラ）	（無記載）	ヴァスバンドゥ	95 91

（98）**「釈迦仏の入滅後の第九の百年目に入ると」，原文「至仏滅後九百年中」（仏滅後の九百年中に至り）**
釈迦仏の入滅後八〇一～九〇〇年の間を指す。関連する注として注62参照。三枝訳「仏が入滅されてからあと〔およそ〕九百年にいたり」は，年数表記が数え年であることを理解していない誤訳。高楠訳に九〇〇～九九九年と注するのも誤り。フランケ（一九一四），高楠（一九一四），フラウワルナー（一九五一・九頁注一）も併せて参照。

フラウワルナーの説によれば，段落番号**【五・六】**以降は新ヴァスバンドゥの伝である（本書第五章「（七）ヴァスバンドゥは一人か二人か」参照）。このままでは新ヴァスバンドゥの年代が「仏滅後第九百年中」という不都合があるため，フラウワルナーはこの年代を否定して「仏滅後千百年中」の誤りと見て故意に読み替える（フラウワルナー一九五一・三頁。二五～二六頁）。読み替え後の年代はフラウワルナーの提案する新ヴァスバンドゥの活動年代と合う。しかしフラウワルナーはこの原文の「九百」を「千百」と読み替えるべき根拠を示さない。この問題点は櫻部（一九五二・二〇四頁上段注1と二〇七～二〇八頁）に指摘される通り，正鵠を得ている。

(99) **「ヴィンディヤ・ヴァーサ（ヴィンディヤ・ヴァーシン Vindhya-vāsin）」，原文「頻闍訶婆娑」**
原文の漢字音写は「ヴィンディヤ・ヴァーサ Vindhya-vāsa」であるが，ここで意図されているのは，語末が変化した派生語の人名「ヴィンディヤ・ヴァーシン Vindhya-vāsin」（ヴィンディヤに住む者）である。船山（二〇二〇b・6.1音素還元主義）参照。ヴィンディヤ・ヴァーシンは四世紀頃の人と推定されている。高楠訳の Vindhyavāsaka と蓮澤国訳の Vindhya-vāsin という原語表記はいずれも誤り。

(100) **「「ヴィンディヤ」は山名である」，原文「頻闍訶是山名」（「頻闍訶」は是れ山名なり）**
ヴィンディヤ Vindhya はインドの西部と南部を分ける山脈の名。インド亜大陸のほぼ中央部を断続的に東西に分ける境界である。現在のインド共和国グジャラート州とマディヤ・プラデーシュ州にまたがり，ヴィンディヤ山脈の南にはナルマダー河が流れ，それ以南を南天竺と称する。ヴィンディヤ山脈の北はアーリヤ系，南はドラヴィダ系の民族が住まう。なお原文の「頻闍訶」は，サンスクリット語形「ヴィンディヤ」よりも，同じ意味のパーリ語形「ヴィンジャ Viñjha」に近い漢字音写であろうか。漢字音写には「頻闍訶」のほか「頻陀」「賓陀」などがある。
蓮澤国訳「頻闍訶婆娑は山の名なり」は誤り。「婆娑」は原文にないから。

(101) **「ヴリシャ・ガナ（ヴァールシャ・ガニヤ Vārṣa-gaṇya）」，原文「毘梨沙迦那」**
原文「毘梨沙迦那」は「ヴリシャ・ガナ Vṛṣa-gaṇa」の漢字音写であるけれども，実際に意図する語形は，「ヴリシャ・ガナ」の派生語形である「ヴァールシャ・ガニヤ Vārṣa-gaṇya」である。「ヴァ va」が「ヴァー vā」に強変化（vṛddhi）した派生形である。しかし真諦の時代には，この点についての漢字音写は正確でなく，派生形「ヴァー」を元の弱音「ヴァ」に戻した漢字音写が行われていた。当時の音素変化の詳細と変遷史の概観については船山（二〇二〇b・6.1音素還元主義）を見よ。

ヴァールシャ・ガニヤの漢訳は「雨衆外道」（ヴァールシャの元音「ヴリシャ vṛṣa」は雨，ガニヤの元音「ガナ gaṇa」は集団・人々の意）。

（102）**『サーンキャ Sāṃkhya（僧佉）論』，原文『僧佉（そうきゃ）論』**

「僧佉」は「サーンキャ Sāṃkhya」の漢字音写。サーンキャ学派はインド正統学派の一。

本節**【五・六二　ヴァールシャ・ガニヤ】**に現れるサーンキャ学者はヴァールシャ・ガニヤとヴィンディヤ・ヴァーシンの二人である。しかしながら，本節に見える「サーンキャ論」について整理すると，それは二篇でなく，次の三篇が存在したことが分かる。

「サーンキャ論」第一篇は，「この龍王（＝ヴァールシャ・ガニヤ）は『サーンキャ Sāṃkhya（僧佉）論』をよく理解していた」と言われる箇所に言及される『サーンキャ論』である。これはヴァールシャ・ガニヤ以前から存在し，彼が教科書のように大切にしていた論書である。

「サーンキャ論」第二篇は，「龍王は彼の聡明さを賛美し，彼に『サーンキャ論』を解説してやり，異教徒に，「汝は論をすべて得たのだから，改変してはならぬぞ」と言った」という『サーンキャ論』であり，著者の龍王はヴァールシャ・ガニヤである。

「サーンキャ論（僧佉論）」第三篇は，「龍王は論を講じ終えると，〔異教徒が書き写した〕著作も完了し，そこで著作した論書を龍王に見せると，龍王は彼の作ったものが原本より勝れているのを見て大いに怒り，異教徒に，「私は先に汝に改変してはならぬと言ったのに，汝はなぜ私の論書を改変したのか。汝の著作を流布させるわけには行かぬ」と言った」という箇所の，異教徒の『サーンキャ論』であり，著者はヴィンディヤ・ヴァーシンである。そしてここに現れる龍王は龍王ヴァールシャ・ガニヤであり，同時代人である。

更に，本伝【五・六三】の逸話より，ヴァールシャ・ガニヤとヴィンディヤ・ヴァーシンはヴィクラマアーディティヤ王（年代その他は注110参照）の時代の人と分かる。

第一篇が何かについては，内容が漠然とし過ぎているため，具体的書名を同定することは難しい。例えばダリア訳は字義通りサンスクリット語「サーンキャ・シャーストラ Sāṃkhya-śāstra」をそのまま用いて具体的書名を挙げない。

第二篇の著者ヴァールシャ・ガニヤは『シャシュティ・タントラ *Ṣaṣṭi-tantra*（六十科論）』の改訂版を著した者と見なされることが多い（ラーソン／バッタチャリヤ一九八七・一一一～一五頁。今西一九八八・一四九頁）。

現存資料が少ないことによって，早期サーンキャ学派の文献史には不明な所と推測の域を出ない事柄が多い。この注においても強引な推測は避けねばならない。ただしヴィクラマアーディティヤ王の頃に活動した人物であり，ヴァールシャ・ガニヤが先であり，ヴィンディヤ・ヴァーシンが後であると先後関係を立てるならば，推測でも可能な選択肢はさほど多くない。現存する『サーンキャ・カーリカー *Sāṃkhya-kārikā*（サーンキャ学説綱要偈）』の著者をイーシュヴァラ・クリシュナ Īśvara-kṛṣṇa（五世紀頃か）であると見るのはサーンキャ研究者の一致した見解である。イーシュヴァラ・クリシュナはヴァールシャ・ガニヤと，ヴィンディヤ・ヴァーシンを含むヴァールシャ・ガニヤ継承者の年代は近く，イーシュヴァラ・クリシュナ自身がその系統の一人である可能性も高い（ラーソン／バッタチャリヤ一九八七・一一一～一五頁。更に一三一～一四六頁）。

他方，高楠順次郎は，ヴィンディヤ・ヴァーシンの「サーンキャ論」の同定を試み，結論として，ヴィンディヤ・ヴァーシンとイーシュヴァラ・クリシュナは同人であり，その著作『サーンキャ・カーリカー』は真諦訳『金七十論』そのものであると主張した（高楠一九〇五・四七～五一頁）。高楠説は当時の学会を裨益したが，現在の我々には受け入れ難い点が多い。高楠は，真諦訳『金七十論』の漢訳年が『サーンキャ・カーリカー』成立の下限となるとも指摘する。これは誤りではないが，『金七十論』は『サーンキャ・カーリカー』本文そのものの漢訳でなく，それに対する著者不明の一注釈の漢訳である。更に蓮澤成淳は高楠説に基づき解題し国訳した（蓮澤一九三六・四七三～四七四頁。四八二頁）。これらの説に，今や無批判に従うことはできない。

(103) **「木の葉で作った小屋」，原文「葉屋（ようおく）」**
真諦訳『倶舎論』によれば，「葉屋」のサンスクリット原語はトゥリナ・クティー tṛṇa-kuṭī（平川ほか一九七七・四七八頁右）である。本伝も同様に解せられる。

(104) **「龍王の周りをぐるりと一周し」，原文「繞龍王一匝」（龍王を繞（めぐ）ること一匝（そう）す）**
インドの諸文献に現れる，敬意を示すための右遶（うにょう）（右回り。プラダクシナー pradakṣiṇā）を表す。

(105) **「〔龍王は〕聞く側からその〔異教徒が〕定立した偈の意味をすぐに論破し」，原文「随聞随破其所立偈義」（聞くに随（したが）い，随（すなわ）ち其の立つる所の偈の義を破し）**
連詞「随～随…」については注53を見よ。三枝訳「龍王はそこでつくられた詩の意義内容について，その一詩ごとに，あるいは聞きいれ，あるいは反論しては，」はまったくの誤訳。

(106) **「その異教徒は論破される側からすぐに〔訂正し直した詩を〕定立し，〔龍王は〕詩の内容が成り立っている〔のを見届け〕，投げられた花を再び投げ返した。こうして〔異教徒が〕花籠一つ分をすべて投げ終えると，〔異教徒が〕論難する度毎に，〔その論難が不十分であれば，龍王は自説を〕まず擁護した。〔こうして龍王の修正を経て，異教徒の〕偈がすべて出来上がった。」，原文「其外道随破随立，偈義既立，還投所擲華。如此投一籃華，具破且救，諸偈悉成就」（其の外道は破せらるるに随い，随ち立て，偈の**

義既に立つれば，還た擲る所の華を投ぐ。此の如く一籃の華を投げ尽くし，具さに破しては且つ救い，諸偈は悉く成就す）

三枝訳「こうしてその外道は，反論されたり立論されているうちに，詩の意義内容がすでにきちんと立てられて行き，そのさい投げられた華を再び投げ返した。このようにして，一つの華籠のなかの華を全部投げおわった時には，全部の詩についてくわしい反論もまた擁護論もふくめて，ことごとく成就した」は珍訳。

(107) **「その〔異教徒〕が教えを聴く度にそれを弁別してみると，〔言葉の〕順序が正しくない箇所があり，あるいは文章表現が上手くなかったり意味がすっきりしない箇所があったので，それらをその場ですべて改変した」，原文「及其随聴所得，即箇択之，有非次第，或文句不巧，義意不如，悉改易之」（其の聴くに随い得る所あるに及び，即ち之れを箇択するに，次第に非ざる有り，或いは文句は巧みならず，義意も如かざれば，悉く之れを改易す）**

高楠訳は「But the latter **was revising** what he learned from his teacher **he found that** it was wrongly arranged, so that the wording was clumsy. **As to the meaning it required to be changed altogether.**（しかし後者が師から学んだことを修正しようとして，彼は〔語順が〕誤っており，その結果表現が稚拙であることに気付いた。意味に関しては，すべて変更しなければならなかった）」。高楠は原文の句読を「及其随聴所得，即箇択之，有非次第，或文句不巧。義意不如，悉改易之」とする如くである。ダリヤ訳は「As the heretic received the treatise he **similtaneously made selections [from it]**. He changed those places that were not in proper order or where the language was not skillful or the meaning not clear.（その異教徒は論書を授かると同時に〔そこから〕取捨選択した。彼は語順が不適切であったり語句が上手くなかったり意味不明の箇所を変えた」。ダリアは「即」を直ちにと解し，「箇択」を，師の原典の正しい語は採用し，不適切な語は却下するという意味に解する如くである。そして原文の句読を「及其随聴所得，即簡択之。有非次第，或文句不巧，義意不如，悉改易之」とする。しかしこのような原文理解が自然な理解とは思えないので従えない。

(108) **「最も偉大であり」，原文「最大」（最も大にして）**

三枝訳「最大であり」には従えない。

(109) **「論義の鼓を打ち鳴らして言った」，原文「以顕撃論義鼓云」（以て論義の鼓を顕らかに撃ちて云わく）**

蓮澤国訳「以て論義を撃顕し，鼓して云わく」は原文も訓読も意味不明。

(110) **「国王はヴィクラマアーディティヤ Vikramāditya であった。〔ヴィクラマアーディティヤは〕，「正しく精励する太陽」（正勤日）と訳す」，原文「国王馝柯羅摩阿秩多。訳為正勤日」（国王の馝柯羅摩阿秩多あり。訳して「正勤日」と為す）**

ヴィクラマアーディティヤ王は実在の王。この王名は，本伝のほか，玄奘の地理書『大唐西域記』巻二に現れ，そこでは「毘訖羅摩阿迭多」と漢字音写し，「超日」と漢訳する（大正五一・八八〇下。季羨林一九八五・二四七頁。水谷一九九九1・二三五〜二三六頁）。しかし本伝と『大唐西域記』の王は，確かに同名ながら，以下に示すように，内容的な違いが著しい。

本伝のヴィクラマアーディティヤ王はアヨーディヤー国王として同国にいる。それに対して『大唐西域記』のヴィクラマアーディティヤ王はガンダーラ国の王である。

本伝には王が二人現れる。一人はこの【五・六三】に出るヴィクラマアーディティヤ王である。もう一人は【五・八二】に出るバーラアーディティヤ王であり，彼はヴィクラマアーディティヤ王の太子だった。つまり二王は直結する二世代の王である。

この二王をインド王朝史の何れの王に同定するか，説が分かれる。二王は共に実在の王であるが，実名でなく尊称であるため，同名の王が歴史に複数いるからである。

山崎元一によれば，ヴィクラマアーディティヤは「サンスクリット語で〈剛勇なる太陽〉を意味する王の称号。インド史上で多くの王がこの称号を用いたが，そのなかでもグプタ朝のチャンドラグプタ2世（超日王(ちょうにちおう)）が名高い」（南アジア事典一九九二・八四頁左）。更に石川寛によれば，チャンドラ・グプタ二世は「インドのグプタ朝第3代王。在位376年ころから414年ころ。生没年不詳」である（南アジア事典一九九二・四五九頁右）。

しかしながら高楠の説によれば，本伝に現れるヴィクラマアーディティヤ王はチャンドラ・グプタ二世ではない。高楠はヴィクラマアーディティヤ王をグプタ朝のスカンダ・グプタ王 Skandha-gupta（高楠説では約四五二〜四八〇頃在位）に比定した。高楠はその理由として，パータリプトラからアヨーディヤーに遷都したことを挙げ，スカンダ・グプタ王がヴィクラマアーディティヤ Vikramāditya と自称したことを指摘する（高楠一九〇五・四四頁）。一方，バーラアーディティヤ王について高楠は，直後の約四八一年ないし四九〇年に即位し，グプタ朝が終焉を迎えた時の王であると記すけれども具体的な王名を特定しない（高楠一九〇五・同頁）。その理由は不明である。因みに年代でなく表記に関してであるが，ヴィクラマアーディティヤの漢字音写について，高楠訳が注を付し「馝柯羅摩訶䂃多」と記した上で「訶」を「阿」に改めよと言うのは不適。「訶」に作る木版大蔵経はないし，大正蔵も異なる。本書第一章『婆藪槃豆伝』本文の校勘（注115，116）も参照。

フラウワルナー（一九五一・二五〜三二頁）も，ヴィクラマアーディティヤ王については，高楠説同様，グプタ朝のスカンダ・グプタ王（フラウワルナー説では約四五五〜四六七頃在位）に比定する。これに対してバーラアーディティヤ王については，高楠説と異なり，グプタ朝のナラシンハ・グプタ Narasiṃha-gupta 王（約四六七〜四七三頃在位）に比定する。フラウワルナーは，その比定理由として，スカンダ・グプタ王の後継者はナラシンハ・グプタ王であることと，バーラアーディティヤと確かに呼ばれたことを挙げる。

干潟（一九五四）も二王の同定を試みるが，フラウワルナー説を知らずに立論したと見られ，二王同定の結論は異なる。すなわち干潟によれば，ヴィクラマアーディティヤ王はプラ・グプタ Pura-gupta 王（干潟説では約四六八～四七八頃在位），バーラアーディティヤ王はその息子ナラシンハ・グプタ（干潟説では約四七八頃即位）とする。更に，グプタ諸王の年代と問題に関する近年の考察にデレアヌ（二〇〇六・一八七～一九三頁）がある。

（111）**「もし〔両者それぞれに〕親しみ実践している教えがあるなら」，原文「若有所習行法」（若し習う所の行法有らば）**

「所習行法」の語例は大蔵経に見られない。今は「所習行」（習し行ずる所）・「所習法」（習する所の法）・「所行法」（行ずる所の法）の用例が多いことから意味を推定した。因みに高楠訳は「〔国内で〕隆盛している教義（any doctrines prevailing [in the country]）」，三枝訳は「つねに修行している教え」，ダリア訳は「教えを修行している人々（some who cultivate a teaching）」，蓮澤国訳は「若し習行する所の法有れば」である。

（112）**「論争」，原文「論義」**

論争すること，討論すること。サンスクリット語「ヴァーダ vāda（論争・ディベート）」に当たる。

（113）**「マノーラタ Manoratha」，原文「摩㝹羅他（まのらた）」**

本伝はマノーラタ法師の事蹟の詳細を何も記さない。アヨーディヤーで活動する仏教の論師だったことが分かるのみである。マノーラタ法師の記事は『大唐西域記』巻二の健駄邏（ガンダーラ Gandhāra）国の条にあり，「末笯曷剌他〈唐に如意と言う〉論師は此（ここ）に於いて『毘婆沙論』を製す」云云と述べる（大正五一・八八〇下～八八一上。季羨林一九八五・二四七～二五〇頁。水谷一九九九1・二三五～二四〇頁）。この一節によれば，マノーラタ法師は，本伝の記述と著しく異なり，ガンダーラで『阿毘達磨大毘婆沙論』

を著した人である。異教徒と論争した法師もマノーラタだったとされ，本伝の記すブッダミトラではない。更に，『大唐西域記』巻二の健駄邏国の条は，マノーラタをヴァスバンドゥの師とする。つまり本伝でブッダミトラに託された立場（異教徒との論争・敗北，ヴァスバンドゥの雪辱）が『大唐西域記』ではマノーラタに託されている（フラウワルナー一九五一・四五～四六頁。櫻部一九五二・二〇五頁。櫻部一九六九／九六・一八〇頁）。

因みに漢字音写についても注を加えておくと，『大唐西域記』における「末笯曷剌他」という漢字音写に現れる「曷剌」は，半母音歯音 la でなく，半母音反舌音 ra であることを示す特殊な表記である。本来，漢語に存在しないエル l とアール r を区別するための方法としては語頭に「阿」「何」「曷」等を付して漢字二字で表記する例があったことを確認できる。これについては船山（二〇一三・一八八～一八九頁「エルとアールの区別」），船山（二〇二〇b・6.2反舌音 ra / rā の漢字音写）を見よ。

(114)　**「ブッダミトラ Buddhamitra」，原文「仏陀蜜多羅（ぶっだみったら）」**

原文は「ブッダミトラ Buddhamitra」の漢字音写。ブッダミトラの詳細は不明。本伝はブッダミトラをヴァスバンドゥの師であり，サーンキヤ学派との論争に負けた人物として描く。一方，唐の玄奘系伝承では，注113に示した通り，同じ役割をブッダミトラにでなく，マノーラタに帰す。

(115)　**「「ブッダミトラ」は，「覚〔者〕と親密な者」と訳す」，原文「仏陀蜜多羅，訳為覚親」（「仏陀蜜多羅」は訳して「覚親」と為す）**

ブッダミトラを「覚親」と訳するのは誤りでないが，分かりにくい。「覚」が「覚醒者，目覚めた者」すなわちブッダを指すのは特に問題ないが，後半の「親」は原語「ミトラ mitra」を「親密な」と訳している。ミトラは「友」と漢訳し，「ブッダの友」（例えば「覚友」「仏友」等）の意に取るのが自然だろう。

(116)　**「主張」，原文「立義」。「反主張」，原文「破義」**

インドの論争（弁論術，ディベート）は主張を述べる者とそれを否定する反主張（反論）を述べる者の両者から成り，論争術の規則に基づいて勝敗が決まる。

(117) **「汝はちょうど土塊のように」，原文「汝如土塊」（汝は土塊の如く）**

蓮澤国訳「海は土塊の如くして」は誤植。

(118) **「一切の作られた存在物は，瞬間ごとに滅する」，原文「一切有為法，刹那刹那滅」（一切の有為法は刹那刹那に滅す）**

この主張は，仏教の根本的な立場を表している。広く知られる「諸行無常」と同じ内容を別の言葉で述べたものである。

「作られた存在物」は諸の条件の集まりから生成された現象的な存在事物を表す。原文の「有為法」はサンスクリット語「サンスクリタ・ダルマ saṃskṛta dharma」の漢訳。

「刹那刹那」は「一刹那ごとに」「一瞬一瞬に」の意。「刹那」は極小の時間を表すサンスクリット語「クシャナ kṣaṇa」の漢字音写。

この論証式の主張に示された「刹那刹那滅」のサンスクリット語表現としては「クシャニカ kṣaṇika」（「瞬間的な」の意）を想定することができる。本伝の漢訳者である真諦が漢訳した『阿毘達磨倶舎釈論』巻一〇の分別業品という章に，目下の主張とほぼ同じ内容の「有為刹那刹那滅（有為は刹那刹那に滅す）」という訳文がある。その原語は sarvasya kṣaṇikatvam（一切は瞬間的である）および saṃskṛtasya（作られた存在物は（瞬間的である））に当たる。以上は『アビダルマ・コーシャ・バーシュヤ *Abhidharma-kośa-bhāṣya*』（その第四章である業品の第二偈に対するヴァスバンドゥの自注）から分かる。また，これとは別に『同』第二偈第四句に saṃskṛtaṃ kṣaṇikam（作られた存在物は瞬間的である）という語があるのも参照。

更に，同じ語彙を用いる表現が真諦訳『四諦論』に，「一切の有為法は刹那刹那に滅し，実に住まること有る無し」とあるのも併せて参照（大正三二・三八三中）。

(119) **「〔存在物が生じた瞬間より〕後には認識されなくなるからである」，原文「後不見故」（後には見ざるが故に）**

推論式の論理的理由を示す。「後不見故」のサンスクリット原語は確定できないが，「後」は ūrdhvam または paścāt に当たり，「不見故」は adarśanāt または adṛṣṭatvāt または anupalabdheḥ に当たると想定することができよう。更にまた，注118に取り上げた真諦訳『阿毘達磨倶舎釈論』巻一〇の分別業品第二偈の自注に，「後不見故」と内容的に重なる次のような言い回しがあるのも参照。

sarvaṃ hi saṃskṛtam ātmalābhād ūrdhvaṃ na bhavatīti yatraiva jātaṃ tatraiva dhvasyate. というのも，一切の作られた存在物は生起した後には存在しないから，正に生じたのと同じその時に滅する。

saṃskṛtasyāvaśyaṃ "**vyayāt**" (kārikā 4.2c).

作られた存在物は必然的に「**過ぎ去るからである**」（『倶舎論』第四章第二偈第四句末）。

本伝における推論式の論理的理由を示す「後不見故」は「〔生じた瞬間のすぐ〕後にはもう認識できなくなるから」という意味であり，それは「〔生じた瞬間のすぐ〕後にはもう無くなっているから」や「〔生じた瞬間のすぐ〕後にはもう存在しないから」と同じ意味内容であると考えられる。

(120) **「異教徒はこの法師の説を一度聞いただけですべて諳んじ，口で復唱してみせた」，原文「是法師所説，外道一聞，悉誦在口」（是の法師の所説をば，外道は一たび聞くや，悉く誦して口に在らしむ）**

真諦の訳した『如実論（にょじつ）』という仏教論理学書によれば，論争に敗北する条件を示す「堕負処」に二十二種類ある。例えば「十四に誦うる能（あた）わず（論敵の主張を諳誦して繰り返すことができない）。十五に義を解さず（論敵の説を正しく理解できない）。十六に難ずる能わず（論敵に対する反論を言えない）」（大正三二・三四中〜下）等が列挙される。このうちの第十四項がここで言われている内容に当たる。

インド正統思想に属するニヤーヤ学派は，根本典籍『ニヤーヤ・スートラ *Nyāya-sūtra*』第一章第二節第十九～第二十スートラにおいて論争の敗北を規定する。そのうち，右に示した本伝の一節に相当するものを，注釈者ヴァーツヤーヤナ Vātsyāyana（五世紀頃）は，第二十スートラに対する注『ニヤーヤ・バーシュヤ *Nyāya-bhāṣya*』で，「〔対論者が言った通りに〕繰り返さぬこと（ananubhāṣaṇa）」と説明する。この意味を敷衍して，桂（一九九八／二〇二一・一四四頁）は，「論争中に，対論者の主張内容を再現できない者は，論争に敗北したと見なされる」と解説する。

(121) **「異教徒は順繰りに論理によって逐一論破し，法師に〔反論を〕復唱させたが，法師は復唱できなかった」，原文「外道次第以道理破之，令法師誦取，誦不能得」（外道は次第に道理を以て之れを破し，法師をして誦取せしむるも，誦するを得る能わず）**

ダリア訳は「The heritic destoyed **each principle** one by one. He commanded the Dharma master to recite what he had heard. The Master **Buddhamitra recited but could not get [the meaning]**.（異教徒は原理を逐一破壊した。彼は法師に〔異教徒の口から〕聞いたことを復唱させた。ブッダミトラ法師は復唱したが，〔その意味内容を〕理解できなかった）」。これは誤訳。ボールド体と傍点の箇所が正しくない。三枝訳「そして法師に〔その意見や自説を〕口にとなえさせたが，もはや口にとなえるのを続けて行くことはできなくなってしまった」は，この文と直後の文の二文「令法師誦取，誦不能得。令法師救之，救不能得」の訳の如くであるが，二文の意味の違い（注122）を理解していないので誤り。

(122) **「異教徒は順繰りに論理によって逐一論破し，法師に〔反論を〕復唱させたが，法師は復唱できなかった。法師に自説を擁護させようとしたが，法師は擁護できなかった」，「外道次第以道理破之，令法師誦取，誦不能得。令法師救之，救不能得」（外道は次第に道理を以て之れを破し，法師をして誦取せしむるも，誦するを得る能わず。法師をして之れを救わしむるも，救うを得る能わず）**

真諦訳『如実論』（注120）の内容の第十五・十六項がここで言われている内容に当たる。ヴァーツヤーヤナ『ニヤーヤ・バーシュヤ』は，「〔対論者の言葉を〕理解しないこと（ajñāna）」および「〔対論者に言い返すべき〕応答を知らぬこと（apratibhā）」と説明する（注120も参照）。そして同じく桂（一九九八／二〇二一・一四四頁）は，この二つを順に，「論争中に，対論者の主張内容を理解できない者は，論争に敗北したと見なされる」および「論争中に，対論者の批判に対する答を即座に見いだし得ない者は，論争に敗北したと見なされる」と言葉を補って解説する。

このように『ニヤーヤ・スートラ』第一章第二節第十九〜第二十スートラに対するヴァーツヤーヤナの注釈『ニヤーヤ・バーシュヤ』を見ると，上掲真諦訳『如実論』（注120）の当該箇所はまさしくヴァーツヤーヤナの解説と符合することも理解できるであろう。更に『ニヤーヤ・スートラ』と重なる時代の論理学説に『チャラカ・サンヒター *Caraka-saṃhitā*』第三篇第八章（二世紀前半頃）があり，そこに記される論争の敗北については梶山（一九八四・四〜九頁）に『ニヤーヤ・スートラ』『チャラカ・サンヒター』『方便心論』（四七二年に北魏で漢訳された仏教論理学書）の対応表と解説があるので併せて参照されたい。

（123）**「法師はそこで論争に敗北した」，原文「法師即堕負」（法師は即ち堕負す）**

原文の「堕負（だふ）」はサンスクリット語の「ニグラハ・スターナ nigraha-sthāna（敗北の立場）」とその漢訳「堕負処」（注120）も同義。『ニヤーヤ・バーシュヤ』の「敗北の立場」を含む論理学説の中核部を原典から和訳した研究として服部（一九七九・三九六〜三九七頁）を参照。また同じくニヤーヤ学説の論理学に即して「敗北の立場」を具体的に述べる概説として桂（一九九八／二〇二一・一三七〜一四七頁）を参照。

（124）**「汝も婆羅門，私も婆羅門であるから，汝を殺すことは許されない」，原文「汝是婆羅門種，我亦是婆羅門種，不容殺汝」（汝は是れ婆羅門種，我も亦た是れ婆羅門種なれば，汝を殺すを容（い）れず）**

インド伝統社会における身分ごとの正しい生き方を定めた書のうち，『マヌ法典 *Manu-smṛti*』は最も広く読まれ，規範書とされた。その第四章に，婆羅門は婆羅門に対して危害を加えてはならぬことを規定する一段がある。本伝の内容と重なるものとして以下の詩節がある。

四・一六二　〔入門式をしてくれた〕師，ヴェーダを教えてくれる者，父，母，グル，ブラーフマナ（引用者注：「婆羅門」に同じ），牛，およびすべての種類の苦行者を害してはならない。

四・一六五　ブラーフマナは，殺害の意図を持ってブラーフマナを攻撃するとき，百年の間，闇地獄をさまよう。

四・一六七　愚かにも，闘っていないブラーフマナの身体から血を流させたとき，人は死後にきわめて大きな苦を得る。

四・一六八　血を流させた者は，血が地面から吸い取る砂の数だけの年数，あの世において，他のものどもによって食われる。

四・一六九　それゆえに学識ある者は，決してブラーフマナを攻撃してはならない。草によってすら打ってはならない。身体から血を流させてはならない。

（以上の訳文は渡瀬一九九一・一四六〜一四七頁から引用）

更に，婆羅門に限らず，一般傾向として，インドに刑罰としての死刑がないことを述べる文献がある。特に中国人は自国と比べてインドの風習に驚きの目を向けたようである。例えば『法顕伝』には，「王は治するに刑斬を用いず。罪有る者は，但だ其の銭を罰とし，事の軽重に随う。復た謀りて悪逆を為すと雖も，右手を截るに過ぎざるのみ」とある（大正五一・八五九中）。また慧超『往五天竺国伝』にも，「五天の国法として枷棒・牢獄有ること無し。罪有るの者は軽重に拠って銭を罰とし，亦た刑戮無し」と言う（桑山編一九九八・一六頁原文の訓読）。

(125) **「三ラクシャ lakṣa（三十万）」，原文「三洛沙（らくしゃ）」**
サンスクリット語ラクシャ lakṣa は十万の意。語源として現代ヒンディー語やウルドゥー語で十万を表す「ラック lakh / lac」に通じる。真諦訳『阿毘達磨倶舎釈論』巻九に，「十百を千と名づく。十千を万と名づく。十万を洛沙（ラクシャ lakṣa）と名づく。十洛沙を阿底洛沙（アティラクシャ atilakṣa）と名づく。十阿底洛沙を倶胝（コーティ koṭi）と名づく」とあるのを参照（大正二九・二二一中）。

(126) **「密林」，原文「稠林（ちゅうりん）」**
繁った森林・鬱蒼とした森林の意。これに当たるサンスクリット原語は未詳。因みに真諦訳『倶舎論』は「稠林」を vana-gahana の漢訳として用いる。高楠訳は「稠林」の原語が Abhaya-giri である可能性を指摘するが，筆者には判断できない。三枝訳は注記を込めて「稠林（繁茂する林，生死の林）」と訳すが「生死」がなぜ関係するか筆者には理解できない。

(127) **『サーンキャ論』，原文『僧佉論』**
注102を見よ。

(128) **「天親（てんしん）（ヴァスバンドゥ）」**
ここまで本伝はヴァスバンドゥの名を漢字音写で「婆藪槃豆」と表記した。だがここから漢訳「天親」を使い始め，これより以下「婆藪槃豆」と「天親」が混淆する。

(129) **『七十真実論』**
フラウワルナーは『七十真実論』という訳語の原題として『パラマアルタ・サプタティカー *Paramārtha-saptatikā*』という語を想定し，その根拠として，八世紀後半の瑜伽行派論師カマラシーラ Kamalaśīla（約七四〇～七九五頃。中観派論師でもある）の『タットヴァ・サングラハ・パンジカー *Tattva-saṃgraha-pañjikā*』（シャーンタラクシタ著「タットヴァ・サングラハ *Tattva-saṃgraha* 諸真実の総集成」第三四八偈に対する注）に引用される書名であることを指摘する（フラウワルナー一九五一・二四～二五頁）。本稿もフラウワルナー説に従う。

デレアヌ（二〇〇六・二三三頁）とクリッツァー（二〇一九・四九二頁）は同じ書名を『パラマアルタ・サプタティ *Paramārtha-saptati*』と表記する（語末に -kā を付さない）。しかし想定根拠が示されていないので，残念ながら筆者には当否を判断できない。更に，本伝と内容的に符合する記述が唐の窺基『成唯識論述記』巻四末にある。そこにおいて窺基は，『金七十論』を批判するため世親が著した論駁書の名を『第一義諦論』と言い，『勝義七十論』とも呼ぶと解説している（大正四三・三七九中）。『勝義七十論』は『七十真実論』に相当する別の表現に違いないが，一方，『第一義諦論』の原題は残念ながら分からない。『金七十論』は真諦が漢訳した『サーンキャ・カーリカー注』の名である（大正新脩大蔵経第五四巻第二一三七号『金七十論』三巻［陳］真諦訳）。注目すべきことにフラウワルナーは，『金七十論』を『パラマアルタ・サプタティカー』の別称であると述べ，『金七十論』のサンスクリット語名を『カナカ・サプタティ *Kanaka-saptati*』と明記する（フラウワルナー一九五一・二四頁注二。［比較参照］櫻部一九五二・二〇七頁注二）。

『七十真実論』の編纂地については異なる伝承がある。本伝は，ヴァスバンドゥがアヨーディヤーにおいて『七十真実論』を編纂したとする。一方，玄奘系の伝承では，ヴァスバンドゥは『勝義諦論』を北印度の磔迦（タッカ Ṭakka）国の奢羯羅（サーンカラ Sāṅkala）城で編纂したとする（『大唐西域記』巻四。大正五一・八八九中。季羨林一九八五・三六四頁。水谷一九九九2・一一七～一一八頁。『大慈恩寺三蔵法師伝』巻二の磔迦国の条。大正五〇・二三二下）。『勝義諦論』は右に掲げた窺基の言う『第一義諦論』と同じである（勝義諦も第一義諦も共にサンスクリット語「パラマアルタ paramārtha」の漢訳である）。

（130）**「定説〔という根本〕」，原文「悉檀（しったん）」**

原文は「シッダーンタ siddhānta」の漢字音写。対論者の説に対する論説者の見解・定説・究極の説を意味する。

(131)「ビクシュニー bhikṣuṇī（比丘尼）」，原文「比丘尼」
原文はビクシュニー bhikṣuṇī の漢字音写。女性の正式な僧団構成員。

(132)「赤銅の薄い板」，原文「赤銅葉」（赤銅の葉）
原文のサンスクリット原語は一つに特定できないが，一案として「赤銅」は「タームラ tāmra」の，「葉」は「パットラ pattra」の訳と見て「銅製の薄い板」を意味する可能性がある。高楠訳は "a copper plate"（銅板）。ダリア訳は "a bronze plate"（青銅板）。一方，三枝訳「赤銅〔色の〕葉」には従えない。

逸話も地域も異なるが，唐の玄奘の伝承によれば，カシュミール国で経律論の三蔵に対する注釈が編纂された時，当時カシュミールを治めていたカニシカ王は，それらの注釈を長く未来に残すため，「赤銅を以て鍱と為し，論の文を鏤み写さしめ，石函に緘封し，窣堵波を建てて其の中に蔵」したという。この記事は『大唐西域記』巻三の迦湿弥羅国の条に見える（大正五一・八八七上・季羨林一九八五・三三三頁。水谷一九九九2・九九～一〇〇頁）。水谷訳「迦膩色迦王はそこで赤銅で板金を作り，論の文を鏤りつけさせ石函に緘封し，窣堵婆を建ててその中にしまわせた」（水谷一九九九2・九九頁）。『大慈恩寺三蔵法師伝』巻二もほぼ同文を伝える（大正五〇・二三二下）。本伝でここに言う「赤銅の葉」は，『大唐西域記』巻三の「赤銅の鍱」と同じものを指すと見なすことができる。

(133)「酔った象」，原文「酔象」
対応するサンスクリット原語は恐らく「マッタ・ハスティン matta-hastin（凶暴な象，興奮した象の意）」であり，あちこちを動き回る興奮した象を指すと考えられる。

(134)「掲げ」，原文「摽置」（摽し置き）

掲示する。三枝訳「象の頭のうえに打ちつけて」は適訳ではあるまい。少なくとも筆者は原文からこのような意味を理解できない。

(135) **「その偈こそが『〔アビダルマ・〕コーシャ論』の偈である」，原文「即是『倶舎論』偈也」（即ち是れ『倶舎論』の偈なり）**

注140を見よ。

(136) **「五十斤」**

斤は重量単位。一斤は十六両また二百五十六銭と同じで約二二〇グラム。

(137) **「散文の注釈」，原文「長行（じょうごう）」**

「長行」は，サンスクリット語ガディヤ gadya に当たる。散文のこと。

(138) **「経部（サーウトラーンティカ）」，原文「経部（きょうぶ）」**

「経部」は「サーウトラーンティカ Sautrāntika」という部派名の漢訳。「経を以て量と為せば経部と名づく」という説明が唐の普光の『倶舎論記』巻二（大正四一・三五下）や窺基（六三二～六八二）の『成唯識論述記』巻四本（大正四三・三五八中）その他の玄奘門下の諸注釈に見られる。またサンスクリット語原典においても，ヤショーミトラ『倶舎論注』（*Sphuṭārthā Abhidharmakośavyākhyā*）に「サーウトラーンティカとは何者か。スートラ（経典）を正しい知識手段の基準とし，シャーストラ（論書）を正しい知識手段の基準としない人々がサーウトラーンティカである（kaḥ sautrāntikārthaḥ. ye sūtraprāmāṇikā na śāstraprāmāṇikāḥ. te sautrāntikāḥ）」と言われることが，サーウトラーンティカ（経部＝経量部）の定義としてよく知られている（Yaśomitra *Sphuṭārthā Abhidharmakośavyākhyā on Abhidharmakośa[bhāṣya]* I 3cd）。

(139) **『アビダルマ・コーシャ論 *Abhidharmakośa*』，原文『阿毘達磨倶舎論』**

本伝における話の筋によれば，ヴァスバンドゥが『アビダルマ・コーシャ論』の本文である偈（韻文）

すなわち『アビダルマ・コーシャ・カーリカー *Abhidharma-kośa-kārikā*』と，その自注（散文）すなわち『アビダルマ・コーシャ・バーシュヤ *Abhidharma-kośa-bhāṣya*』とを著した場所は，アヨーディヤー国である。一方，玄奘系伝承は異なり，著作地をガンダーラとする（『大唐西域記』巻二健駄邏国の条。大正五一・八八〇下。季羨林一九八五・二四六～二四七頁。水谷一九九九1・二三五頁）。

チベット系伝承はどうかといえば，『プトン仏教史』の記事はヴァスバンドゥの滞在した地域と編纂書とが不明瞭なままに記されているため，『アビダルマ・コーシャ』の執筆地も明記されていない。ただその執筆後，本偈と注を別々に（北インドからでなく）インド中央部からカシュミールに送り，そこに住まうサンガバドラに示した逸話を記す（プトン一九三一・一四三～一四四頁）。『ターラナータ仏教史』の該当箇所には『アビダルマ・コーシャ』への言及がない。

(140) **「法師はそこで散文の注釈を作って偈の本文を解説し，〔偈には〕サルヴァアスティ・ヴァーダの教義を定立していたが，〔偈の中に〕具合の悪い部分があるとその度に経部（サーウトラーンティカ）の教義を用いてそれ（サルヴァアスティ・ヴァーダの定説）を論破して〔覆し，本文の偈とこの批判的な散文注釈の全体を〕『アビダルマ・コーシャ *Abhidharmakośa* 論』と名づけた」，原文「法師即作長行解偈，立薩婆多義，随有僻処，以経部義破之，名為『阿毘達磨倶舎論』」（法師は即ち長行を作り，偈を解するに，薩婆多の義を立つるも僻処有るに随って，経部の義を以てこれを破し，名づけて『阿毘達磨倶舎論』と為す）**

真諦の直弟子である慧愷が著した「阿毘達磨倶舎釈論序」にも類似の説明がある。すなわち慧愷は，ヴァスバンドゥについて，「先ず薩婆多部に於いて出家し，仍りて彼の部の立つる所の三蔵を学ぶ。後に彼の法に多く乖違有るを見れば，故に此の論（『倶舎釈論』）を造り，具さに彼の執を述べ，其の謬れる処に随いて経部を以て正と為す」と解説する（大正二九・一六一上）。サルヴァアスティ・ヴァーダ部の正統説（すなわち毘婆沙師の説）を偈で説く『倶舎論』の内容を，ヴァスバンドゥ自身が経部（サーウトラーンティカ）の説に鑑みて支持しない旨を表明する際，ヴァスバンドゥは，サルヴァアスティ・ヴァーダ部の説の文言に伝聞を示す不変化詞「キラ kila」（『倶舎論注』では「〜と言われるが私は同意しない」を含意）を付すことが広く知られている。はっきり言及したヴァスバンドゥ伝中でこの点を明示し，サルヴァアスティ・ヴァーダ部の正統説のみを述べる本文（偈頌）を，経部（サーウトラーンティカ）の立場から長行（散文注）で否定する場合があることは，『プトン仏教史』に説かれている（プトン一九三二・一四四頁）。『アビダルマ・コーシャ論』および『自注』の編纂地は，本伝によればアヨーディヤー国である。しかし一方，唐の玄奘とその門下の伝承は異なる。『大唐西域記』巻二の健駄邏国の条は『アビダルマ・コーシャ論』の編纂地をガンダーラ国とする（大正五一・八八〇下。季羨林一九八五・二四六〜二四七頁。水谷一九九九1・二三五頁）。

（141）**「正勤日（ヴィクラマアーディティヤ）王の太子はバーラアーディティヤ Bālāditya という名であった。「バーラ」bāla は「新しい」と訳す。「（アー）ディティヤ [ā]ditya」は「太陽」と訳す」，原文「正勤日王太子名婆羅秩底也。婆羅，訳為新。秩底也，訳為日」（正勤日王の太子は婆羅秩底也と名づく。「婆羅」は訳して「新」と為す。「秩底也」は訳して「日」と為す）**

既出のヴィクラマアーディティヤ王（注110）と同じく，バーラアーディティヤ王も尊称であるから，彼を実際の王名に特定しようとすると，複数の可能性がある。

フラウワルナー（一九五一・二五〜三二頁）はバーラアーディティヤをグプタ朝のナラシンハ・グプタ Narasiṃha-gupta（フラウワルナー説では約四六七〜四七三頃在位）に比定する。フラウワルナーはその理由として，ナラシンハ・グプタが確かにバーラアーディティヤという名で呼ばれたことと，ナーランダー寺（現在のビハール州ナーランダー地区）に手厚く資金提供した大信者だったことを示す考古学遺物の存在を挙げる。ただ，本伝はバーラアーディティヤ王をヴィクラマアーディティヤ王の「太子」と言うが，フラウワルナーが比定するナラシンハ・グプタはスカンダ・グプタの甥であるという違いがある。

フラウワルナー（一九五一・二七〜二八頁）は，ヴィクラマアーディティヤ王とバーラアーディティヤ王の外の可能性も検討する。V・A・スミスは二王をチャンドラ・グプタ一世とその息子サムドラ・グプタとした（スミス一九四〇／一九ｘｘ・三四六〜三四七頁）。スミスはその理由として，チャンドラ・グプタ一世がヴィクラマアーディティヤと呼ばれたことに着目する。一方，サムドラ・グプタがバーラアーディティヤと呼ばれた明証はないが，若い頃そう呼ばれた可能性を想定した。フラウワルナーは更に別に，二王をチャンドラ・グプタ二世とその息子クマーラ・グプタ一世に比定する案も検討する。チャンドラ・グプタ二世はヴィクラマアーディティヤと呼ばれた記録があるからである。しかし結論としてフラウワルナーは，これら両説を斥ける。直結する二人の王がヴィクラマアーディティヤとバーラアーディティヤと呼ばれた確実な証拠を挙げ得ることが重要であり，この条件を満たすのはスカンダ・グプタとナラシンハ・グプタのみである点を力説する。そして根拠薄弱の推測は論拠たり得ないとした。

以上の二王の同定に関する近年の研究として仲澤（二〇〇八・六二〜六六頁）があるのも参照。

（142）**「ヴァスラータ *Vasurāta」，原文「婆修羅多」**
サンスクリット原語として，フラウワルナー（一九五一・二五頁）がヴァスラータ Vasurāta を想定するのに従う。ダリヤ訳「ヴァスラタ Vasurata」には従わない。

（143）**「〔ヴァスバンドゥ〕法師はそこで『論』を作り」，原文「法師仍造『論』」（法師は仍て『論』を造り）**
この『論』は『アビダルマ・コーシャ論』に対する異教徒の批判をかわし，逆に批判し返すために著した『論』であるから，『アビダルマ・コーシャ論』とは別のヴァスバンドゥの著作に違いない。しかし残念ながら書名等の詳細は不明。

（144）**「『ヴィヤーカラナ論』の三十二章」，原文「『毘伽羅論』三十二品」**

作者はヴァスラータ（アヨーディヤー国王バーラアーディティヤの妹の夫）であり，この記述から全三十二章構成の文法学書であったことが分かる。しかし具体的にそれが何という書名であったか不明であり，管見の限り有益な先行研究も見出せない。

(145) **「サンガバドラ Saṃghabhadra」，原文「僧伽紱陀羅（そうぎゃふつだら）」**

サンガバドラ Saṃghabhadra というサンスクリット原語を想定できる。「サンガバドラ」の玄奘訳は「衆賢（しゅげん）」。サンガバドラは『順正理論』という書を著してヴァスバンドゥ『倶舎論』自注の中に散文で示されたサーウトラーンティカ Sautrāntika 説に基づくヴァスバンドゥ自身の異説を批判し，サルヴァアスティ・ヴァーダ部の伝統的な正統の教理学を擁護した。

(146) **「この法師（サンガバドラ）は〔アヨーディヤー国に〕やって来ると，二論書を作った」，原文「此法師至，即造両論」（此の法師至れば，即ち両論を造る）**

この記述によれば，サンガバドラが『光サマヤ論』と『随実論』を編纂した地はアヨーディヤー国である。しかし唐の玄奘系伝承は異なり，サンガバドラは『順正理論』を迦湿弥羅（カシュミール）国で編纂したとする。『大唐西域記』巻三の迦湿弥羅国の条（大正五一・八八七下。季羨林一九八五・三四二頁。水谷一九九九2・一〇八頁）参照。

(147) **『光サマヤ samaya 論』，原文『光三摩耶論』**

「三摩耶」は，「サマヤ samaya」の漢字音写。「光」は原語不明。サンガバドラの著作として漢訳大蔵経に収められているのは『順正理論』（注150）と『阿毘達磨蔵顕宗論』の二つのみであることからすれば，消去法的に『光サマヤ論』が『阿毘達磨蔵顕宗論』に当たると推測する研究は多い。しかしこの推測を積極的に裏付ける根拠は乏しい。ダリア訳は『光サマヤ論』を『光のサマヤ（*Samayapradīpikā*）』とする。クリッツァー（二〇一九・四九三頁）は原題を『*サマヤ・プラディーパ **Samayapradīpa*』とする。しかし両者ともサンスクリット原題をそのように想定する理由を示さないので，筆者には当否を判断できない。

(148) **「それは一万偈分（三十二万字）の長さであり」，原文「有一万偈」（一万偈有り）**

『光サマヤ論』が偈頌（韻文）で書かれているという意味ではない。韻文の代表であるシュローカ（三十二音節から成る詩節。注73参照）を長さの単位とすれば一万偈分の長さすなわちインドの文字で三十二万字の長さであることをいう。三枝訳「一万の偈があって」は誤訳。

(149) **「「サマヤ」は，「対象の理解」と訳す」，原文「三摩耶，訳為義類」（三摩耶は訳して義類と為す）**

「対象の理解」は暫定的な訳である。「対象の理解」とは「対象事物を認識し理解すること」という意味である。従来の研究を参照すると，高楠訳は「義類」を「意味の纏まり」（Groups of meanings）と訳し，concordance（語彙索引）のようなものと注記する。ダリア訳は「術語概念の纏まり」（groups of concepts）と訳す。三枝訳は「義類」をそのまま訳語とし，特に何も説明しない。真諦の用いる「義類」の意味をどうしたら理解できるか。

本伝【五・二】に「義類」の用例がある。すなわち「グランタ grantha」という語を説明する文脈で，「「伽蘭他」は訳して「結」と為し，亦た「節」と曰う。謂わち義類各の相い結属すれば，故に「結」と云う。又た義を摂めて散ぜざらしめれば，故に「結」と云う。義類に各の分限有れば，故に「節」と云う」という。このような「義類」は主題・内容の種類を意味する。

更に参考とし得る真諦訳の「義類」の用例が真諦訳『摂大乗論釈』（ヴァスバンドゥ釈）に複数ある。とりわけ『摂大乗論』（アサンガ造）巻八の応知入勝相品に『大乗荘厳経論』から引用する形で「菩薩生長福及慧，二種資糧無量際，於法思惟心決故，能了義類分別因」という詩節が現れる（大正三一・二一一中）。この偈は，唐の波羅頗蜜多羅訳『大乗荘厳経論』巻二においては，真実品の偈（マーイトレーヤ造）であり，サンスクリット語原典が現存する。また更に，真諦訳『摂大乗論釈』に対応する玄奘訳『摂大乗論釈』（ヴァスバンドゥ釈）巻六の対応偈とも比較可能である。偈の訳は，漢訳年代順にそれぞれ次のように訓読できる。

［陳］真諦訳「菩薩は福及び慧を生長せしめ，二種の資糧に量際無し。法に於いて思惟する心決するが故に，能く義類は分別を因とすと了す」（菩薩生長福及慧，二種資糧無量際，於法思惟心決故，能了義類分別因。『摂大乗論釈』巻八。大正三一・二一一中）。

［唐］波羅頗蜜多羅訳「福と智とに辺際無く，生長して悉く円満す。法を思うこと決定し已りて，義類の性に通達す」（福智無辺際，生長悉円満，思法決定已，通達義類性。『大乗荘厳経論』巻二。大正三一・五九九上）。

右のサンスクリット語原典 saṃbhṛtya saṃbhāram anantapāram jñānasya puṇyasya ca bodhisatvaḥ / dharmeṣu cintāsu viniścitatvāj jalpānvayām **arthagatiṃ** paraiti（レヴィ一九〇七・二三頁二六〜二七行，*Mahāyāna-sūtrālaṃkāra* VI Tattvādhikāra v. 6）。

［唐］玄奘訳「福徳と智慧なる二資糧をば，菩薩は善く備えて辺際無く，法に於いて思量して善く決し已れば，故に義趣は唯だ言類のみなりと了す」（福徳智慧二資糧，菩薩善備無辺際，於法思量善決已，故了義趣唯言類。『摂大乗論釈』巻六。大正三一・三五三下。長尾一九八七・九二〜一〇三頁）。

右の長尾雅人訳「菩薩者福徳と智の資材を，無限というべきほどに多量に積み重ね，〔経等の〕法に対する思惟が十分に決定したものとなっているから，対象のあり方はことばから生ずるものとして理解する」（長尾一九八七・九二頁）。

ここから，真諦訳と波羅頗蜜多羅訳の「義類」を，玄奘は「義趣」と訳していると分かる。

更に，上掲の偈に対する散文注は，それぞれ次のように訓読できる。

［陳］真諦訳「菩薩は能く比し能く証すれば，故に「能了」と名づく。真〔諦〕と俗〔諦〕の二諦を

名づけて「義類」と為す。此の「義類」は但だ「分別」を以て「因」と為すを知る。是の故に「能了」す」（菩薩能比能証，故名「能了」。真俗二諦名為「義類」。知此「義類」但以「分別」為「因」。是故「能了」。『摂大乗論釈』巻八。大正三一・二一一中）。

［唐］玄奘訳「「故に義趣は唯だ言の類いなりと了す」なる者は，諸の義（*artha 諸の対象事物）は唯だ意言（*mano-jalpa）を因と為すと了するを謂う」（「故了義趣唯言類」者，謂了知諸義唯意言為因。『摂大乗論釈』巻六。大正三一・三五四上）。

このように訳者を異にする同じ原文の訳語を比較することによって，本伝この箇所における真諦訳「義類」は，サンスクリット語「アルタ・ガティ artha-gati」の訳であり，世俗的次元で対象を認識し理解することを指すのが分かる。本伝において「義類」はサンスクリット語「サマヤ samaya（取り決め，言語的習慣）」を注釈する語であることをも考慮し，「義類」は「対象に関する習慣的・世俗的・言語的な理解」を意味すると考えられる。

（150）**『随実論』**（ずいじつ）

サンスクリット原題不明。本伝における説明とサンガバドラの著作であることとを考慮すると，玄奘訳『順正理論』（これまでの研究で推定されている原題は『ニヤーヤアヌサーラ *Nyāyānusāra*』または『ニヤーヤアヌサーリン *Nyāyānusārin*』）に相当する可能性が高い。しかし「実」は「正しい論理（*nyāya 正理）」でなく真実・現実（*tattva）の意であろうから，『随実論』の原題と『順正理論』の原題は異なると筆者には思われる。一方，高楠訳は『随実論』の原題を Satyānusāra または Nyāyānusāra と注記し，三枝訳は特に説明することなく「『随実論』〔現存の『順正理論』〕」と同定し，ダリア訳もまた同様である。こうした推測に従うことに筆者は躊躇を覚える。

（151）**「それは十二万偈分（三百八十四万字）の長さであり」，原文「有十二万偈」（十二万偈有り）**

シュローカの長さを単位とする十二万偈分の長さ，すなわちインドの文字で三百八十四万字の長さをいう。注73参照。三枝訳「十二万の詩があって」は誤訳。

(152) **「〔この『随実論』は〕『ヴィバーシャー』の教義を擁護し，『〔アビダルマ・〕コーシャ論』を論破するものだった」，原文「救『毘婆沙』義，破『倶舎論』」（『毘婆沙』の義を救い，『倶舎論』を破す）**

サンガバドラの『随実論』はヴァスバンドゥの『倶舎論』を論駁する書だったことが分かる。本書のこの性格は，サンガバドラの現存する漢訳『順正理論』とも共通する。

唐の玄奘による伝承では『随実論』という書名を用いることはないが，『大唐西域記』巻四の中印度（ちゅういんど）の秣底補羅（まっていふら） Matipura 国の条は，玄奘訳として現存する『順正理論』に触れておよそ次のような内容を記す――サンガバドラの『順正理論』は『倶舎論』を論駁する内容であったため，始めは『倶舎雹（ばく）論』という名であったが，その後，晩年に及んでサンガバドラは秣底補羅国にてヴァスバンドゥとの論戦に臨んだものの結局のところ論戦は避けられ，ヴァスバンドゥは，サンガバドラの『倶舎雹論』を『順正理論』と改名した（大正五一・八九一下～八九二中。季羨林一九八五・四〇〇～四〇三頁。水谷一九九九2・一六〇～一六四頁。『大慈恩寺三蔵法師伝』巻二。大正五〇・二三二下～二三三上）。

(153) **「十八部派」，原文「十八部」**

十八部派は，部派仏教における部派の数を象徴する表現。要するにすべての部派を意味する。十八部派のほか，二十部派，二十二部派やその他の言い方もある（注47と注80）。真諦訳『部執異論』における表記に基づいて根本二部派とそこから派生した十八部派を列挙すると次の通り――

❶大衆部（摩訶僧耆柯部 Mahā-sāṅghika），②一説部（猗柯毘与婆訶利柯部 Eka-vyavahārika），③出世説部（盧倶多羅婆陀部 Lokottara-vāda），④灰山住部（高倶梨柯部／高倶舎胝柯部 Kaukkuṭika），⑤得多聞部（婆吼輸底柯部 Bahu-śrutīya），⑥分別説部（波羅若底婆陀部 Prajñapti-vāda），⑦支提山部（支底与世羅部

Caitya-śaila)，⑧北山部（鬱多羅世羅部 Uttara-śaila）❾上座弟子部（他毘梨与部 Sthavirīya），⑩説一切有部（薩婆阿私底婆陀部 Sarvāsti-vāda）／説因部（醯兜婆陀部 Hetu-vāda），⑪雪山住部（醯摩跋多部 Haimavata），⑫可住子弟子部（跋私弗底梨与部 Vātsīputrīya），⑬法上部（達謨多梨与部 Dharmottarīya），⑭賢乗部（跋陀与尼与部 Bhadra-yānīya），⑮正量弟子部（三眉底与部 Sammitīya），⑯密林住部（山陀伽梨柯部 *Ṣaṇḍagarika?），⑰正地部（弥嬉捨娑柯部 Mahīśāsaka），⑱法護部（達摩及多部 Dharma-gupta），⑲善歳部／飲光弟子部（蘇婆梨沙柯部 Suvarṣaka／柯尸悲与部 Kāśyapīya），⑳説度部／説経部（僧干蘭底婆陀部 Saṃkrānti-vāda／修丹蘭多婆陀部 Sūtrānta-vāda）。

仏教における部派分裂は，釈迦牟尼の死後，マウリヤ朝のアショーカ王の時代（前二六八～前二三二頃在位）に教団を二分する「根本分裂」が起こり，その後，二派が更に分派する枝末分裂が起こった。「枝末分裂」によって生じた十八部派と根本の二部派を合わせると，部派の数は二十である。

（154）**「マハーヤーナ Mahāyāna（摩訶衍）」，原文「摩訶衍（まかえん）」**

「マハーヤーナ mahāyāna（大乗・大きな乗物）」の漢字音写。

（155）**「天親（ヴァスバンドゥ）はすぐ〔アサンガの〕使者と故国〔のプルシャ・プラ国〕に戻り，兄と会い，病の原因を訊ねた」，原文「天親即随使還本国，与兄相見，諮問疾源」（天親は即（ただ）ちに使に随いて本国に還（かえ）り，兄と相い見（まみ）え，疾の源を諮問す）**

中天竺アヨーディヤー国にいたヴァスバンドゥが北天竺プルシャ・プラ国に急遽帰国して兄と再会し，兄の教示を受けてプルシャ・プラにて大乗に回心した。一方，唐の玄奘による伝承は異なり，場所の設定がまるきり逆である。すなわち『大唐西域記』巻五の中印度の阿踰陀（あゆだ）（アヨーディヤー Ayodhyā）国の条の記事によれば，ヴァスバンドゥが北印度からアヨーディヤーに至り兄と再会し，大乗に回心したとする（大正五一・八九六下～八九七上。季羨林一九八五・四五二～四五五頁。水谷一九九九2・二一五～二一六頁)。『大唐西域記』はヴァスバンドゥが大乗を誹謗中傷したことを懺悔して舌を割こうとしたことも記す。それも含めて真諦『婆藪槃豆伝』と共通性が高いが，兄弟が会見した場所が異なる。

(156)「どういうことですか。理由を知らせてください」，原文「云何。賜由」(云何(いかん)。由(よし)を賜(たま)え)

三枝訳「どんな理由を〔兄に〕お送りしたのですか」はまったくの誤り。同様に蓮澤国訳「何の賜にか由る」も誤り。

(157)「独覚乗(どっかく)」

独覚乗は三乗の一。プラティエーカブッダ・ヤーナ pratyekabuddha-yāna の漢訳。「辟支仏乗(びゃくしぶつ)」とも「縁覚乗(えんがく)」とも言う(因みに古い後漢の支婁迦讖訳には「縁一覚」という逐語的漢訳もある)。一人で悟った後，悟りすまして他者を済度しない者。三枝訳が三乗を「大乗および声聞・縁覚の小乗の二乗」と注記するのは誤り。縁覚は小乗でないから。

(158)「懺悔(さんげ)」，原文「懺悔」

「悔過(けか)──過(あやま)ちを悔ゆ」とも言う。自らが犯した過ちを他者の前で洗いざらい告白し，既犯の罪という行為の余力を無力化させ消し去り，心を清浄な状態に変える行為。サンスクリット原語は「プラティデーシャナー pratideśanā」または「デーシャナー deśanā」。共に「〔罪の〕告白 confession」の意。

懺悔に二種ある。一は個別的・具体的な罪過について特定の個人に向けて対面して行う懺悔である。それは仏教の様々な局面で行われ，出家者が出家教団の生活規則(律(りつ)，ヴィナヤ vinaya)に違反したときにも行う。二はこれまで過去と過去世に犯した悪業のすべてを対象として，十方の見えない諸仏に向けて行う懺悔である。大乗仏教で重要である。

ここでは大乗を誹謗した過去の罪を懺悔するから第二の意味である。懺悔の解説は平川(一九七六／九〇・四三一～四五三頁)と船山(二〇一九a・二五〇～二五一頁)参照。

（159）**「アサンガ法師が没した後に，……」**

唐の玄奘とその門下の伝承では，これより以下に記されるヴァスバンドゥの著作が大きく異なる。『大唐西域記』巻五の阿踰陀国の条は，アサンガの弟子が『十地経』を誦えるのを聞いたことがヴァスバンドゥの大乗転向の契機となったとする（大正五一・八九六下。季羨林一九八五・四五五～四五七頁。水谷一九九九2・二一一五頁）。また，玄奘を継いだ弟子の窺基（六三二～六八二）は，『十地経』の注釈と『摂大乗論』の注釈の二書をヴァスバンドゥが最初に著した大乗の著作として掲げ，その後は『三十頌』のみに言及する。すなわち窺基『成唯識論掌中枢要』巻上本に言う――「〔ヴァスバンドゥ〕菩薩は敬しんで兄の諾に従い，因りて〔大乗の〕妙理に帰す。兄は乃ち嘱するに『十地経』を以てし，制するに『摂大乗本』を以てし，其れをして釈を造らしむ。故に此の二論は〔ヴァスバンドゥ〕菩薩の創めて大乗に帰するの作なり。既にして文は玄宗を蘊み，情は奥旨を恢うれば，更に宏き論を為り，用て深き極まりを暢ばす。幽機を採撮し，精邃を提控し，遂に『唯識三十頌』を著す」（大正四三・六〇八上）。

後のチベット系伝承も本伝と異なり，窺基の伝える事柄と一部共通する。すなわち『プトン仏教史』によれば，アサンガは大乗を軽んずるヴァスバンドゥに大乗を知らせるため『十地経』と『無尽意菩薩経 *Akṣayamati-nirdeśa*』を与えたという（プトン一九三一・一四三頁）。兄が弟に与えた大乗二経のうち『十地経』は窺基の伝承とチベットのプトンの伝承に共通する。本伝は『十地経』について触れないが，真諦より遡る北魏の時代，西暦五〇八～五一一年にかけて，菩提流支らがヴァスバンドゥの『十地経論』という注釈を漢訳していることも間接的には関係があろう。

（160）**「アサンガ法師が没した後に，始めて天親は……」，原文「阿僧伽法師但没後，天親方……」（阿僧伽法師の但だ没するの後，天親は方めて……）**

助字「方」の句法によって，ヴァスバンドゥが大乗の論書を著したり大乗経に注釈したりしたのは兄アサンガ没後だったことが示されている。三枝訳「アサンガ法師がなくなってからあと，天親はさらに大乗の論〔書〕をつくり」は誤訳。「方」に「さらに」という意味はないから。

本伝によれば，兄弟で先に没したのは兄アサンガである。一方，玄奘系伝承は異なり，ヴァスバンドゥが兄より先に没したとする。すなわち『大唐西域記』巻五の阿踰陀（アヨーディヤー）国の条は，ヴァスバンドゥが先に没した後，存命していた兄アサンガのもとに弟が転生先から一旦戻ってきて転生先の有様を報告したとする（大正五一・八九六中～下。季羨林一九八五・四五二～四五七頁。水谷一九九九2・二一一～二一七頁）。

(161) **「大乗の論書を著し，大乗の諸経に解説を施した」，原文「造大乗論，解釈諸大乗経」（大乗の論を造り，諸の大乗経を解釈す）**

『ターラナータ仏教史』は，アサンガは出家得度してから七十五年のあいだ僧として活動したとする（ターラナータ一九九七・一七五頁）。これに得度以前の年数を合算すれば，アサンガの享年は九十前後か，それ以上だった可能性がある。しかし真諦訳の本伝にはアサンガの年齢は何も明記されていない。

ここではアサンガが先に没したとされる。しかしながらヴァスバンドゥが先に没したという年代的に逆の伝承もある。玄奘系伝承を記す『大唐西域記』巻五の阿踰陀国の条では，弟ヴァスバンドゥが先に卒し，六ヶ月以上経過してから転生先の様子を知らせに兄アサンガのもとに戻ってきた逸話が記される（注160参照）。

一方，チベット語による後の伝承では，まず『プトン仏教史』におけるヴァスバンドゥの生涯は年代と地域が不明瞭である。ヴァスバンドゥはカシュミールで『ヴィバーシャー』を学得した後，インドの中央部（マガダ地方か）に戻り『倶舎論』を執筆し，それをカシュミールに住まうサンガバドラに送ったことと，更にその後，ヴァスバンドゥはネパールに移動したことが記される（プトン一九三二・一四三～

一四五頁）。ヴァスバンドゥのネパール滞在は漢語資料にない，チベット独自の伝承である。

ネパール滞在のことは『ターラナータ仏教史』にも受け継がれたが，ヴァスバンドゥの伝記には更に種々の伝承が寄せ集められ，『プトン仏教史』より遥かに複雑な様相を呈する。『ターラナータ仏教史』は新たにアサンガとヴァスバンドゥの年齢と活動にも言及する。それによれば，兄アサンガは出家後七十五年間にわたり仏教活動をした。また，アサンガはナーランダー寺（現在のビハール州ナーランダー地区）に二十年滞在したとも言う。しかしアサンガをナーランダー寺と結び付けるのは漢語文献に見られない，後代の伝説である。他方，弟ヴァスバンドゥは百歳近くまで生き，アサンガの没後も二十五年間にわたり仏教活動を続けたと記され，アサンガの死後，ナーランダー寺の師となったともされる（ターラナータ一九九七・一七一頁，一七五頁）。ヴァスバンドゥとナーランダー寺の繋がりも漢語文献に見られない，チベットにおける後代の伝説である。

(162)　**『華厳〔経〕』，原文『華厳』**

高楠訳とダリア訳の示すサンスクリット語原題 *Avataṃsaka* は誤り。華厳経の正式名称は『仏華厳経』であり，サンスクリット原語は *Buddhāvataṃsaka* である。

(163)　**『維摩〔経〕』，原文『維摩』**

『維摩経』のサンスクリット語原題は *Vimalakīrti-nirdeśa* である。

(164)　**『勝鬘〔経〕』，原文『勝鬘』**

『勝鬘経』のサンスクリット語原題は *Śrī-mālā-devī-siṃha-nāda [-sūtra]* である。高楠訳の注記する *Śrī-mālā-siṃha-nāda* は正確でない。

(165)　**「『華厳〔経〕』、『涅槃〔経〕』、『法華〔経〕』、『般若〔経〕』、『維摩〔経〕』、『勝鬘〔経〕』等の大乗諸経〔に注釈した〕論書はすべて〔ヴァスバンドゥ〕法師の著作である」，原文「『華厳』、『涅槃』、『法華』、**

『般若』、『維摩』、『勝鬘』等諸大乗経論，悉是法師所造」（『華厳』、『涅槃』、『法華』、『般若』、『維摩』、『勝鬘』等の諸の大乗経の論は，悉く是れ法師の造る所なり）

三枝訳「また多くの大乗の経〔典〕すなわち華厳経・涅槃経・法華経・般若経・維摩経・勝鬘経などを解釈した。多くの大乗の経論はことごとくこの〔天親〕法師のつくったものである」は誤り。傍点部の句読を誤解しているから。

上掲各経に対するヴァスバンドゥの現存する主な注釈は以下の通り。

婆藪槃豆造・〔北魏〕菩提留支・曇林等経訳『妙法蓮華経憂波提舎』二巻
婆藪槃豆造・〔北魏〕勒那摩提・法朗等経訳『妙法蓮華経論優波提舎』一巻
天親造・〔北魏〕菩提流支訳『金剛般若波羅蜜経論』三巻
天親造・金剛仙釈・〔北魏〕菩提流支訳『金剛仙論』十巻
婆藪槃豆造・〔北魏〕菩提流支等訳『無量寿経優波提舎願生偈』一巻
天親造・〔北魏〕菩提流支訳『文殊師利菩薩問菩提経論』二巻
天親造・〔北魏〕菩提流支訳『勝思惟梵天所問経論』四巻
天親造・〔北魏〕毘目智仙訳『法髻経四法憂波提舎』一巻
天親造・〔北魏〕毘目智仙訳『転法輪経憂波提舎』一巻
天親造・〔陳〕真諦訳『涅槃経本有今無偈論』一巻

(166) **『唯識論』**

ヴァスバンドゥ著『ヴィジュニャプティマートラター・シッディ *Vijñaptimātratā-siddhi*（〔事物対象はすべて〕知識の表象に過ぎないことの証明）』。高崎訳の想定したサンスクリット語原題 *Vijñāna-mātra-siddhi* は誤り。

このサンスクリット語で呼ばれるヴァスバンドゥの著作は二種あり，共にサンスクリット語原典・漢訳・チベット訳が現存する。一は年代的に先行する『唯識二十論』（本論と自注）であり，二は晩年の『唯識三十頌』（本論のみ。自注なし）である。

第一の『唯識二十論』の漢訳に三種ある。

［北魏］般若流支訳『唯識論』一巻（大正新脩大蔵経第三一巻第一五八八号）

［陳］真諦訳『大乗唯識論』一巻（同巻第一五八九号）

［唐］玄奘訳『唯識二十論』一巻（同巻第一五九〇号）

第二の『唯識三十頌』の漢訳に二種ある。

［陳］真諦訳『転識論』一巻（大正新脩大蔵経第三一巻第一五八七号）

［唐］玄奘訳『唯識三十論頌』一巻（大正新脩大蔵経第三一巻第一五八六号）

このうち『転識論』は『唯識三十頌』の訳であるが，『唯識三十頌』にない散文注を伴うので逐語訳とは言い難い。また，玄奘訳にも原典に存在しない散文注が付されている。それは『唯識三十頌』に対する後代の注釈であるダルマパーラ（護法，六世紀中葉～後半頃）造『成唯識論』十巻（同巻第一五八五号）から注の一部を抜き書きして転写した散文注である。

『婆藪槃豆伝』に言う『唯識論』は，上掲『唯識二十論』を指すことは確かである（ラディッチ二〇一二・五九頁）。ただしヴァスバンドゥ晩年の『唯識三十頌』――真諦訳『転識論』に該当――も含むと推測しても特に矛盾はない。本伝の記述に従う限り，ヴァスバンドゥは兄アサンガの死後に大乗論の著述を始め，没するまでアヨーディヤーで活動したので，『唯識三十頌』もアヨーディヤーで著作されたと見られるからである。

唐の玄奘系伝承は少し異なる。『大唐西域記』と『大慈恩寺三蔵法師伝』によれば，玄奘がインドに滞在していた当時，ヴァスバンドゥが『唯識論』を編纂した建物が現存し，その場所も特定されていた。それは中天竺のカーウシャーンビー Kauśāmbī（憍賞弥）国にあった（『大唐西域記』巻五の憍賞弥国の条。大正五一・八九八上。季羡林一九八五・四七一頁。水谷一九九九2・二三四頁。『大慈恩寺三蔵法師伝』巻二。大正五〇・二三四下）。このことはヴァスバンドゥが中天竺にいた時にアヨーディヤー国内に限って活動したのでなく，更に広域を遊行したことを示す。チベット系伝承においても『ターラナータ仏教史』がヴァスバンドゥは「概ねマガダ地方に止まった」（ターラナータ一九九七・一七三頁）というのは，ヴァスバンドゥが時にはマガダ地方の処々に足を延ばしたことを示唆する。

（167）『**摂大乗〔論〕**』

アサンガ著『マハーヤーナ・サングラハ *Mahāyāna-saṃgraha*（大乗の総集成）』に対するヴァスバンドゥの注釈『マハーヤーナ・サングラハ・バーシュヤ *Mahāyāna-saṃgraha-bhāṣya*（大乗の総集成に対する注）』を指す。漢訳に次の三種がある。

天親釈・〔陳〕真諦訳『摂大乗論釈』十五巻（大正新脩大蔵経第三一巻第一五九五号）

世親造・〔隋〕笈多・行矩等訳『摂大乗論釈論』十巻（同巻第一五九六号）

世親造・〔唐〕玄奘訳『摂大乗論釈』十巻（同巻第一五九七号）

高楠訳の示すサンスクリット語原題 *Mahāyāna-pariṣaṃgraha* は誤り。

（168）『**三宝性〔論〕**』

サーラマティ Sāramati（漢訳「堅慧」）著『ラトナゴートラ・ヴィバーガ *Ratnagotra-vibhāga*（漢訳『究竟一乗宝性論』）』に対するヴァスバンドゥの注釈『三宝性論』を指すと考えられる。この推定を最初に示したのは中村瑞隆である。すなわち中村（一九六一・六〇～六一頁）は，『婆藪槃豆伝』のこの一節を引用し，『ラトナゴートラ・ヴィバーガ』のサンスクリット語原典に自ら書名を gotraṃ ratna-trayasya すなわち「三つの宝の種性／種姓」（中村同三九頁第一章第二十四偈）と述べる箇所があることに着目する。一般的に当てはまる事柄として，サンスクリット語「ゴートラ gotra」の漢訳には「種姓」と「種性」の二種があると言えるから，本伝の「三宝性」は「三宝姓」である可能性も考えられ，「『三宝性（論）』に注釈した」を『究竟一乗宝性論』に注釈したと解釈することは不可能でない。しかし一方，中村説には不備もある。中村は『婆藪槃豆伝』に記す論書の題名として「三宝性甘露門」六字を一書と見なす。この説には十分な根拠がないので従えない。「三宝性」と「甘露門」が二書である可能性は大きい。因みに高楠訳は『三宝性』を真諦訳『三無性論』二巻と結び付けようとする。しかし「三」「性」の二字が共通することだけからの想定は，万人が納得できるものとは言えず，俄に従えない。三枝訳は「三宝性」については何も注記していない。「甘露門」は『無量寿経優婆提舎（願生偈）』を指すと解釈する。その理由として「甘露の原語 amṛta が阿弥陀に通ずる可能性もある」ことを挙げる。しかし，もしそれだけが理由なら三枝説も根拠薄弱である。

右の注記と何らかの関係があると思われるが，ダリア訳は『三宝性（論）』を「the *Nature of the Ratnatraya (Buddhagotra-śāstra)*（『三宝の性質』（『仏姓論』））」とする。『仏姓論』は天親造・真諦訳『仏性論』四巻（大正新脩大蔵経第三一巻第一六一〇号）を指すであろうか。ダリア訳は注を付さないので，残念ながら意図の詳細は不明である。

(169) **『甘露門（論）』**

『甘露門論』は未詳。サンスクリット語原題を特定できない。

高楠訳の示すサンスクリット語原題は「the "Door of the Nectar."」（すなわち『甘露の門』）という直訳であり，それに次の注を付す――「『甘露の門』は疑いなく「the Amṛta-dvāra」（『不死の門』）であり，それはヴァスバンドゥの Dharma-cakra-pravartana-Sūtropadeśa（南條目録一二〇五号，五四一年漢訳）かも知れない。そう同定する理由は，そのスートラの中でブッダは不死の門を開くと述べているからである」（高楠一九〇四a・二九二頁注一〇九）。高楠の言及する論書 "Dharma-cakra-pravartana-Sūtropadeśa" は，天親菩薩造・［北魏］毘目智仙訳『転法輪経憂波提舎』一巻（大正新脩大蔵経第二六巻第一五三三号）であり，「南條目録」は南條（一八八三・二六六頁一二〇五号）を指す。しかしながら筆者が管見した限りでは『転法輪経憂波提舎』の漢訳中に「甘露」「不死」の語や「門を開く」に当たる文言を特定することはできなかった。

一方，三枝訳は，「甘露門」について，「甘露の原語 amṛta が阿弥陀に通ずる可能性もあるところから『無量寿経優婆（ママ）提舎（願生偈）』ではないか」と注記する。すなわち『甘露門』は［北魏］菩提流支訳『無量寿経優波提舎願生偈』一巻（大正新脩大蔵経第二六巻第一五二四号）の元の原典であると推定する。しかしもしそれだけが理由なら三枝説の根拠も十分であるとは言えない。少なくとも筆者が管見した限りでは『無量寿経優波提舎願生偈』の漢訳中に「甘露」という語は一度も現れない如くである。

ダリア訳は「the *Door of Nectar (Sukhāvatiyūha)*（『甘露の扉』（『浄土経』））」とする（*-vati-* は *-vatī-* の誤り）。

しかし残念ながら同定する根拠が示されないので未詳。

(170) **「『華厳〔経〕』、『涅槃〔経〕』、『法華〔経〕』、『般若〔経〕』、『維摩〔経〕』、『勝鬘〔経〕』等の大乗諸経〔に注釈した〕論書はすべて〔ヴァスバンドゥ〕法師の著作である。また『唯識論』を造り，『摂大乗〔論〕』、『三宝性〔論〕』、『甘露門〔論〕』等の大乗の論書に注釈した」，原文「『華厳』、『涅槃』、『法華』、『般若』、『維摩』、『勝鬘』等諸大乗経論，悉是法師所造。又造『唯識論』，釈『摂大乗』、『三宝性』、『甘露門』等諸大乗論」（『華厳』、『涅槃』、『法華』、『般若』、『維摩』、『勝鬘』等の諸の大乗経の論は，悉く是れ法師の造る所なり。又た『唯識論』を造り，『摂大乗』、『三宝性』、『甘露門』等の諸の大乗論を釈す）**

ここに列挙される大乗経典の諸注釈と大乗諸論書は，ヴァスバンドゥが大乗転向後にアヨーディヤーで著したと考えるのが本伝の筋から見て最も自然であろう。後代，唐の玄奘の伝承においても，ヴァスバンドゥの大乗諸論はアヨーディヤーで編纂されたと記す。『大唐西域記』巻五と『大慈恩寺三蔵法師伝』巻三に収める阿踰陀国の記載を参照。

(171) **「享年は八十」，原文「年終八十」（年八十に終わる）**

八十歳は満年齢であると暫定的に見なす。数え年ならば八十一歳。三枝（一九八三／二〇〇四・三五頁）に享年を「ときに七十歳」とするのは誤り。

一方，チベットの『ターラナータ仏教史』は，次男ヴァスバンドゥの享年をほとんど百歳近くであり，そしてヴァスバンドゥが僧として活動した期間は，兄アサンガの生前から始まり，アサンガの逝去後も約二十五年に及んだと記す（ターラナータ一九九七・一七五頁）。

(172) **「〔彼の活動の〕実跡は凡夫の境涯に収まるものだったけれども，筋道立った教えは，凡人に理解できぬ奥深いものであった」，原文「雖迹居凡地，理実難思議也」（迹は凡地に居ると雖も，理，実に思議し難きなり）**

前半部の三枝訳「その行跡は日常当り前の境地にあり〔とくに神秘的・超常的なところはない〕けれども」は適訳でない。「凡地」は凡夫の地という意味であり，「凡（凡夫）」は「聖（聖人）」の対義語である。ヴァスバンドゥは現世の修行において聖者の境地に達することができず，凡夫の境涯に止まったということを示す。同じ意味で，「凡地」の高楠訳 "he lived an earthly life" もダリア訳 "his life was of this world" も誤訳。

後代，玄奘の複数の弟子たちが，ヴァスバンドゥは聖者の位に到達できなかったが，ヴァスバンドゥの著作に記されていることには正しく，間違いがなかったという意味の解説を行っている。例えば窺基は，「ヴァスバンドゥは初地に到達できなかった菩薩（地前菩薩）であったけれども，〔外界は存在せず，ただ心の現れに過ぎないという〕唯識性について確かな理解を抱いていたので，まだ〔自らで〕真実を直接体験することはなかったとはいえ，〔仏の教説に正しく〕従って〔その内容を〕学得した」と述べる（窺基『成唯識論述記』巻一本。大正四三・二三三上）。窺基を継いだ恵沼（慧沼とも）も，「ヴァスバンドゥ菩薩の境地は初地より以前であったが，上述の〔常・楽・我・浄の〕四徳目をすべて具えていたので〔聖者の境地を解説する〕論書を著すことができた」と述べる（恵沼『成唯識論了義燈』巻一本。大正四三・六七一中）。以上の詳細は，船山（二〇〇三・一二九～一二五頁），船山（二〇一九a・三二五頁，三三六頁），船山（二〇一九b・一七～二八頁）参照。『婆藪槃豆伝』がここで言う内容も正しく窺基や恵沼の説と同内容と解することができる。

(173) **「ここまでは天親（ヴァスバンドゥ）ら兄弟について記録した。これより後は，……」，原文「前来訖此，記天親等兄弟。此後……」（前（さき）より来（このかた）此（ここ）に訖わるまで，天親等の兄弟を記す。此の後は……）**

この補足は本伝の本来の形態を知るのに有益である。このような跋文を有するということは，『ヴァスバンドゥ伝』が元来はサンスクリット語原典を逐語的に漢訳した文献ではなく，当初から漢語で著された長い書物――ヴァスバンドゥとその兄弟の伝記と真諦三蔵の訳経活動を記す漢語文献――の前半部だったことを窺わせる。この点は近代の研究で早くから注目された。『婆藪槃豆伝』は実は漢訳でなく，始めから漢語で書いた弟子の筆記録であることの証しである（高楠一九〇四a・二九三頁注一一〇。高楠一九〇五・三八頁。フラウワルナー一九五一・一七～一八頁）。筆者もこの考えに従う。詳しくは船山（二〇一三・一六六～一六九頁），船山（二〇一九a・一四七頁，一八三～一八六頁）を見よ。

(174) **「〔真諦〕三蔵先生」，原文「三蔵闍梨（さんぞうじゃり）」**

原文の「三蔵闍梨」は真諦三蔵阿闍梨。真諦の直弟子ないしそれに準ずる親しい関係の者たちの間で行われていた呼称。同じ言葉は真諦『涅槃経本有今無偈論（ねはんぎょうほんうこんむげろん）』の末尾（大正二六・二八二下）および真諦訳『広義法門経』の跋文（大正一・九二二上）にある。弟子特有の「三蔵闍梨」を用いるということは，この末尾の一節は真諦の弟子による筆記であり，遥か後代にまったく無関係の者が付加した言葉ではないことを示唆する。この点については船山（二〇一九a・二〇九頁注五四）を見よ。「三蔵」は経・律・論の三蔵（トリ・ピタカ tri-piṭaka）に通じた者を指す。そのサンスクリット語表記は「トゥリ・ピタ tri-piṭa」や「トゥレー・ピタカ tre-piṭaka」である。共に「トリ・ピタカ」から派生した語形。

（175）**「〔建康の〕宮城」，原文「臺城（だいじょう）」**

陳の都，建康（現在の江蘇省南京）における内城，すなわち天子の住まう宮城を指す。高楠が "the capital of Tai-chou" と訳し「台州は浙江省の都城である」と注記するのは見事な誤解である。台州は正字体でも「台」であり，「臺」でない。この点からも高楠訳は誤り。船山（二〇一九a・一八四〜一八五頁，二〇九頁注五三）参照。

（176）**「広州」**

現代の広東省広州。

（177）**「及び〔三蔵の〕逝去後のことを記録し，後代に伝えたい」，原文「記……幷遷化後事，伝於後代」（幷びに遷化（せんげ）より後の事を記し，後代に伝えん）**

末尾部の三枝訳「……が後代に伝えられている」は初歩的誤訳。

点線を付したこの一節は『婆藪槃豆』の冒頭よりここまでにヴァスバンドゥ兄弟の事蹟を記し，これより以降は真諦三蔵の訳経活動について述べる旨を記す。これは，『婆藪槃豆』が中国における真諦の活動記録を後半に載せる書の前半部に過ぎないことを示すと共に，『婆藪槃豆』が真諦による漢訳でなく，弟子による筆記録であることの証しである。注173参照。残念ながら真諦について述べる『婆藪槃豆伝』後半は現存せず，引用も見出せないが，この末尾一節の意義は大きい。

この後記に「〔三蔵の〕逝去後のことを記録」していたと言うことは，本伝は，厳密には真諦三蔵が生、前に漢訳した書ではなく，彼の弟子たちが彼の没後に編輯した書であることを示している。

(178) **『ヴァスバンドゥ法師伝』，原文『婆藪槃豆法師伝』**

校勘から知られる通り，本伝の尾題は『婆藪槃豆伝』でなく，『婆藪槃豆法師伝』である。一方，冒頭に掲げる題名は『婆藪槃豆伝』であった。恐らくは本伝の尾題も本来は『婆藪槃豆伝』であり，『婆藪槃豆法師伝』でなかったと推測される。しかし文献学的裏付けが得られないため，尾題については，意を以て改めるのを控え，版本の表記にそのまま従うものとする。なお校勘には敢えて記さなかったが，いわゆる江南諸蔵中で最古の崇寧蔵（福州東禅寺版ないし福州東禅等覚禅院版とも）の書名も同じく表題は『婆藪槃豆伝』，尾題は『婆藪槃豆法師伝』である（醍醐寺宋版二〇一五4・二四九頁上段）。本伝の題名については本書第五章「(二)『婆藪槃豆伝』の書誌」を見よ。

第四章　『婆藪槃豆伝』訓読

『婆藪槃豆伝』

陳の天竺三蔵真諦訳

【一】【一・一】婆藪槃豆法師なる者は，北天竺の富婁沙富羅国の人なり。

【一・二】「富婁沙」は訳して「丈夫」と為す。「富羅」は訳して「土」と為す。

【一・三】毘捜紐天王は，世に伝うるに，是れ帝釈の弟なりと云う。帝釈は其れを遣りて閻浮提に出で王と作らしめ，阿修羅を伏するを為さしむ。其の閻浮提に生まるるや，婆藪提婆王の子と為る。阿修羅の因陀羅陀摩那と名づくる有り。

「因陀羅」は是れ「帝釈」の名なり。「陀摩那」は，訳して「伏す」と為す。此の阿修羅は恒に帝釈と闘戦し，能く帝釈を伏せんと謂えば，故に此の名有り。

『毘伽羅論』に「阿修羅」を解して「善に非ざるを戯ぶ」と謂うは，即ち応に此を以て名づけて之れを訳すべし。諸天は恒に善を以て戯楽と為し，其れは恒に悪を以て戯楽と為せば，故に此の名有り。

亦た「非天（天に非ざるもの）」と名づくるを得。

此の阿修羅に妹の波羅頗婆底〈知履の反〉と名づくる有り。

「波羅頗」は訳して「明」と為す。「婆底」は訳して「妃」と為す。

此の女は甚だ容貌有れば，阿修羅は毘捜紐天を害するに，故に此の妹を将て之れを誑さんと欲し，呪術の力を以て，閻浮提の一処を変じて陰暗ならしむ。其れ自ら暗処に居り，人をして見せしめず。妹をして別に明処に住まわせ，妹に語りて云わく，「若し人，汝を得て婦と為さんと欲せば，汝は語りて云う可し，「我が兄に大力有り。若し我を取らんと欲せば，必ず我が兄と相い違わん。若し能く我が兄と闘戦せば，乃ち相い許す可し」と」。

毘捜紐天は後に明処に於いて此の女を見て，心，大いに之れを悦び，問いて云わく，「汝は是れ何れの人なるや」。答えて云わく、「我は阿修羅の童女なり」。天云わく、「諸の阿修羅の女は由来皆な諸の天に適ぐ。我既に婦無く、汝も又た夫無し。今相い取らんと欲す。見に従うを得る不」。女は其の兄の先言の如くに以て之れに答う。天云わく、「汝は今我が身を惜めば、故に此の言有り。汝は已に我を愛すれば、我れ豈に相い置かん。我に大力有れば、能く汝の兄と闘戦せん」。女は遂に之れを許し、即ち夫妻と為る。

阿修羅は後に明処に往き、毘捜紐天に問う、「汝は云何が輒りに我が妹を取りて婦と為すや」。天答えて云わく、「若し我、丈夫に非ざれば、汝が妹を取りて婦と為すは、嫌責を致す可し。我は是れ丈夫にして婦無く、汝が妹は是れ童女にして夫無し。我今、之れを取るは、正に是れ其れ理なれば、何故に見を怪しむや」。阿修羅云わく、「汝に何ぞ能く自ら丈夫と称すること有らんや。若し是れ丈夫にして能く我と闘戦して勝つを得ば、当に妹を汝に適るべし」。天云わく、「汝若し信ぜずんば、当に共に之れを決すべし」。即ち各の仗を執り、互いに相い斫刺す。毘捜紐天は是れ那羅延の身なれば、斫刺するも入る能わざる所なり。天は阿修羅の頭を斫るも、頭を断てば即ち還た復す。手や臂等の余の身分も悉く爾り。断つ処有るに随い、随ち還た復す。

旦従り晩に至るまで、斫刺すること息まざるも、阿修羅に死の状有る無し。天の力稍く尽き、転た疲困に就く。

若し夜に至れば、阿修羅の力、則ち更に強ければ、明妃は其の夫の如かざらんことを恐れ、鬱波羅の華を取り、擘きて両片と為し、各の一辺に擲ぐ。明妃は其の中を行き去りては復た来る。天は即ち其の意を解し，阿修羅の身を捉えて，擘きて両片と為し，各の一辺に擲ぐ。天は其の中を行き去りては復た来れば，阿修羅は此に由て命断ず。阿修羅は先に仙人に就きて恩を乞うらく，願わくは我が身をして斫刺せらるるも即便に還た復せしめんことをと。仙人は其れに此の恩を施せば，故に後時に斫刺せらるるも命を失わざりき。仙人は諸天をして之れを殺さしめんと欲すれば，故に其の身を擘かるるも還た復するの恩をば施さざりき。故に後時，此に由りて命を失う。

毘捜紐天は既に此の地に居り，丈夫の能を顕せば，此に因りて名を立て，丈夫国と称す。

【二】此の土に国師婆羅門有り。姓は憍尸迦なり。三子の同に婆藪槃豆と名づくる有り。

「婆藪」は訳して「天」と為す。「槃豆」は，訳して「親しきもの」と為す。天竺に児の名を立つるに此の体有り。一名を同じくすと雖も，復た別名を立て，以て之れを顕す。

【三】第三子の婆藪槃豆は，薩婆多部に於いて出家し，阿羅漢の果を得たり。別に比隣持〈定梨の反〉跋娑と名づく。

「比隣持」は是れ其の母の名なり。「跋娑」は訳して「子」と為し，亦た「児」と曰う。此の名は人と畜とに通ずること，牛の子も亦た「跋娑」と名づくるが如し。但だ此土には牛の子を呼びて

「犢」と為す。

【四】長子の婆藪槃豆は是れ菩薩の根性の人なり。亦た薩婆多部に於いて出家す。後に定を修めて欲を離るるを得たるも，空の義を思惟するも入るを得ること能わざれば，自ら身を殺さんと欲す。賓頭盧阿羅漢は，東毘提訶に在り，此の事を観見し，彼の方従り来り，為に小乗の空観を説けば，教えの如くに之れを観じ，即便に入るを得たり。小乗の空観を得たりと雖も，意猶お未だ安からず，理として応に止だ爾りとすべきにあらずと謂う。此に因りて神通に乗じ，兜率多天に往き，弥勒菩薩に諮問す。弥勒菩薩は為に大乗の空観を説く。閻浮提に還り，説かれし如くに思惟し，即便に悟りを得。思惟するの時に於いて，地は六種に動ず。既に大乗の空観を得たれば，此に因りて名と為し，阿僧伽と名づく。

「阿僧伽」は訳して「無著」と為す。

爾の後，数ば兜率多天に上り，弥勒に大乗経の義を諮問す。弥勒は広く為に解説し，得る所有るに随い，閻浮提に還り，己が聞く所を以て余人の為に説くも，聞く者は多く信を生ぜず。無著法師は即ち自ら発願すらく，「我は今，衆生をして大乗を信解せしめんと欲す。唯だ願わくは，大師よ，閻浮提に下りて大乗を解説し，諸の衆生をして皆な信解を得さしめんことを」。

弥勒は即ち其の願の如くに，夜時に於いて閻浮提に下り，大光明を放ち，広く有縁の衆を集め，説法堂に於いて『十七地経』を誦出す。誦出する所に随い，随ち其の義を解し，四月夜を経て，『十七地経』を解くこと方めて竟れり。同に一堂に於いて聴法すと雖も，唯だ無著法師のみ弥勒菩薩に近づくを得，余人は但だ遥かに聞くを得るのみなれば，夜には共に弥勒の説法を聴き，昼時には無著法師は更めて余人の為に弥勒の説く所を解釈す。此に因りて衆人は皆，大乗の弥勒菩薩の教えを信ぜり。

無著法師は日光三摩提を修め，説くが如くに修学すれば，即ち此の定を得。此の定を得たる従り後は，昔未だ解せざりし所に，悉く能く通達す。昔見聞せし所をば，永く憶えて忘れず。仏，昔説きし所の『華厳』等の諸の大乗経は，悉く未だ義を解せざりしも，弥勒は兜率多天に於いて悉く無著法師の為に諸の大乗経の義を解説すれば，法師は並びに悉く通達し，皆能く憶持す。後に閻浮提に於いて大乗経の優波提舎を造り，仏の説く所の一切の大いなる教えを解釈す。

【五】第二の婆藪槃豆も亦た薩婆多部に於いて出家し，博学多聞にして，遍く墳籍に通ず。神才は俊朗にして，儔と為す可き無し。戒行は清高にして，以て相い匹べ難し。兄弟に既に別名有れば，故に法師は但だ婆藪槃豆とのみ称す。

【五・二】仏滅度後の五百年中に，阿羅漢の迦旃延子と名づくる有り。

母の姓は迦旃延なれば，母に従い名と為す。

先ず薩婆多部に於いて出家す。本是れ天竺の人なり。後に罽賓国に往く。

罽賓は天竺の西北に在り。

【五・二】五百阿羅漢及び五百菩薩と共に薩婆多部の阿毘達磨を撰集し，製して『八伽蘭他』と為す。

即ち此間に『八乾度』と云うなり。「伽蘭他」は訳して「結」と為し，亦た「節」と曰う。謂わち義類各の相い結属すれば，故に「結」と云う。又た義を摂めて散ぜざらしめれば，故に「結」と云う。義類に各の分限有れば，故に「節」と云う。亦た此の文を称して『発慧論』と為す。

神通力及び願力を以て広く遠近に宣告すらく，「先に『阿毘達磨』を説くを聞きしものの若きは，得る所の多少に随い，悉く送り来らす可し」。是に於いて天、諸龍、夜叉乃至阿迦尼師吒の諸天の，先に聞仏の『阿毘達磨』を説くを聞くこと有るが若きは，若しくは略きも若しくは広きも，乃ち一句一偈に至るまで，悉く之れを送り与う。迦旃延子は共に諸の阿羅漢及び諸の菩薩と其の義を簡択す。若し『修多羅』、『毘那耶』と相い違背せずんば、即便に撰銘す。若し相い違背せば、即便に棄捨す。是に取る所の文句は義類の相い関するに随い、慧の義を明かすが若きは、則ち慧結の中に安置す。定の義を明かすが若きは、則ち定結の中に安置す。余の類いも悉く爾り。『八結』は合して五万偈有り。『八結』を造り竟れば、復た『毘婆沙』を造り、之れを釈せんと欲す。

【五・三】馬鳴菩薩は是れ舎衛国娑枳多の土の人なり。『八分毘伽羅論』及び四『皮陀』、六論に通じ、十八部の三蔵を解し、文宗にして学府たりて、允に儀の帰する所なり。
迦旃延子は人を遣りて舎衛国に往かしめ、馬鳴に為に文句を製らんことを請う。
馬鳴既に罽賓に至れば、迦旃延子は次第に『八結』を解釈し、諸の阿羅漢及び諸の菩薩は即ち共に義意を研弁す。若し定まれば、馬鳴は随いて即ちに文を著す。十二年を経て、『毘婆沙』を造ること、方に竟れり。凡そ百万偈なり。

「毘婆沙」は訳して「広解」と為す。

【五・四】製述既に竟れば、迦旃延子は即ち石に刻み表を立てて云わく、「今去り此の法を学ぶ人は、罽賓国を出るを得ず。『八結』の文句及び『毘婆沙』の文句も亦た悉く国を出ることを得ず。余の部及び大乗、此の正法を汚し壊すことを恐るればなり」。制事を立つるを以て王に白せば、王も亦た此の意に同ず。

罽賓国は四周に山の城の如き有り。唯だ一門より出入する有り。諸の聖人は願力を以て諸の夜叉(やしゃ)神を摂(おさ)めて門を守らしむ。

若し此の法を学ばんと欲する者，能く罽賓に来(きた)れば，則ち遮礙せず。諸の聖人は又た願力を以て五百の夜叉神をして檀越と為らしむ。此の法を学ぶ者の若きは，身を資くるの具，短乏する所無し。

【五・五】阿緰闍(あゆじゃ)国に一法師の婆須跋陀羅と名づくる有り，聡明にして大智あり，聞けば即ち能く持(たも)つ。『八結』と『毘婆沙』の義を学び，余国に於いて弘く之れを通(ひろ)めんと欲す。

法師は迹を託して，狂痴の人と為り，罽賓国に往く。恒に大集の中に在りて聴法するも，而れども威儀は乖失し，言笑は舛異(せんい)す。時に大集の中に於いて『毘婆沙』の義を論ずること有り，乃ち『羅摩延伝(らまえんでん)』を問えば，衆人は之れを軽んじ，聞くも歯録(しろく)せず。

十二年中に於いて，『毘婆沙』を聴くこと数遍を得。文義已に熟し，悉く誦持して心に在り，本土に還らんと欲す。去りて門側に至れば，諸の夜叉神声を高くして，「大阿毘達摩師，今，出国せんと欲す」と唱令すれば，即ち執(とら)え将(ひき)いて大集の中に還(かえ)す。衆共に検問すれば，言語は紕謬(ひびゅう)し，相い領解せず。衆は咸な狂人為りと謂えば，即便に放遣す。

法師，後に又た出門せんとするに，諸神復た唱令し，執えて還させめ，遂に国王に聞徹す。王は又た大集の中に於いて更に之れを検問せしむ。衆重ねて検問するも亦た先の如く，相い領解せず。此の如く三反去らんとするも復た還す。第四反に至れば，諸神送りて将に還さんとするも，衆は復た検問せず，諸の夜叉をして放ち遣り出国せしむ。

法師既に本土に達すれば，即ち近遠に宣示し，咸な知聞せしめて云わく，「我已に罽賓国の『毘婆沙』を学得し，文義具足せり。能く学ばんとする者有らば，急ぎ来りて取る可し」。是に於いて四方より雲集す。法師は年衰老なれば，此の法を出すも竟らざらんことを恐れ，諸の学徒をして急疾に之れを取らしむ。出すに随い随ち書せしめ，遂に究竟するを得たり。罽賓の諸師は後に此の法已に余土に伝流するを聞き，人，各の嗟歎す。

【五・六】【五・六一】 仏滅後の九百年中に至り，外道の頻闍訶婆娑と名づくる有り。

「頻闍訶」は是れ山名なり。「婆娑」は訳して「住」と為す。此の外道は此の山に住めば，因りて以て名と為す。

【五・六二】 龍王の毘梨沙迦那と名づくる有り，住まい頻闍訶山の下の池中に在り。此の龍王は善く

『僧佉論』を解す。此の外道は龍王に解有るを知り，就きて学を受けんと欲す。龍王は身を変えて仙人の状貌を作し，葉屋中に住まう。

外道往きて龍王の所に至り，其の学ばんと欲するの意を述べれば，龍王は即ち之れを許す。外道は華を採り，一大籃を満たす。頭に華の籃を戴き，龍王の所に至る。龍王を繞ること一匝すれば，輒ち一華を投げ，以て供養と為す。一華を投げては一偈を作り，龍王を讃歎す。聞くに随い，随ち其の立つる所の偈の義を破し，即ち華を取りて外道に擲つ。其の外道は破せらるるに随い，随ち立て，偈の義既に立つれば，還た擲つ所の華を投ぐ。此の如く一籃の華を投げ尽くし，具さに破しては且つ救い，諸偈悉く成就す。

龍王既にその聡明なるを嘉すれば，即ち為に『僧佉論』を解説し，外道に語りて云わく，「汝，論を得し竟る。慎しんで改易すること勿れ」。龍王は其の己に勝るを畏るれば，故に此の説有り。其の聴くに随い得る所あるに及び，即ち之れを簡択するに，次第に非ざる有り，或いは文句は巧みならず，義意も如かざれば，悉く之れを改易す。

龍王講論し竟れば，其の著述も亦た罷り，即ち著述する所の論を以て龍王に呈す。龍王は其の製る所は本より勝るるを見て，大いに瞋妬を起こし，外道に語りて云わく，「我は先ず汝に我が論を改易するを得ずと嘱せり。汝は云何が改易するや。当に汝の著述する所をして宣行するを得ざらしむべし」。外道答えて云わく，「師は本より我が論成るの後は改易するを得ずと嘱せしも，我が論を説くの中に於いて改易するを得ずとは嘱せざりき。我は師の教えに違わざるに，云何が責を賜うや。師に乞う，我に恩を施したまえ，我が身未だ壊れずんば，願わくは此の論をして壊さざらしめんことを」。師は即ち之れを許す。

【五・六三】外道は此の論を得るの後，心高ぶり很慢（こんまん）し，自ら謂（おも）えらく，「其の法は最も大にして，復た過ぐる者無し。唯だ釈迦の法のみ，盛んに世に行われ，衆生は此の法を大と為すと謂えば，我須（すべから）く之れを破すべし」。即ち阿緰闍（あゆじゃ）国に入り，以て論義の鼓を顕（あき）らかに撃ちて云わく，「我，論義せんと欲す。若し我，堕負（だふ）せば，当に我が頭を斬るべし。若し彼のもの堕負せば，彼のものは宜しく頭を輸（ささ）ぐべし」。

国王の馝柯羅摩阿秩多（びからまあいった）あり。

訳して「正勤日」と為す。

王は此の事を知れば，即ち外道を呼び之れに問う。外道曰わく，「王は国主為（た）れば，沙門と婆羅門に於いて心に偏愛無し。若し習う所の行法有らば，宜しく其の是非を試すべし。我は今，釈迦の弟子と勝劣を決判せんと欲す。各（おのおの）須（すべから）く頭を以て誓いと為すべし」。王即ち聴許（ちょうきょ）す。

王は人を遣って国内の諸法師に問う，「誰か能く此の外道に当たる。若し能く当たるもの有らば，与（とも）に論義す可し」。時に摩㝹羅他（まのらた）法師、婆藪槃豆法師等の諸の大法師は，悉く余国に往きて不在なり。

「摩㝹羅他」は訳して「心願」と為す。

唯だ婆藪槃豆の師たる仏陀蜜多羅（ぶつだみったら）法師のみ在る有り。

「仏陀蜜多羅」は訳して「覚親」と為す。

此の法師は本より大いに解すと雖も，年已に老邁なれば，神情昧弱（まいじゃく）にして，弁説羸微（せんび）たり。法師云わく，「我が法の大将は悉く行きて外に在り。外道は強梁なれば，復た縦（ほしいまま）にせしむ可からず。我は今正応（まさ）に自ら此の事に当たるべし」。法師即ち国王に報ず。王は仍（よっ）て日を剋（さだ）め，広く大衆を論義堂に集め，外道をして法師と論義せしむ。

外道問うて云わく，「沙門よ，為（は）た義を立てんと欲するや，為た義を破せんと欲するや」。

法師答えて云わく，「我は大海の如く容（い）れざる所無し。汝は土塊の如く中に入れば便ち没す。汝の意の楽（ねが）う所に随わん」。

外道云わく，「沙門よ，義を立つ可し。我は当に汝を破すべし」。

法師は即ち無常の義を立てて云わく，

一切の有為法は刹那刹那に滅す。
何を以ての故に。
後には見ざるが故に。

種種の道理を以て之れを成就す。

是の法師の所説をば，外道は一たび聞くや，悉く誦して口に在らしむ。外道は次第に道理を以て之れを破し，法師をして誦取せしむるも，誦するを得る能わず。法師をして之れを救わしむるも，救うを得る能わず。法師は即ち堕負す。

外道云わく，「汝は是れ婆羅門種，我も亦た是れ婆羅門種なれば，汝を殺すを容れず。今須く汝が背を鞭ち，以て我が勝れるを得しことを顕かすべし」。是に於いて遂に其の事を行う。

王は三洛沙の金を以て外道に賞う。外道は金を取り，国内に布散し，一切の人に施し，頻闍訶山に還り，石窟の中に入り，呪術の力を以て召して夜叉神女の稠林と名づくるを得て，此の神女従り恩を乞うらく，「願わくは我が死するの後，身は変じて石と成り，永えに毀壊せざらんことを」と。神女は即ち之れを許せば，其れ自ら石を以て窟を塞ぎ，中に於いて命を捨つるに，身は即ち石と成る。此の願有る所以の者は，其れ先に，其の師の龍王従り恩を乞うらく，「願わくは我が身未だ壊れざるの前は，我が著す所の『僧佉論』も亦た壊滅せざらんことを」と。故に此の論は今も猶お在り。

【五・七】婆藪槃豆，後に還り，此の如きの事を聞き，歎恨憤結するも，之れに値うを得ざれば，人を遣りて頻闍訶山に往かしめ，此の外道を覓めて其の很慢を摧伏して以て師の恥を雪辱せんと欲するも，外道の身は已に石と成れり。天親弥よ復た憤懣し，即ち『七十真実論』を造り，外道の造る所の『僧佉論』を破せり。首より尾まで凡そ解れ，一句すら立つるを得る無し。諸の外道は憂苦すること，己が命を害せるが如し。彼の師に値わずと雖も，其の悉檀は既に壊れ，枝末復た依る所無ければ，讐に報い恥を雪ぐこと，此に於いて訖われりと為す。

衆人は咸な聞きて慶悦す。王は三洛沙の金を以て法師に賞う。法師は此の金を分かちて三分と為し，阿緰闍国に於いて三寺を起つ。一は比丘尼の寺なり。二は薩婆多部の寺なり。三は大乗の寺なり。

【五・八】【五・八一】法師は爾の後，更に正法を成立す。先ず『毘婆沙』を学び，義已に通ずれば後に衆人の為に『毘婆沙』の義を講ず。一日講ずれば，即ち一偈を造り，一日説く所の義を摂め，赤銅の葉に刻み，以て此の偈を書し，酔象の頭下に摽し置き，鼓を撃ちて宣令すらく，「誰人か能く此の偈の義を破する者あらば当に出ずべし」と。此の如く次第して，六百余偈を造り，『毘婆沙』の義を摂む。尽く一一皆な爾り。遂に人の能く破する無し。即ち是れ『倶舎論』の偈なり。

偈訖るの後，五十斤の金幷びに此の偈を以て，罽賓の諸の毘婆沙師に寄与すれば，彼に見聞し大いに歓喜し，我が正法は已に広く弘宣せりと謂う。但だ偈の語は玄深にして，尽く解す能わざれば，又た五十斤の金を以て前の五十に足して百斤の金と為し，法師に餉り，法師に乞いて為に長行を作り，此の偈の義を解せしむ。

法師は即ち長行を作り，偈を解するに，薩婆多の義を立つるも僻処有るに随って，経部の義を以て之れを破し，名づけて『阿毘達磨倶舎論』と為す。論成るの後，罽賓の諸師に寄与すれば，彼に其の執する所の義壊るるを見て，各の憂苦を生ず。

【五・八二】正勤日王の太子は婆羅秩底也と名づく。

「婆羅」は訳して「新」と為す。「秩底也」は訳して「日」と為す。

王は本より太子をして法師に就いて受戒せしむ。王妃は出家して亦た法師の弟子と為る。太子は後に王位に登り，母子は同に法師に留まり阿緰闍国に住し，其の供養を受けんことを請う。法師は即ち之れを許す。

新日王の妹の夫の婆羅門，婆修羅多と名づくるは，是れ外道の法師にして，『毘伽羅論』を解す。天親は『倶舎論』を造れば，此の外道は『毘伽羅論』の義を以て，法師の立つる所の文句を破し，謂えらく，「『毘伽羅論』と相違せば，法師をして之れを救わしめん。若し救う能わずんば，此の論は則ち壊れん」と。法師云わく，「我若し『毘伽羅論』を解せずんば，豈に能く其の深義を解さん」。法師は仍て『論』を造り，『毘伽羅論』を破せば，三十二品，始末皆な壊る。是に於いて『毘伽羅論』を失し，唯だ此の『論』のみ在り。

王は一洛沙の金を以て法師に奉ず。王の母は両洛沙の金を以て法師に奉ず。法師は此の金を分かちて三分と為し，丈夫国と罽賓国と阿緰闍国に於いて各の一寺を起つ。

【五・八三】此の外道は慚忿し，法師を伏せんと欲し，人を遣って天竺に往かしめ，僧伽紱陀羅法師に請いて阿緰闍国に来りて論を造りて『倶舎論』を破せしむ。此の法師至れば，即ち両論を造る。一は『光三摩耶論』にして一万偈有り，止だ『毘婆沙』の義を述ぶるのみ。

三摩耶は訳して義類と為す。

二は『随実論』にして十二万偈有り，『毘婆沙』の義を救い，『倶舎論』を破す。論成るの後，天親を呼び，更に共に面いて之れを論決せんとす。天親は，其の破せんとすと雖も『倶舎』の義を壊す能わざるを知れば，復た将に彼に面いて共に論決せんとせず。法師云わく，「我今已に老いたり。汝の意の為す所に随わん。我は昔，論を造って『毘婆沙』の義を破せしも亦た将に汝と面いて共に論決せざりき。汝今論を造るに何ぞ我を呼ぶを須たん。有智の人は自ら当に其の是非を知るべし」。

【五・九】【五・九二】法師は既に遍く十八部の義に通じ，小乗を妙解すれば，小乗をば是と為し，大乗を信ぜず，摩訶衍は仏の説く所に非ずと執す。

阿僧伽法師は既に此の弟の聡明なること人に過り，識解は深く広く，内外に該通するを見れば，其の造る論，大乗を破壊せんことを恐る。阿僧伽法師は住して丈夫国に在り，使を遣って阿緰闍国に往かしめ，婆藪槃豆に報じて云わく，「我今疾篤し。汝は急ぎ来る可し」。

天親は即ちに使に随いて本国に還り，兄と相い見え，疾の源を諮問す。

兄答えて云わく，「我今心に重き病有るは，汝に由りて生ぜしなり」。

天親又た問うらく，「云何。由を賜え」。

兄云わく，「汝は大乗を信ぜず，恒に毀謗を生ずれば，此の悪業を以て必ず永えに悪道に淪まん。我は今愁苦し，命将に全からざらん」。

天親は此を聞きて驚懼すれば，即ち兄に為に大乗を解説せんことを請う。兄は即ち為に大乗の要義を略説す。

法師は聡明にして，殊に深識有れば，即ちに此の時に悟るを得て，大乗の理として応に小乗に過るべきを知る。是に於いて兄に就いて遍く大乗の義を学び，後，兄の解する所の如く，悉く通達するを得。意を解し既に明るければ，前後を思惟し，悉く理と相応して乖背有る無ければ，始めて小乗をば失と為し，大乗をば得と為し，若し大乗無くんば，則ち三乗の道果無からんことを験す。昔には既に大乗を毀謗し，信楽を生ぜざれば，此の罪業もて必ず悪道に入らんことを懼る。深く自ら咎責し，先の過ちを悔いんと欲し，往きて兄の所に至って，其の愚迷を陳べ，今懺悔せんと欲するも，先の愆ちをば未だ何方にして免るるを得るやを知らざれば，云わく，「我は昔，舌に由りての故に毀謗を生ずれば，今当に舌を割きて以て此の罪を謝すべし」。兄云わく，「汝設い舌を割くとも，亦た此の罪を滅する能わず。汝若し此の罪を滅せんと欲せば，当に更めて方便を為すべし」。

法師は即ち兄に請いて滅罪の方便を説かしむ。兄云わく，「汝の舌は能く善く巧みに大乗を毀謗せり。汝若し此の罪を滅せんと欲せば，当に善く巧みに大乗を解説すべし」。

【五・九二】阿僧伽法師の但だ没するの後，天親は方めて大乗の論を造り，諸の大乗経を解釈す。『華厳』、『涅槃』、『法華』、『般若』、『維摩』、『勝鬘』等の諸の大乗経の論は，悉く是れ法師の造る所なり。又た『唯識論』を造り，『摂大乗』、『三宝性』、『甘露門』等の諸の大乗論を釈す。

凡そ是の法師の造る所は，文義精妙として，見聞すること有る者は，信求せざる靡し。故に天竺及び余の辺土にて大小乗を学ぶの人は，悉く法師の造る所を以て学本と為す。異部及び外道の論師は法師の名を聞き畏伏せざる莫し。

【五・十】阿緰闍国に於いて命を捨つ。年八十に終わる。迹は凡地に居ると雖も，理，実に思議し難きなり。

【六】前より来 此に訖わるまで，天親等の兄弟を記す。此の後は三蔵闍梨の台城従り出でて東に入り，広州に至り，重ねて大乗諸論を釈せしこと幷びに遷化より後の事を記し，後代に伝えん。

『婆藪槃豆法師伝』

第五章　解題と分析

（一）中国仏教史における『婆藪槃豆伝』

大乗瑜伽行派の学僧ヴァスバンドゥは三世紀後半～四世紀前半頃にインドで活躍した。本書の『婆藪槃豆伝』は漢語の文献なので，中国仏教史の中にも本伝を位置づけておこう。

インドの瑜伽行派思想は，漢訳を通じて中国に知られ，中国および後の日本において法相宗と呼ばれる学派ないし学系を形成し一大勢力となった。

中国における瑜伽行派の思想と文献はおよそ三期に分かれる。

第一期は，六世紀前半の北朝の北魏（三八六～五三四）で生まれ，隋（五八一～六一八）まで続いた「地論宗」である。北魏は中国仏教史上始めてヴァスバンドゥの瑜伽行思想の書を漢訳した時代であった。それは永平元年～四年（五〇八～五一一）に都の洛陽で菩提流支等によって漢訳された天親（ヴァスバンドゥ）の『十地経論』に端を発する。「地論」という名も『十地経論』に由来する程，北魏においてこの注釈は根本の仏教書とされた。『十地経論』のほか，北魏から東魏に至る頃に漢訳されたヴァスバンドゥの著作には，菩提流支訳『無量寿経優婆提舎願生偈』一巻・『金剛般若波羅蜜経論』三巻・『勝思惟梵天所問経論』四巻・般若流支訳『唯識論』一巻ならびに毘目智仙訳『業成就論』一巻・『宝髻経四法憂波提舎』一巻などがある。更にその後，アサンガ（無著）とヴァスバンドゥの論書は隋代に幾つか漢訳されたが，その数は少ない。

中国における瑜伽行派の第二期は、南朝六世紀後半の陳（五五七～五八九）の真諦（四九九～五六九）の漢訳によってもたらされた。真諦は無著『摂大乗論』三巻と天親『摂大乗論釈』十五巻を漢訳して教説の中心とし、他にも瑜伽行派文献を数多く漢訳した。真諦訳の瑜伽行派文献に、天親『大乗唯識論』一巻・『中辺分別論』二巻・『三無性論』二巻などがある。

その後、最大にして決定的な第三期をもたらしたのは、唐（六一八～九〇七）の初頭に訳経僧として活躍した玄奘（六〇〇／六〇二～六六四）であった。六四五年正月、インド留学を終えて唐の長安に戻った玄奘は、多くの経典論書の漢訳に明け暮れ、六六四年に逝去するまで二十年足らずの間、中国仏典漢訳史随一の活動を繰り広げた。その玄奘が最も重視したのが瑜伽行派の典籍と思想であった。玄奘訳の主な瑜伽行派典籍に、弥勒『瑜伽師地論』百巻・『弁中辺論頌』一巻、無著『摂大乗論本』三巻・『顕揚聖教論』二十巻、世親『摂大乗論釈』十巻・『弁中辺論』三巻・『大乗成業論』一巻・『唯識二十論』一巻・『唯識三十論頌』一巻、陳那『観所縁縁論』一巻、護法『成唯識論』十巻などがある。

このように、瑜伽行派の書物を中国に伝えた人々は、六世紀前期の菩提流支を始めとする「地論宗」、六世紀中後期の真諦と弟子による「摂論宗」、七世紀中期の玄奘と弟子による「法相宗」の三派であった。実際はこれ以外にも瑜伽行派の文献を漢訳した人物はいる。玄奘後に義浄（六三五～七一三）が漢訳した仏典にも瑜伽行唯識派の陳那『取因仮設論』一巻・『掌中論』一巻、護法『観所縁論釈』一巻・『成唯識宝生論』五巻などが含まれる。しかし上掲三者の漢訳は、義浄とは比較にならぬほど質量共に大きな影響を残した。

(二)『婆藪槃豆伝』の書誌

ヴァスバンドゥはアサンガの弟としてガンダーラ国のプルシャ・プラに生まれた。彼は高名であるが，一書にまとまった伝記は真諦訳『婆藪槃豆伝』一巻のみである。

始めにこの伝の名称を押さえておきたい。第一章原文篇の校勘に記したように，本伝の版本として最もよく用いるのは大正新脩大蔵経第五〇巻第二〇四九号『婆藪槃豆法師伝』である。大正蔵本は高麗大蔵経再雕本を底本として本文にそのまま転載し，他の四種版本と異なる字を各頁の脚注に示す。

大正蔵本は首題を『婆藪槃豆法師伝』，尾題も『婆藪槃豆法師伝』とする。これは底本である高麗大蔵経再雕本がそうなっていることを示す。ただし首題には校勘が付され，高麗大蔵経再雕本と異なり，宮内庁所蔵の毘盧大蔵経（福州開元寺版とも），思渓大蔵経，元の普寧寺蔵版，明の嘉興大蔵経は『婆藪槃豆伝』と「法師」のない首題とする。尾題は諸本一致する。

第一章では，校勘の結果，「法師」の付かない『婆藪槃豆伝』が本来の書名であり，かなり遅れて「法師」を補って『婆藪槃豆法師伝』と表記するように変わったと判断した。その理由として，木版大蔵経のうちで毘盧蔵・磧砂蔵・洪武南蔵ならびに最も古い一切経音義である唐の玄応『一切経音義』が『婆藪槃豆伝』に作ることを重視した。更に，第一章校勘には敢えて記さなかったが，いわゆる江南諸蔵中最古の崇寧蔵（福州東禅寺版ないし福州東禅等覚禅院版とも）の表題も同じく『婆藪槃豆伝』に作る（醍醐寺宋版二〇一五4・二四九頁上段）。

この推定を確かならしめるため，以下に，早期の経録（仏教経典目録）における本伝の題名と，早期の一切経音義である玄応『一切経音義』と慧琳『一切経音義』における本伝の題名を年代順に示そう。

1 仏教経典目録と一切経音義における本伝の書名表記

［隋］法経等『衆経目録』（『法経録』）巻六「婆藪槃豆伝一巻」（大正五五・一四六上）五九四年成書

［隋］費長房『歴代三宝紀』巻九「婆薮槃（または藪盤）豆伝一巻」（大正四九・八八上）五九七年成書

［隋］彦琮『衆経目録』巻二「婆藪槃豆伝一巻」（大正五五・一六一下）六〇二年成書

［唐］玄応『一切経音義』巻二〇「婆藪槃豆伝」（徐時儀二〇一二・四二六頁）龍朔年間（六六一～六六三）頃成書

［唐］道宣『大唐内典録』巻五「婆藪盤豆伝一巻」（大正五五・二七三下）

『同』巻八「婆藪盤（または槃）豆伝〈十四紙〉」（三〇二上。三一五下）

『同』巻八「婆藪槃（または盤）豆法師伝」（大正五五・三一一中）六六四年成書

［唐］靖邁『古今訳経図記』巻三，巻四「婆藪槃豆伝〈一巻〉」（大正五五・三五九中。三六五上）六

六四年（玄奘卒年）以後成書

〔唐〕静　泰『衆経目録』巻二「婆藪槃豆伝一巻〈十四紙〉」（大正五五・一九六中）　六六五年成書

〔唐〕道　世『法苑珠林』巻一〇〇「婆藪槃豆伝一巻」（大正五三・一〇二三上）　六六八年成書

〔唐〕明　佺『大周刊定衆経目録』巻一四「婆藪槃豆伝」（大正五五・四七二上）　六九五年成書

〔唐〕智　昇『開元釈教録』巻一七「婆藪槃（盤）豆法師伝一巻」（大正五五・六六八中）　七三〇年成書

〔唐〕円　照『貞元新定釈教目録』巻三〇「婆藪槃豆法師伝一巻〈此曰天親〉十紙」（大正五五・一〇四五上）　八〇〇年成書

〔唐〕慧　琳『一切経音義』巻七六巻頭標題「婆藪盤豆法師伝一巻」（大正五四・七九九上）　八一〇年成書

以上より，木版大蔵経の開板以前の時代に本伝の題名がどう推移したか分かる。早期の経録は一貫して書名を『婆藪槃豆伝』とする。六六四年（唐麟徳元年）の道宣『大唐内典録』から『婆藪槃豆伝』と『婆藪槃豆法師伝』の混合が始まり，七三〇年（唐開元十八年）に編纂された智昇『開元釈教録』において始めて「法師」を付す『婆藪槃豆法師伝』という書名が確立した。『開元釈教録』より古い玄応『一切経音義』は「法師」を付さない表記とし，『開元釈教録』より新しい慧琳『一切経音義』が「法師」を付す表記とすることも同じ推移を示す。

更に，右の一覧より，ヴァスバンドゥを婆藪槃豆と漢字音写するのが正統であるが，時に婆藪盤豆という表記があったことも知られる。

2 『婆藪槃豆伝』の写本と版本

『婆藪槃豆伝』はヴァスバンドゥの生涯に関する唯一のまとまった文献であったため，後代，仏典注釈家たちが本伝を引用することは少なくなかった。

最早期の事例は隋の吉蔵（五四九～六二三）『法華義疏』巻一に引く『婆藪伝』である（大正三四・四六五下）。この『婆藪伝』は『婆藪槃豆伝』の略記と見なしてよかろう。

唐代には恵沼（七一四没）『成唯識論了義燈』巻一本に『天親伝』の名で『婆藪槃豆伝』を引用する（大正四三・六五九中～下）。また『同』巻二本に『天親菩薩伝』の名で『婆藪槃豆伝』を引用する（大正四三・六八八中）。このほか『本伝』という言い方もある（大正四三・六五九下～六六〇上）。

日本における早期の例は，奈良朝の善珠（七二三～七九七）が『唯識義燈増明記』巻一に『世親伝』という名で『婆藪槃豆伝』を引用する（大正六五・三三二下～三三三中。更に三三三中～下も参照）。

3 本書校勘に用いた『婆藪槃豆伝』諸本

一般に，漢語仏典が後代に流布した形でなく，本来の原形を知り，原形中の文字がどのようであったかを確定するには，文献学の手法として，（一）古写本の調査，（二）木版大蔵経諸本の調査，（三）

信頼し得る早期引用の調査の三種が常套手段である。

『婆藪槃豆伝』に即して言えば，第一の木版大蔵経以前の写本を見出すことはできなかった。第二の木版大蔵経諸本については，現存する大蔵経の全種類を実見することによって文字の異同を調査するのが理想であるが，現実には画像や複写を入手するのが極めて困難な大蔵経が多い。また，ある程度後代の木版大蔵経から元来の文字と見なすべき証拠を見出せる確率は高くない。『婆藪槃豆伝』のような六朝時代の仏典について本来の原形とすべき文字を確定するには，ある程度まで早期の木版大蔵経が有力な情報を与えてくれる。また第三の早期の引用については，可能な限り検索を尽くして信頼すべき引用文の取得に努めた。しかし原典の校勘に資する引用の数は少ない。

そこで本書では原文校勘に当たり，第二の木版大蔵経諸本のうち特に文字変化の系統を検討するために有用な早期大蔵経に絞り，それらから知られる異文を精査した結果を校勘に収めた。第一章の凡例に示したように，本書の校勘に用いた諸本と略号は表4の通りである。

原文の校勘は表の順序で示した。すなわち麗初―金―麗再―毘―磧―洪の順に排列し，更に必要な際は玄応音義にも言及した。

【表4】

第一類　北宋の開宝大蔵経を受け継ぐ系譜　三種（年代順）		
麗初	高麗大蔵経初雕本	［高麗］十一世紀（一〇一一頃～一〇八七年） 『高麗大蔵経初刻本輯刊』収
金	金蔵広勝寺本	［金］　十二世紀（一一七四年完成） 『中華大蔵経（漢文部分）』収
麗再	高麗大蔵経再雕本	［高麗］十三世紀（一二三六～一二五一年） 『高麗大蔵経』収
第二類　江南地方で翻刻された系譜（いわゆる江南諸蔵）　三種（年代順）		
毘	毘盧大蔵経 （福州開元禅寺版，福州開元寺版とも）	［南宋］一一四八年（紹興戊辰） 宮内庁書陵部（旧宮内省図書寮）蔵
磧	磧砂大蔵経	［南宋～元］『宋版磧砂大蔵経』収
洪	洪武南蔵	［明］　一三七二年（洪武五年）開板 『《洪武南蔵》精装』収
第三類　原典の異文調査に有用な早期の一切経音義		
玄応	玄応撰『一切経音義』巻二〇「婆藪槃豆伝」音義	［唐］　七世紀中頃 校本　徐時儀（二〇一二），黄仁瑄（二〇一八）

（三）真諦について

1　真諦の出身地と中国滞在

中国で仏典漢訳を行ったインド僧真諦の活動を概説する。

西暦四九九年，真諦はインドのウッジャイニー Ujjayinī に生まれた。ウッジャイニーは仏教のみならず正統学術文化でも栄え，現在のインド共和国マディヤ・プラデーシュ州ウッジャイン Ujjain に当たる。ウッジャインは，マディヤ・プラデーシュ州都ボーパール Bhopal（サーンチーのストゥーパの近郊）の西方約二百キロメートルの所にある。

「真諦」という名はサンスクリット語名のパラマアルタ（パラマールタ）Paramārtha の漢訳であり，彼はクラナータ Kulanātha とも呼ばれた（クラナータの漢字音写は「拘羅那他」，漢訳は「親依」）。因みに「クラナータ」は，早くから誤って漢字音写され，「拘那羅他」や「拘那羅陀」と表記された[1]。しかし師の名を知る直弟子たちは正しく「拘羅那他」と表記した。また時には敬意を込めて「三蔵闍梨」とも呼んだ（船山二〇一九a・一三二頁）。

真諦のインドにおける修学地や学系は未詳。記録がないからである。はっきりしているのは，正量部（サンミティーヤ Sammitīya 部，漢字音写は「三眉底与部」）という部派で出家したことと，インド大乗瑜伽行派の深い学識を備えていたことのみである。

ウッジャイニーは，インド亜大陸の地理的中央部やや西寄りにある。フラウワルナー【2】（一九五一・一四九頁）は，西方のグジャラート州カティアワル Kathiawar 半島の基部にあるヴァラビー Valabhī（現在のグジャラート州ワラ Vala, Wala）の仏教と真諦の繋がりを自明であるかのように論ずる。しかし，真諦の伝記にヴァラビーと繋がる記事は何も見出せない。従ってこれは，フラウワルナーの臆測に過ぎない。しかし大学者の論説は臆測すら影響を与えるため，後にフラウワルナー説に疑念を抱かず受け入れる者も現れた。三枝（一九八三／二〇〇四・三四頁）は真諦に関して「修学の地はインド半島西部のつけ根のヴァラビーとされる」と言う。これはフラウワルナー説の受け売りに過ぎず，その後の新たな情報に基づくのではない。

　インドを離れた真諦は，中国に渡来するまでの間，東南アジアの扶南国（現在のカンボジア）に滞在し厚遇された。その時，このインド僧の存在は南朝の皇帝にして篤信の仏教徒であった梁の武帝（名は蕭衍。五〇二～五四九在位）の耳に届き，武帝が熱心に招待した結果，それに応ずる形で真諦は中国に趣いた。

　真諦の中国における活動地を押さえておくと，真諦はまず始めに梁の大同十二年（五四六），南朝の海上交易の地であった広州（現在の広東省広州）に至った。その後，内陸を経由して広州から都の建康に着いた。しかし運悪く建康では「侯景の乱」と呼ばれる政治動乱（吉川一九七四／二〇一九）が勃発したため，真諦は身を落ち着ける場を得られず都を離れた。かくてその後，梁末から陳前期の間，南朝各地（特に建康の東方と建康と広州を繋ぐ内陸の諸都市）を転々と移動しながら支援者を探し，仏典漢訳者として諸地域で活動した。以上に略記した真諦の概説についての詳細は，拙稿「真諦三蔵の活動と著作」（船山二〇一九a・一二九～二二二頁）の一三〇～一四二頁を参照されたい。

【1】サンスクリット語「クラナータ Kulanātha」の漢字音写は拘羅那他である。しかし「羅那」は音位転換 metathesis を生じやすく，しばしば「那羅」と逆転し，拘那羅他や拘那羅陀と誤記された。「拘」でなく「倶」とすることもあった。「羅那」と「那羅」に類する逆転は諸言語に広く起こる。例えばインドの地名ヴァラナシ Vārāṇasī（サンスクリット語・ヒンディー語）を英語でベナレス Benares と表記するのも音位転換である。また，幼児が「とうもろこし」を「とうもころし」と言ったり，「雰囲気」を「ふいんき」と言ったりするのも類似の現象である。

【2】ローマ字 Frauwallner をフラウワルナーと片仮名で表す。三枝（一九八三／二〇〇四・二九頁）に「フラウヴァルナー（わが国でフラウワルナーとされるのは誤り。ドイツ語の wa にワの音はない。……」と記すのは半知半解と言わざるを得まい。ドイツでなくオーストリア国でウィーン大学教授を務めた博士の名をドイツ語でなくウィーン語 Wienerisch で発声すると，「フラウワルナー」の方がむしろ原音に近い。

2　真諦が訳したヴァスバンドゥの書

中国に滞在した二十余年の間に真諦が訳した経典や論書は数多くある。本伝と関係するヴァスバンドゥに注目する時，現在最もよく用いる大蔵経である大正新脩大蔵経に収めるヴァスバンドゥの著作のうち，真諦訳と明記されるのは次の七件である。

天親菩薩造『大乗唯識論』一巻（大正新脩大蔵経第三一巻第一五八九号）
天親菩薩釈『摂大乗論釈』十五巻（同巻第一五九五号）
天親菩薩造『中辺分別論』二巻（同巻第一五九九号）
天親菩薩造『仏性論』四巻（同巻第一六一〇号）
天親菩薩造『涅槃経本有今無偈論』一巻（第二六巻第一五二八号）
天親菩薩造『遺教経論』一巻（同巻第一五二九号）
婆藪盤豆造『阿毘達磨倶舎釈論』二十二巻（第二九巻第一五五九号）

このうち『遺教経論』を偽作（梵本からの漢訳に非ず）と考えるべきことは望月（一九四六）の指摘する通りであるので，ヴァスバンドゥの著作から除外する。『仏性論』は，北魏の勒那摩提訳『究竟一乗宝性論』四巻と共通する内容を含むことから，『究竟一乗宝性論』の特殊な一本を訳した可能性もある（服部一九五五）。果たしてヴァスバンドゥの著作と見なすべきかどうか，現時点では結論できないが，暫定的にヴァスバンドゥの著作の一として残し，排除しないでおきたい。

更に，大正新脩大蔵経では著者をヴァスバンドゥと明記しないが，ヴァスバンドゥ造・真諦訳と考えるべき文献としてヴァスバンドゥ『唯識三十頌』に別人の散文注を加えた次の漢訳がある。

真諦訳『転識論』一巻（大正新脩大蔵経第三一巻第一五八七号）

こうしたヴァスバンドゥ造・真諦訳諸論書のうち，『摂大乗論』と『阿毘達磨倶舎釈論』には慧愷（えがい）

（智愷とも。五一八～五六八）による序文が現存する。慧愷は真諦の訳場にしばしば「筆受」（訳文の筆録者。訳主の真諦に次ぐ筆頭事務長）として参与した真諦の愛弟子である。筆受の任務については船山（二〇一三・七三～七四頁と九二～九四頁）に整理したので是非参照されたい。

3 真諦の伝記を含む早期の資料

真諦の地理的移動と訳経活動を知るには、真諦の弟子による記録や真諦直後の史書に記される情報を知る必要がある。とりわけ以下の五種は不可欠である。

［陳］慧　愷「摂大乗論釈序」（大正三一・一五二下～一五三中）
　　　慧　愷「摂大乗論序」（大正三一・一一二中～一一三中）と同文
［陳］慧　愷「阿毘達磨倶舎釈論序」（大正二九・一六一上～中）
［隋］費長房『歴代三宝紀』巻一一、梁沙門真諦の条（大正四九・九八下～九九上）
［隋］費長房『同』巻九、陳氏沙門倶那羅陀の条（大正四九・八七下～八八中）
［唐］道　宣『続高僧伝』巻一の拘那羅陀伝（大正五〇・四二九下～四三一上）

（四）ヴァスバンドゥという名の意味

ヴァスバンドゥという名について筆者は前にも触れたことがある（船山二〇一九b・五一～五二頁）。

筆者が新たに指摘したことは，ヴァスバンドゥという名が出家後に授かった僧名でなく，生まれた時からの実名であることと，仏教思想とは直接関係しない世俗的な意味合いの命名であったことである。

現代の我々は，僧名と言うと，半ば自動的に，出家後に授かった仏教的な名と思いがちである。しかし古い時代のインドではそうでなく，むしろ生まれた時からの世俗名をそのまま僧名とすることも多かった。『婆藪槃豆伝』は，ヴァスバンドゥの場合，父母が三兄弟にヴァスバンドゥという名を与え，三人を区別するために更に別名を与えたと記す。「ヴァスバンドゥ」という名が生来の実名であったことが明らかである。では父母は一体どのような意味や思いを込めて「ヴァスバンドゥ」と名づけたのであろうか。

サンスクリット語「ヴァスバンドゥ」は「ヴァス」と「バンドゥ」の複合語である。複合語前半が「ヴァス」であるサンスクリット語名には，ヴァスバンドゥ以外に，ヴァスミトラ Vasumitra やヴァスヴァルマン Vasuvarman 等がある。複合語後半が「バンドゥ」である名にはデーヴァバンドゥ Devabandhu やスバンドゥ Subandhu 等がある。

「ヴァスバンドゥ」とはどのような意味か。「ヴァスバンドゥ」の由来を述べた資料は複数あるが，とりわけ三つに注目すべきである。以下にそれを順に紹介する。まず，年代的に最も古い資料は，本書の主題『婆藪槃豆伝』の記述である。

資料1　『婆藪槃豆伝』

「婆藪」，訳為「天」。「槃豆」，訳為「親」。

〔ヴァスバンドゥという名の〕「ヴァス」は，意味を訳せば「神」である。「バンドゥ」は，意味を訳せば「近い繫がり」である。

これが本伝に示す「婆藪槃豆」と「天親」の意味であるが，逐語的解説に過ぎないのが分かる。では何故に両親はこの名を選択したのか。それを示すのが次の資料である。

資料2　［唐］普光（七世紀）『倶舎論記』巻一

『倶舎論』者，筏蘇槃豆之所作也〈「筏蘇」，名「世」。「槃豆」，名「親」[1]。印度有天俗号「世親」[2]。世人親近供養，故以名焉。菩薩父母従所乞処為名也。旧訳為「天」，此翻謬矣。若言「天」，応号「提婆」也[3]〉。（大正四一・一上）

【1】この箇所は，玄奘訳の「世親」が「ヴァスバンドゥ」の適訳であることを表す解説である。玄奘が「ヴァス vasu」を「世」と訳したことについては次頁以降に示す「世友」の解説も見よ。

【2】この記述の信憑性は疑わしい。神の名は「ヴァスバンドゥ」でなく，「ヴァス」ないし「ヴァスデーヴァ」であるとする資料が複数あり，その方が正しいであろう。

【3】 玄奘以前に北魏の菩提流支や陳の真諦の旧訳でヴァスバンドゥを天親と訳したことへの批判。もし仮に天親という訳が正しいなら，サンスクリット原語は「ヴァスバンドゥ」でなく「デーヴァバンドゥ」となってしまうと指摘する。

『倶舎論』はヴァスバンドゥの著作である〈「ヴァス」は「世」（世俗・世間）を意味し，「バンドゥ」は「親」（近い繋がり，親密な者）を意味する。【1】インドに世親という名の神がいる。【2】世間の人々が親しく供養を捧げるから，それ故，そう名づける。〔ヴァスバンドゥの〕父母が〔祈禱して子を〕授かった所に基づいて〔授かった子を「ヴァスバンドゥ」と〕名づけた。古くは「天〔親〕」と訳したが，誤りである。もし〔仮に〕「天」と言うなら，〔サンスクリット語の原名は「ヴァスバンドゥ」でなく〕「デーヴァバンドゥ」という不都合なことになってしまう【3】〉。

普光（大乗光とも。七世紀）は，玄奘の多くの訳場に筆受として携わった玄奘の直弟子である。普光は真諦訳と玄奘訳の両方を知る立場から，ヴァスバンドゥの漢訳として適切なのは真諦訳「天親」でなく，玄奘訳「世親」であることを述べている。「ヴァス」の漢訳は「天」でなく「世」であるから，というのが，普光の掲げる理由である。

これは一見するだけなら何も問題のない，もっともな理由づけと思う者も多いだろう。しかし実はそうでなく，大きな問題がある。一般のサンスクリット語として「ヴァス vasu」に「世」（世俗・世間）という意味はないのである。「天親」と訳すなら原語は「ヴァスバンドゥ」でなく「デーヴァバンドゥ」であるかのような誤訳となってしまうではないかという理屈は理解できる。しかし，では世親ならばヴァスバンドゥの漢訳として何故正しいと言えるのかと更に問い質しても，普光は何も説明してくれない。

原則として玄奘訳は，二十年近くに及ぶ彼の訳経活動を通じて一貫した訳語を採用した。「ヴァスvasu」の訳もその例に漏れず，玄奘は例えば「ヴァスミトラ」という別人の名を漢訳する際も「世友」とし，「ヴァス」を「世」と訳す一貫性を保持する。では普光ならば「世友」という名の適切性をどのように説明するであろうか。

普光『倶舎論記』巻二〇は「世友」という名について言う――「尊者世友，……「世」は是れ天の名なり。天と遂に「友」たれば，故に「世友」と名づく。父母は子を憐れみ，悪しき鬼神の害を加うる所となるを恐れ，天は遂に「友たり」と言い，彼に敢えて損せざらしむれば，故に以て名と為す。梵に「筏蘇密呾囉」と名づく（サンスクリット語でヴァスミトラと言う）。「筏蘇（ヴァス）」は「世」と名づけ，「密呾囉（ミトラ）」は「友」と名づく。旧く「和須密」と云うは訛なり（崩れた漢字音写であって正確ではない）」（大正四一・三一〇下）。以上の解説中，「ヴァス」を「世」と漢訳する理由として普光が挙げるのは「「世」は是れ天の名なり」――「世」は神様の名前である」の一点に尽きる。これは逐語訳であるが，恐らく説明を加えなければ，誰もはっきり理解することはできないであろう。

普光の後輩として，同じく玄奘の弟子であった窺基（大乗基，六三二～六八二）の解説を求めると，窺基『異部宗輪論述記』は次のように言う。

「世友」と言う者は，梵に「筏蘇蜜多羅（ヴァスミトラ Vasumitra）」と云う。「筏蘇」なる者は「世」の義なり（ヴァスは世間を意味する）。「蜜多羅」は「友」なり。外道の事うる所の毘瑟拏天（ヴィシュヌ神）も亦た「筏蘇（ヴァス Vasu）」と名づく。[1]能く世（俗世の人々）を救うが故なり，世間の父なるが故なり，世の導師なるが故なり，世に住まうが故なり。今，此の論主は彼（ヴィシュヌ神）従り乞いて彼の天の友たるを得れば（ヴィシュヌ神の友人となれたので），故に「世友」と云う。友なる者は朋友なること，「世親」と言うは「世天と親しきもの」の如し。「世天の友」なれば，故に「世友」と名づく（続蔵一・八三・三・二一三表下～裏上）。

【1】ヴァスすなわちヴァス神はヴィシュヌ神の別名。窺基は『瑜伽師地論略纂』巻一五においてヴィシュヌ神その他の関係を解説する――「魯達羅天（ルドラ Rudra 神）と云うは，此（中国）に「暴悪天」と名づく。毘瑟茲天（ヴィシュヌ Viṣṇu 神）は，此に「惑天」と名づく。能く雁・鳥等の種種の形に幻化するが故に。二は皆是れ自在天（イーシュヴァラ Īśvara 神）の八変化身なり。或いは毘瑟茲天と云うは是れ婆藪天（ヴァス Vasu 神，ヴァスデーヴァ Vasudeva）の化身なり。世主天（世間を司る神）なる者は梵天（ブラフマー Brahmā 神）なり」（大正四三・二〇七下）。ヴィシュヌ神はヴァス神の化身である。つまりヴァス神はヴィシュヌ神の本体である。

窺基の解説は，普光に欠けていた一点を明らかにする。傍点を付した複数箇所から理解されるように，ヴァスはヴァス神（Vasudeva 世間の神）と同じで，ヴィシュヌ神の本体である。更に窺基は末尾箇所で「世友」は「世天の友」であり，「世親」は「世天の親（しん）」であると言い切る。玄奘を継いだ窺基の説明は玄奘の解説に準ずると見てよかろう。窺基の解説を通じて我々は，玄奘が「ヴァス」を「世」そのものでなく，「世の天」（世俗の神）を意味するとして用いたらしいことを窺い知る。

　このようにヴァスバンドゥとヴァスミトラの両方で「ヴァス」を「世」と訳す。しかしこの玄奘訳に，筆者は手放しで賛同できない。通常のサンスクリット語辞書を紐解いてもヴァス vasu に「世」という意味はない以上，「世」は「ヴァス」の逐語訳と言えないから。窺基の解説を通じて見る限り，玄奘は「ヴァスバンドゥ」を「世親」でなく「世天神」と，そして「ヴァスミトラ」を「世友」でなく「世天友」と訳すべきであったと帰結せざるを得ないことになろう。

「ヴァス」が神を意味することは通常のサンスクリット語辞書にも記され，ヴァスはヴァスデーヴァ（ヴァス神）を意味し得るとも説明される。そうであるなら，「天親」の「天」も「世親」の「世」も共に「世俗の人々が信仰する神」を意味することになろう。普光や窺基の言うように旧訳「天親」は完全に誤訳であり，玄奘の新訳「世親」は完全に適訳であると，截然と断定することはできない。

　玄奘系の解釈として，普光と窺基に加えてもう一人，神泰（七世紀）の解説も見ておきたい。神泰は「世親」という訳語の意味を次のように解説する。

資料3 〔唐〕神泰[1]『倶舎論疏』巻一

言「尊者世親造[2]」者，本音云「婆藪槃豆」。真謗[3]師翻為「天親」，此録文人謬也。今奘法師訳，「婆藪」，此云「世」，「槃豆」，此云「親」，謂西方有天廟，是婆藪天廟也。其婆藪天像，多為世人親近供養，西方人呼為「世親天」。其世親菩薩父母，於世親天処祈請得於此子，従所祈請処為名，故云「婆藪槃豆」。本音云「提婆」，此云「天」。本音既不言「提婆槃豆」，何得翻為「天親」也。良由「婆藪槃豆」総是天之別名，真諦三蔵総云「婆藪槃豆」，天多為世人親近供養，故録文者総言「天親」也。（続蔵一・八三・三・二七七裏上〜下）

【1】神泰は七世紀の人。生卒年不明。立伝なし。玄奘の弟子として訳場に参与したほか，『倶舎論疏』二十巻・『摂大乗論疏』十巻・『観所縁縁論疏』一巻などの注釈を著した。

【2】「尊者世親造」は，玄奘訳『阿毘達磨倶舎論』各巻題下の著者名。

【3】原文「謗」は「諦」の誤写。

「尊者世親が〔この論を〕作った[2]」という本文を〔以下に〕解説する。〔サンスクリット語の〕元音は「ヴァスバンドゥ」である。真諦[3]師は「天親」と訳すが，それは筆録者の誤記である。今，玄奘法師の訳では，「ヴァス」はここ（中国）で「世」と訳し，「バンドゥ」はここ（中国）で「親」と訳す。すなわち，西方（インド）に神廟があり，ヴァス神の廟である。このヴァス神の像は，しばしば世間の人々が親しく供養を捧げる対象であるので，西方の人々は「世親天（世俗の人たちにお馴染みの神様）」と呼んでいる。この〔『倶舎論』を作った〕世親菩薩の父母は，世親天の〔廟の〕所で祈願してこの息子を授かったので，祈願した所に因んで〔授かった息子を〕「ヴァスバンドゥ」と名づけた。〔もし仮にサンスクリット語の〕元音が「デーヴァ」〔だったなら〕ここ〔中国〕で「天」と訳す〔のは理に適うが〕元音は「デーヴァバンドゥ」でない以上，「天親」とは訳せない。「ヴァスバンドゥ」という語の全体が神の別名であるから，真諦三蔵は全体を〔漢字音写で〕「婆藪槃豆」と示した。〔そして〕神は世間の人々が親しく繋がり供養を捧げる対象であるので，〔真諦訳の〕録文者は〔「婆藪槃豆」の意味を誤って拡大解釈して訳した結果，〕「天親」と一括りに称したのである。

資料2の窺基説は「ヴァス」をシヴァ神の化身であるヴァス神であるとしてヴァスとシヴァ神を繋げる説明を示したが，**資料3**の神泰説は，ヴァスはヴァス神であるとのみ言い，シヴァ神との関係に触れない。神泰は普光も窺基も触れなかった要点を明記する。ヴァスバンドゥの父母が子宝を授かろうとしてヴァス神廟を訪れ祈願したため，子宝を授けてくれたヴァス神に因んで「ヴァス神と繋がる者（ヴァスバンドゥ）」と名づけた点である。

神泰もまた，玄奘訳「世親」を是とし，真諦訳「天親」を非とする。しかしその理由が独特である。普光と窺基が「天親」はデーヴァバンドゥの訳となってしまうから不適だと説明したのに対し，神泰は真諦自身の誤りとはせず，真諦訳を筆録した人が「婆藪天（ヴァス神）」の「婆藪」の訳を含めずに「天」と一般化したことに起因する誤りだとする。

玄奘の弟子三人のうち，「世親」の「世」の意味を簡潔明瞭に説明するのは神泰である。その意味で神泰の解説は「世親」や「世友」という訳で玄奘が何故「ヴァス」を「世」と漢訳したかを知る上で最も重視すべきである。

最後に，第四の資料として，漢訳からは知られない『プトン仏教史』に見られるチベット語伝承と，その基となったインドのヤショーミトラ Yaśomitra（六世紀初頭頃か）の言葉にも言及しておきたい。本来ならばチベット語資料をそのまま示した上でそれを現代語訳すべきであるが，『プトン仏教史』を英訳したオーバーミラー訳は九十年も前の古い訳ではあるけれども概ね正確であり現在でも従うべき点が多いので，本章でもオーバーミラーの英訳のみを示すことを諒とされたい。それは次の通りである。

資料4　『プトン仏教史』における「ヴァスバンドゥ」の語義説明

[Vasubandhu] was possessed of the wealth ***[vasu]*** of the mercy, had become the friend ***[bandhu]*** of the living beings. It is accordingly said: — "It (the ***Abhidharmakośa***) is composed by him who is called Vasubandhu, who, being the highest of Sages, was spoken of by the living world as the Second Buddha, and was the true friend of the living beings.[一]"（プトン一九三一・一四五頁）。ターラナータ（一九九七・一五〇頁注九）にも簡潔な引用あり。

【1】 ヤショーミトラ Yaśomitra『意味の明解なるアビダルマ・コーシャ注 *Sphuṭārthā Abhidharmakośa-vyākhyā*』帰教偈第二偈後半～第三偈前半 yaṃ buddhi-matām agryaṃ dvitīyam iva buddham ity āhuḥ //2cd// tena **vasubandhu**-nāmnā bhaviṣya-paramārtha-**bandhunā** jagataḥ /3ab/「知覚あるものの中で最上にして第二の仏に等しと人々の言へる，彼の世親と名づけられたる，世人に取りて将来の最上真理の友なる人が〔此の阿毘達磨（Abhidharma）の要略なる阿毘達磨倶舎（Abhidharmakośa）と名づけられたるものを造りき〕」（荻原一九三三・一～二頁）。

以上より分かる通り，プトンは自らの説明の根拠とすべきインド僧の解説として，ヴァスバンドゥ『倶舎論』に注釈を施したヤショーミトラの帰教偈を引用する。しかしヤショーミトラは複合語「ヴァスバンドゥ」の後半「バンドゥ」に意図的に言い及ぶけれども，前半「ヴァス」については特に解説していない。以上**資料4**として参考までに紹介しておきたい。

（五）ヴァスバンドゥたち

『婆藪槃豆伝』は，アサンガ，ヴァスバンドゥ，ヴィリンチ・ヴァッツァ三兄弟がすべてヴァスバンドゥを本名としたと言う。ここに少なくとも三人のヴァスバンドゥがいたことが分かる。ではこの名について更に別の記録はあるだろうか。もし他の資料にヴァスバンドゥという人物の存在を確かめられれば，もちろんその人物は本伝のヴァスバンドゥと同人か別人かが問われることにもなる。結論を先に言うと，『婆藪槃豆伝』以外にもヴァスバンドゥという名に言及する資料はある。本節では以下に三種の資料を，資料の年代順に，原文と現代語訳で示してみたい。

まず第一の資料は五世紀前半（恐らく四三〇年代）に漢訳された『雑阿毘曇心論』の夾注に現れる「和修槃頭」である。本書において夾注が後代の付加である根拠は見出し難いから，ひとまず夾注は恐らく漢訳と同時に四三〇年代に作られたと暫定的に見なしておきたい。

資料1　法救造[1]・〔南朝宋〕僧伽跋摩等訳[2]『雑阿毘曇心論』巻一，序品

古昔諸大師，於諸甚深法，多聞見聖跡，已説一切義。

精勤方便求，未曽得異分，『阿毘曇心論』[3]，多聞者已説。

或有極総略[4]，或復広無量，如是種種説，不順修多羅。

光顕善随順，唯此論為最，『無依虚空論』[5]，智者尚不了。

極略難解知，極広令智退，我今処中[6]説，『広説義荘厳』[7]。

〈『広説』，梵音云『毘婆沙』[8]。以『毘婆沙』中義，荘厳処中之説[9]。諸師釈法勝『阿毘曇心』，義広略不同。法勝所釈，最為略也[10]。優婆扇多有八千偈釈[11]。又有一師万二千偈釈[12]。此二論名為広也。和修槃頭以六千偈釈法[13]。宏遠玄曠[14]，無所執著於三蔵者，為『無依虚空論』[5]也[15]〉。（大正二八・八六九下）

【1】 法救は，漢字音写の達摩多羅（ダルマトラータ Dharmatrāta）に当たる。僧祐『出三蔵記集』巻一〇に収める未詳作者「雑阿毘曇心序」および焦鏡「後出雑心序」に『雑心』（すなわち『雑阿毘曇心論』）の編纂者として達摩多羅という名に言及する（共に大正五五・七四中）。焦鏡「後出雑心序」によれば，法救が『雑阿毘曇心論』を著した時期を「晋中興之世」と述べる。ここからは必ずしも一義的に年代を確定し難いが，晋が勢力を回復した晋朝中興の時期という意味で西晋（二六五〜三一六）から東晋（三一七〜四二〇）に交替した時期と考えることは不可能でない。フラウワルナー（一九五一・四一頁）が法救『雑阿毘曇心論』の編纂を三二〇年頃とするのは，この「晋中興之世」という語に基づくと考えられる。［比較参照］櫻部（一九五二・二〇五頁注二）。

【2】 僧伽跋摩は，インド出身の訳経僧として梁の慧皎『高僧伝』巻三に立伝される（大正五〇・三四二中〜下。吉川／船山二〇〇九・三〇六〜三一〇頁）。内陸アジアを経由して四三三年に南朝宋の都，建康（現在の南京）に到来し，訳経僧と律師として活動し，四四二年に南方の海路で中国を去った。この漢字音写に当たるサンスクリット語はサンガヴァルマン Sanghavarman であり，漢訳は衆鎧。焦鏡「後出雑心序」は，『雑阿毘曇心論』の漢訳を「宋の元嘉十一年甲戌の歳」（四三四）とする。詳しくは四三四年に漢訳を始めた後，「周年にして乃ち訖る」（大正五五・七四下）と言うから，四三四年に漢訳を開始し，四三五年に完了したことが分かる（吉川／船山二〇〇九・三〇九頁注九）。同序は訳者を「外国沙門の名は三蔵と曰うもの」と言う。これは僧伽跋摩三蔵を指す（『出三蔵記集』巻一〇。大正五五・七四下）。因みに『出三蔵記集』巻二の僧祐「新集撰出経律論録」に僧伽跋摩訳『雑阿毘曇心』十四巻の漢訳年を「宋の元嘉十年」とするのは「宋の元嘉十一年」の誤り。

【3】 ［東晋］僧伽提婆・慧遠共訳『阿毘曇心論』四巻（大正新脩大蔵経第二八巻第一五五〇号）。『出

三蔵記集』巻一〇に収める未詳作者「阿毘曇心序」は僧伽提婆がこれを漢訳した年代を「晋泰元十年，歳在単閼，貞于重光」すなわち三九一年であり，翌三九二年に訳了したことを記す（大正五五・七二中）。『阿毘曇心論』とその著者法勝のサンスクリット語原名に想定される語形は複数ある。フラウワルナーは法勝の原語を Dharmaśrī とし，『阿毘曇心論』の原語を *Abhidharmasāra* とする（フラウワルナー一九五一・四一頁）。しかし一般的には，法勝の原語を Dharmaśreṣṭhin とし，『阿毘曇心論』の原語を *Abhidharmahṛdaya* と見なす研究者が圧倒的に多い。

【4】「総略」は「略説」「要略」の同義語であり，サンスクリット語「サンクシェーパ saṃkṣepa」「アビサンクシェーパ abhisaṃkṣepa」（共に要説・凝縮の意）その他に当たる。

【5】『無依虚空論』は夾注に言及される「和修槃頭」が著した『阿毘曇心論』に対する注釈である。『雑阿毘曇心論』は後に『虚空論』という名前で再び『無依虚空論』に言及する（『雑阿毘曇心論』巻一一。大正二八・九六三下）。

【6】原文「処中」（中に処る）は両極を離れた中央・中庸の立場に立つこと。『阿毘曇心論』巻一に，「「中に処る」なる者は，威儀ならず，亦た不威儀にも非ず，住まいは是れ中に居るの容なり」とある（大正二八・八一三下）。

【7】原文の「我今処中説，広説義荘厳」を，「我は今，中に処り『広説義荘厳』を説かん」と訓ずる。『広説義荘厳』は法救の作成した『雑阿毘曇心論』という総称に対する個別の書名を示すと解す。この解釈はフラウワルナーに従う。フラウワルナーは『広説義荘厳』に当たるサンスクリット語として『ヴィバーシャーアルタアランカーラ *Vibhāṣārthālaṃkāra*』かと推定する（フラウワルナー一九五一・五五頁注四）。これは十分に確かなことではないが，難解な原文を整合的に解釈する案として参考までにここに紹介し，注記しておきたい。

【8】「毘婆沙」と漢字音写されるサンスクリット語「ヴィバーシャー」の意味を「広解」（幅広い解説，広範な注解）と訳す。「広解」とも訳す。「『広説』は，梵音に「毘婆沙」と云う」という説明は漢語においてのみ成り立ち，サンスクリット語の原典にはあり得ない説明である。本書の主題『婆藪槃豆伝』にも「毘婆沙は訳して広解と為す」とある（本書【五・三】と注74。大正五〇・一八九上）。

【9】「荘厳（しょうごん）」は，動詞として「（実態に相応しいように）設（しつら）える，飾り立てる」を意味し，名詞としてはそのような装飾を表す。ここでは動詞である。「荘厳」はサンスクリット語「アラン・クリ alaṃ √kṛ」の漢訳である（名詞形はアラン・カーラ alaṃ-kāra）。「処中」は【6】を見よ。

【10】法勝の著作が東晋の僧伽提婆・慧遠共訳『阿毘曇心論』四巻（大正新脩大蔵経第二八巻第一五五〇号）である。この漢訳四巻は偈頌（韻文）と散文注から成る。最も簡略な「法勝釈する所」とはこの散文注を指すか。

【11】優婆扇多は優波扇多と同人。法勝『阿毘曇心論』や法救『雑阿毘曇心論』より後に漢訳された法勝論・優波扇多釈・〔北斉〕那連提耶舎訳『阿毘曇心論経』六巻（大正新脩大蔵経巻二八巻第一五五一号）に相当する原典を指す。

　優波扇多はサンスクリット語「ウパシャーンタ Upaśānta」の漢字音写。その注釈が八千偈だったとはインドの文字数で二十五万六千字の長さを表す（一偈は三十二文字のシュローカ体韻文。八千×三十二字＝二十五万六千字）。

【12】原文は「又有一師万二千偈釈」（又た一師の〔二〕万二千偈の釈有り）。この注釈を著した人名も注釈書名も不明であるが，法勝と法救の間に収まる年代に作られた『阿毘曇心論』に対する一万二千偈分（三十八万四千字相当）の長さの注釈があったらしい。管見の限り，これに関する確

かな情報は見出せない。

【13】 原文は「和修槃頭以六千偈釈法」（和修槃頭は六千偈を以て法を釈す）。六千偈分の長さは十九万二千字に相当する。この一節についてフラウワルナー（一九五一・四二頁）は，六千偈分の長さをもつ注釈に言及する『法顕伝』の一節に着目する。すなわち法顕は，パータリプトラ（Pāṭaliputra 現在のビハール州都パトナ Patna）にて，サルヴァアスティ・ヴァーダ部の教団から「『雑阿毘曇心』六千偈可り（ばか）なるを得」たという（『法顕伝』。大正五一・八六四中。章巽一九八五・一四一頁）。『雑阿毘曇心』という書名が正確かどうかは検討の余地があるが，『阿毘曇心論』と関連する「可六千偈」の長さの文献だったことは間違いない。梁の僧祐は，『出三蔵記集』巻二において，法顕が将来した仏書を列挙する中に「『雑阿毘曇心』十三巻〈今闕〉」と記す（大正五五・一二上）。すなわち僧祐は十三巻本として漢訳されたが梁代には既に欠本だったとする。

【14】 原文は「宏遠玄曠」。類似の語例を挙げると以下の通り。［西晋］竺法護訳『無言童子経』巻下「譬如虚空。虚空無際，悉能容受一切仏土，執持衆水。一切諸火劫焼之時，一切衆生無進退処，聴其所帰，為作処所。虚空之域広遠玄曠，不可限量，無所罣礙。慧明三昧亦復如是」（大正一三・五三一中）。竺法護訳『阿差末菩薩経』巻一「発心甚大無有辺崖。所以然者，心若虚空。発心曠然。所以然者，含受衆生，当因度故。発心無尽。所以然者，其慧玄曠，無所罣礙」（大正一三・五八六下）。

【15】 〈 〉で示した夾注は，サンスクリット語原典には含まれず，漢訳の際に訳者が補った解説である。そのことは【8】に示したように「『広説』は，梵音に「毘婆沙」と云う」という語が漢語の説明としてのみ成り立ち，サンスクリット語の原典に含み得ないことから分かる。

昔の偉大な師たちは，諸の奥深い真実について多くを聴聞して学び，聖者の足跡を実見し，一切の教義を説き明かした。

精励を尽くし，様々な手立てを講じて，曽ては体得できていなかった勝れた要素を追究し，多くを聴聞した者（法勝）は『阿毘曇心論』[3]を説いた。

〔経典の教えを解説する者は〕凝縮して要略することもあれば[4]，詳細に逐一説明することもあり，こうした種々の解説はスートラ〔に〕そのまま従うわけではない。

〔『阿毘曇心論』の諸注釈で〕最も光輝き，巧みに〔仏の教説に〕従うものはただ一つ，この『無依虚空論』[5]という論である。〔しかしその内容は〕智慧ある者にすら明かし難い。

簡略を極めた〔論は〕理解し難く，詳細を極めた〔論〕は智者をも遠ざける〔ので〕我は今〔簡略と詳細の両極端を離れた〕中庸の立場から[6]『広説義荘厳（〔『阿毘曇心論』の〕教義の厳かな装飾という詳解[7]）』を説くことにしよう。

〈『詳解』は，サンスクリット語の音で『ヴィバーシャー Vibhṣṣā 毘婆沙[8]』と言う。〔この『雑阿毘曇心論』は〕『ヴィバーシャー』中の意味によって，〔両極端を離れた〕中庸の立場から解説して設える。[9]〔これまでの〕諸師は法勝『阿毘曇心〔論〕』を注釈する際，意味の詳細さと簡潔さが〔注釈者ごとに〕異なる。法勝の注釈が最も簡潔である。[10]〔他方，〕ウパシャーンタ Upaśānta には八千偈分の長さの注釈[11]があり，更に有一万二千偈分の長さの注釈[12]を書いた人もおり，これら二書は，詳細な注釈と名づける。ヴァスバンドゥ（和修槃頭）は六千偈分の長さで教義を注釈した。[13]〔それは〕奥深く幅広く，[14]三蔵の教えに制約されないものであるから，〔その名は〕『無依虚空論

〈何ものにも依拠しない，虚空のような論書）』である〉[15]。

ここに『無依虚空論』という名の注釈の著者として「和修槃頭」なる人物が現れる。漢字音写から見てヴァスバンドゥ Vasubandhu を意味するのは確かである。「和修槃頭」の活躍年代は，法勝『阿毘曇心論』の後で，『雑阿毘曇心論』の著者である法救（達摩多羅）とその漢訳者である僧伽跋摩の間に収まる。注【2】の通り『雑阿毘曇心論』は四三三年に漢訳されたから，「和修槃頭」の年代的下限は四三三年である。この「和修槃頭」が『婆藪槃豆伝』のヴァスバンドゥと同人かどうかは解釈が分かれるところである。

中国仏教注釈中，唐の玄奘門下の普光は『倶舎論記』でこの「和修槃頭」に触れて「即ち是れ『雑心』の初巻の子注（夾注のこと）の中に言う「和須槃豆」なり。是れ説一切有部中の異師なり」と注釈する（大正四一・一六七下）。すなわち普光によれば，この「和修槃頭」は『倶舎論』の著者ヴァスバンドゥとは別人と解される（櫻部一九五二・二〇二頁）。

『倶舎論』の著者ヴァスバンドゥを約四〇〇～四八〇年頃の人と仮定するなら，確かに「和修槃頭」はそれ以前の別人と考えざるを得ない。本章で「（七）ヴァスバンドゥは一人か二人か」に後述するように，フラウワルナーは『婆藪槃豆伝』には婆藪槃豆という名の別の二人が誤って記録されていると解釈し，古ヴァスバンドゥは約三二〇～三八〇頃の人，新ヴァスバンドゥは約四〇〇～四八〇年頃の人であるという仮説を提示した。そして「和修槃頭」を，自らの言う「古ヴァスバンドゥ」と同人と見なす（フラウワルナー一九五一・四一～四二頁）。但しその場合に一つ問題となるのは，『雑阿毘曇心論』の著者である法救が自身より前の時代の論師として「和修槃頭」に言及することである。注【1】（本書一九三頁）に述べたように，法救の年代を「晋中興之世」とする資料があり，その時期は東晋初（三一七）あるいはその直後頃と考えられるから，法救が言及する「和修槃頭」はそれより更に前に活躍したことになる。もしそうならば，「和修槃頭」の卒年は遅くとも約三〇〇年頃となり，四世紀前半～末頃（三二〇～三八〇頃）の古ヴァスバンドゥとは別人となるから，ヴァスバンドゥと称する論師は都合三人いたと見なさざるを得ない。

一方，『婆藪槃豆伝』のヴァスバンドゥは唯一人であると見なすならば，「和修槃頭」は，『婆藪槃豆伝』のヴァスバンドゥと何ら関係しない別人と見なさざるを得ない。その場合，ヴァスバンドゥはフラウワルナー説と違う意味で二人いたことになる。つまり「和修槃頭」を『婆藪槃豆伝』のヴァスバンドゥと同人と見なすべきかどうかは肝要であるが，現時点では結論を下すだけの十分な資料が揃っていないため，確たることを断定できない。理由は「和修槃頭」のみを切り離して論ずることはできず，ヴァスバンドゥの活動年代はいつかということと，『婆藪槃豆伝』のヴァスバンドゥが一人か二人かかということが連動するからである。

次に別の資料を取り上げる。それは『婆藪槃豆伝』が中国で知られるより以前に知られていた別の名称である。それは，北魏で四七二年に漢訳された『付法蔵因縁伝』に現れる「婆修槃陀」である。原文と意味は以下の通りである。

資料2　［北魏］吉迦夜・曇曜共訳[1]『付法蔵因縁伝[2]』巻六

尊者闍夜多[3]臨当滅度，告一比丘名婆修槃陀，「汝今善聴。昔天人師於無量劫勤修苦行，為上妙法，今已満足，利安衆生。我受嘱累，至心護持。今欲委汝，当深憶念」。婆修槃陀白言「受教」。従是以後，宣通経蔵。以多聞力、智慧、弁才，如是功徳，而自荘厳，善解一切修多羅義，分別宣説，広化衆生。所応作已，便捨命行，次付比丘名摩奴羅[4]，令其流布無上勝法。……（大正五〇・三二一中～下）

【1】吉迦夜は北魏に到来した外国僧であるが，詳細は不明。インド出身の訳経僧であるが，原文も生卒年も不明。吉迦夜という漢字音写が表すサンスクリット語も不明。後代，隋の費長房『歴代三宝紀』巻九に「『吉迦夜』は魏に『何事』と云う」（大正四九・八五中）とあることから「キンチャナ Kiṃcana」というサンスクリット語を比定する者もいるが，そのような語形が人名であることを示す例がなく，そもそも費長房説の信憑性が大いに疑わしい。従ってキンチャナという語形を安直に採用することはできない。

もう一人の漢訳者である曇曜は唐の道宣『続高僧伝』巻一に立伝される北魏の僧であり，沙門統の任を担った。沙門統とは北魏で仏教と道教を司る政府の長官となった仏教僧を指す，北魏に特有の語。曇曜の生卒年は不明である。

【2】『付法蔵因縁伝』六巻（大正新脩大蔵経第五〇巻第二〇五八号）。『付法蔵因縁経』とも。その訳出年は，最も古い情報を残す梁の僧祐『出三蔵記集』巻九に「西域の三蔵の吉迦夜，北国に於いて偽延興二年（四七二），僧正の釈曇曜と共に訳出す」云云とあるのに基づき（大正五五・一三

中)，四七二年に漢訳されたと考えられる。ただし現存本については，吉迦夜訳を後代に改変したものであろうと推測する研究もあり，四七二年漢訳説が確定しているわけではない。

【3】闍夜多に当たるサンスクリット語名は不明。

【4】摩奴羅（摩拏羅とも）に当たるサンスクリット語名は不明。

尊者の闍夜多[3]は正に般涅槃（死去）しようという今わの際に，婆修槃陀という名の比丘に告げた，「汝よく聴け。太古の昔，〔ブッダは，この世で悟りを開く以前に〕神々と人間たちの師である〔菩薩として〕計り知れないカルパの間，厳しい修行をし，至上絶妙の存在となり，今はすべてを満たし，衆生に利益を与え安楽ならしめている。我は委嘱を受けて，この上なき思いで〔教えを〕護り続けた。今それを汝に委ねたい。よく心に刻み付けるべし」。婆修槃陀は「教法を謹んで承ります」と申し上げた。それ以降，経典の蔵〔に含まれる教え〕を述べ弘めた。広く聴いて学得する能力と，知恵と，巧みな弁舌というこれらの徳目によって自らを設え，一切のスートラの教理を巧みに理解し，弁別して解き明かし，広く衆生を教化した。為すべき事柄をすべて為し終えると，寿命を捨て，次に摩奴羅[4]という名の比丘に〔教えを〕付嘱し，この上ない勝れた教えを布教させた。……

『付法蔵因縁伝』はこのように「婆修槃陀」という名を挙げ，闍夜多と摩奴羅を結んだ僧として描くが，『付法蔵因縁伝』には西晋の安法欽訳『阿育王伝』や後秦の鳩摩羅什訳『十誦律』・『龍樹菩薩伝』等の既存漢訳をそのまま転写した文言が多いなど成立に謎が多く，インド語原典の純然たる逐語訳として扱うのは恐らく無理と見られる（マスペロ一九一一。船山二〇一三・一六六～一六七頁）。従ってこの「婆修槃陀」が我々の主題とするヴァスバンドゥであると安易に見なすのは危うい。

次に最後の資料として第三に，六世紀初頭の僧祐が『薩婆多師資伝（サルヴァアスティ・ヴァーダ部の師資相承伝）』に言及した「婆秀槃蛇（陀）」という名で挙げた僧についても押さえておこう。『薩婆多師資伝』は現存せず，引用が部分的に知られるに過ぎない。

資料3 ［梁］僧祐『薩婆多師資伝』巻一「婆秀槃頭菩薩第四十四」引用

言「青目」[1]者，梁時僧祐律師作『薩婆多伝』[2]云，「婆秀槃蛇[3]，漢言青目，善通深論，造『三法度』[4]，釈『中』『百論』[5]及法勝『毘曇』[6]。元康師破云[7]，「婆秀槃陀只是婆藪般豆。梵音軽重、故此不同。婆藪槃豆則是菩薩，賓羅伽[8]乃是外道。両説不同，未知就是，多恐祐律師錯」[9]。有人解云，「外道名賓頭羅伽，今菩薩名賓羅伽」。准之可悉。（〔日本平安〕安澄『中論疏記』巻一之本。大正六五・七中～下）

【1】 後秦の僧叡「中論序」に，「〔鳩摩羅什法師の〕出す所の者は，是れ天竺の梵志の賓羅伽と名づけ，秦に青目と言うものの釈する所なり」とある（僧祐『出三蔵記集』巻一一。大正五五・七七上）。僧叡は『中論』を漢訳した鳩摩羅什の直弟子。ここで僧叡は『中論』に注釈した者の名を

「賓羅伽」とし，唐の元康（【7】参照）の用いる語と一致する。しかし「青目」に当たる漢字音写は「賓羅伽」でなく「賓伽羅」（ピンガラ *Pingala）と表記される方がより一般的。

【2】『薩婆多師資伝』五巻は，インドの中国における薩婆多部（部派仏教の諸部派中最大部派の一）の師資相承の系譜を記す仏教書。『薩婆多部記』『薩婆多伝』等とも称する。撰者の僧祐（四四五～五一八）は梁初を代表する律師にして仏教史家である。『薩婆多師資伝』は現存しないが，後代の仏書から相当数の佚文を蒐集できる。詳しくは拙稿「梁の僧祐『薩婆多師資伝』」（船山二〇一九a・二七七～三〇九頁）を見よ。

【3】ここでは「婆秀槃蛇」と表記される。一方，僧祐『出三蔵記集』巻一二に収める僧祐「薩婆多部記目録序」に記される目録によれば，同記巻一に「婆秀槃頭菩薩〈青目〉」と，同記巻二に「波秀槃頭菩薩」と表記される（大正五五・八九中。八九下）。つまり僧祐自身の表記は「婆秀槃蛇」の「蛇」（ないし「陀」）より「頭」であったと見なすべきであろう。

【4】『三法度論』は山賢造・［東晋］僧伽提婆訳の三巻本として現存。大正新脩大蔵経第二五巻第一五〇六号。しかし著者「山賢」の特定に問題が残されており，本書は不明な点が多い。元康が述べるが如き『三法度論』の著者を婆秀槃蛇や青目とする伝承は他に見出せない。

【5】龍樹造・鳩摩羅什訳『中論』四巻（大正新脩大蔵経第三〇巻第一五六四号）。提婆造・婆藪釈・鳩摩羅什訳『百論』二巻（大正新脩大蔵経第三〇巻第一五六九号）。このうち『中論』は青目の散文注を含むが，婆秀槃蛇とは関係しない。他方，『百論』は婆藪開士（開士は菩薩の意）の注釈を含むから婆秀槃蛇と繋がると解すことは可能だが，青目とは関係しない。婆藪開士とは誰かは異論の多い問題であるが，隋の吉蔵は婆藪開士とはヴァスバンドゥであると断言する。次を見よ。吉蔵『十二門論疏』巻上「問う，此の論（『十二門論』）の長行（じょうごう）（散文注）は誰の作る所なる

や。答う，『中論』の長行は青目の作る所なり。『百論』の長行は天親（ヴァスバンドゥ）の製する所なり。……」（大正四二・一七八上）。

【6】法勝造・[東晋] 僧伽提婆・慧遠共訳『阿毘曇心論』四巻（大正新脩大蔵経第二八巻第一五五〇号）。元康は法勝の名を出すが，実際に意図されているのは法勝『阿毘曇心論』でなく，その注釈である法救『雑阿毘曇心論』十一巻（大正新脩大蔵経巻二八巻第一五五二号）の冒頭の帰教偈にある「和修槃頭」への言及である。詳細は上掲「**資料1『雑阿毘曇心論』巻一，序品**」参照。

【7】元康は初唐の僧。『宋高僧伝』巻四に立伝される。生卒年不明。三論学の僧であり，僧肇『肇論』に対する注釈『肇論疏』三巻（大正新脩大蔵経第四五巻第一八五九号）が現存するほか，『中観論疏』六巻・『十二門論疏』二巻・『百論疏』三巻等も残したが，残念ながら現存しない（『東域伝燈目録』。大正五五・一一五九上～中）。ここに言及される元康説は『中観論疏』六巻からの引用と見るのが自然であろう。

【8】賓羅伽については【1】を見よ。賓羅伽を「外道」（異教徒）と見なす理由は不明。【1】の僧叡「中論序」に賓羅伽を「梵志」すなわち婆羅門であると言うから，賓羅伽が出家僧でなかったとは言えるが，僧叡は直後に「其の人（賓羅伽）は深き法を信解すと雖も，而れども辞は雅しく中らず」という。仏教を信仰していたが，中国の言辞には不適切なところがあったことを意味するから，賓羅伽を異教徒（外道）でなく，在家信者（優婆塞）と僧叡は見なした如くである。

【9】因みに隋の吉蔵は『中観論疏』序において次のように解説する――「青目は天親に非ず（青目とヴァスバンドゥは別人である）。『付法蔵（因縁伝）』に云わく，「婆藪槃豆は善く一切の修多羅の義を解せり」と。而るに青目は斯の論（＝『中論』）に注するに，其の乖失有れば（誤解している箇所がある），故に〔青目は天親に〕非ずと知るなり」（大正四二・五上）。上掲**資料2『付法蔵**

因縁伝』巻六「……婆修槃陀白言「受教」。従是以後，宣通経蔵。以多聞力、智慧、弁才，如是功徳，而自荘厳，善解一切修多羅義，分別宣説，広化衆生」。

「青目（しょうもく）」[1]と言う人について，梁代の僧祐師は『薩婆多伝』（『薩婆多師資伝』[2]）を編纂して言う――「「婆秀槃蛇」[3]は，中国の言葉で「青目」と言い，奥深い論書に通達し，『三法度〔論〕』[4]を著し，『中〔論〕』『百論』[5]と法勝『阿毘曇（あびどん）〔心（しん）論〕』[6]に注釈した」。元康（げんこう）師[7]は〔僧祐説を〕否定して言う――「婆秀槃陀とは婆藪般豆にほかならない。サンスクリット語の名前の音写表記に相違があるから，この〔二つの漢字音写〕は異なるのだ。婆藪槃豆は菩薩であり，賓羅伽[8]は異教徒である。両説は異なるので，いずれが正しいか分からないが，きっと恐らく〔僧〕祐師の誤解なのであろう」[9]。次のように解す者もいる――「異教徒は賓頭羅伽という名であるから，今ここでは賓羅伽という名の菩薩である」。以上から理解すべし。

以上が「婆秀槃蛇（陀）」について知られる資料である。一見して分かる通り，本来の内容もしくは引用者の理解に問題があり，極めて錯綜している。龍樹造・鳩摩羅什訳『中論』に偈頌の注釈家として現れる「青目」と混同されていることも問題であり，通常なら「青目」を一名「賓伽羅」とするところを「賓羅伽」と文字を顚倒して言及することも問題である。このような資料から瑜伽行派ヴァスバンドゥとの異同を論じるのは不毛である。

(六) 諸伝承の相違

直前の「(五) ヴァスバンドゥたち」に紹介した三資料は「ヴァスバンドゥ」という同名の仏教徒に関する伝承であり，同名同人か同名異人かについて解釈が分かれるため，深く論ずることは意図的に避けた。

ヴァスバンドゥという名の学僧については更に別の問題もある。瑜伽行派のヴァスバンドゥに関しては，大別すると，(1)『婆藪槃豆伝』および真諦の弟子による真諦系伝承と，(2) 玄奘のインド滞在に基づく地理書『大唐西域記』や玄奘の伝記『大慈恩寺三蔵法師伝』および玄奘の弟子による諸注釈より知られる唐の玄奘系伝承，更に (3) 後のチベットに流布した『プトン仏教史』や『ターラナータ仏教史』の記すチベット系伝承の三種が存在する。それらを仔細に比較すると，三伝承の間に有意味な相違が複数見られる。本節はその相違点を整理して検討することから『婆藪槃豆伝』の特徴に迫りたい。

細かな相違を論う(あげつら)なら相違点はかなりの数に上る。しかしそれらを逐一紹介するのは繁雑に過ぎるので，本節では特に際だった相違として，(一) ヴァスバンドゥの兄弟は何人であり，兄弟それぞれの父母はまったく同じであったか，(二) 兄アサンガと弟ヴァスバンドゥの年齢にどれ程の差があったか，(三) ヴァスバンドゥが小乗から大乗に転向した状況と逸話，(四) 兄アサンガと弟ヴァスバンドゥの卒年と先後関係という四項目に絞って諸資料を整理し，三伝承に見られる四項目の共通点と相違点を順に明らかにしたい。

1　ヴァスバンドゥ兄弟の人数と父母〔〔参考〕第三章注34・37・41・59〜61〕

『婆藪槃豆伝』【二】は，ヴァスバンドゥを婆羅門階級の同父（カーウシカ）から生まれた三兄弟であり，本名は三人ともヴァスバンドゥであったとする。別名は長男アサンガ，次男ヴァスバンドゥ，三男ヴィリンチ・ヴァッサである。母については何も記載がない。ただ，『婆藪槃豆伝』【三】が三男ヴィリンチ・ヴァッサの名は母ヴィリンチの名に因むと解説されていることから想像を膨らませてよいならば，長男と次男は同母兄弟であり，三男のみ母が異なっていたが，父は三人ともすべてカーウシカであったと推測する余地はある。

次に玄奘系伝承に含まれるものとして，玄奘の後継者である窺基の注釈を見ると，兄アサンガと弟ヴァスバンドゥは同母二兄弟であると明記する（窺基『成唯識論掌中枢要』巻上本。大正四三・六〇八上）。これは，『婆藪槃豆伝』の含意する事柄として直前に示した筆者の推測と合致する。

チベット系伝承では『プトン仏教史』も『ターラナータ仏教史』も共に，兄アサンガと弟ヴァスバンドゥを異父同母の二兄弟とする（プトン一九三一・一三七頁。ターラナータ一九九七・一六七頁）。母は婆羅門階級に属し，母の名はチベット語で表記するとサルウェ・ツゥルティム gSal ba'i tshul khrims である。このチベット語名について『プトン仏教史』のオーバーミラー訳はサンスクリット語プラサンナシーラー *Prasannaśīla を比定する（プトン一九三二・一三七頁）。しかし『ターラナータ仏教史』のチンパ／チャットパディヤヤ訳は同じチベット語名からプラカーシャシーラー *Prakāśaśīla を比定する（ターラナータ一九九七・一五五頁）。一方，兄弟の父は異なるとする。『プトン仏教史』も『ターラナータ仏教史』も共に，アサンガの父はクシャトリア階級に属し，ヴァスバンドゥの父は婆羅門階級に属するとする（プトン一九三二・一三七頁。ターラナータ一九九七・一五五頁。一六七頁）。

以上の三伝承から，アサンガとヴァスバンドゥが同母兄弟であることは認めてよいであろう。ただし父親が同じか異なるかについては定かではない。

2　兄アサンガと弟ヴァスバンドゥの年齢差（［参考］第三章注37・59・61）

真諦系伝承と玄奘系伝承は兄弟の年齢差に触れない。しかし『婆藪槃豆伝』の内容から，アサンガとヴァスバンドゥの年齢に開きがあったとする含意を読み取ることは恐らく可能である。すなわち三兄弟はすべてヴァスバンドゥという同一の本名であったが三人を区別するために別名を与えたと説明する一方で，長男ヴァスバンドゥが生まれ，次男ヴァスバンドゥが生まれ，そして長男が出家し，更に大乗に転向した後にアサンガという宗教的に相応しい名を得たと『婆藪槃豆伝』は述べる。ここから次男が別名を必要としなかった理由を想像を逞しくして推測するならば，彼が生まれた時に長男は既に出家し家を離れていたから次男を本名だけで呼んでも混同を生じなかったということを暗々裏に告げているると解釈できるのではないか。要するに，次男ヴァスバンドゥは，兄が出家して家を離れた後に誕生した可能性がある。出家する年齢は明確に定まっていないが，最も若くても七歳頃で，およそ十五歳前後に出家する事例が（少なくとも中国の仏伝を読む限りは）多いと言うことができる。ならば，兄アサンガと弟ヴァスバンドゥは大凡十五歳前後の年齢差があったことを『婆藪槃豆伝』は暗示しているのではないだろうか。改めて言うまでもないが，「大凡十五歳前後」は目安に過ぎず，何年の誤差を含むか特定はできない。

筆者が『婆藪槃豆伝』の内容からアサンガ，ヴァスバンドゥ兄弟の年齢差を十五前後と想定することは，奇しくもチベット系伝承とも適合する。すなわち『プトン仏教史』は何も述べていないが，『ターラナータ仏教史』は，ヴァスバンドゥの出生をアサンガの出家後であったと明記する（ターラナータ一九九七・一六七頁）。このように『婆藪槃豆伝』の暗示する真諦系伝承と『ターラナータ仏教史』の明示するチベット系伝承との一致に基づき，アサンガ，ヴァスバンドゥ兄弟には大凡十五歳前後の年齢差があったと推定できる。

3　ヴァスバンドゥの大乗転向（［参考］第三章注155・159〜161）

『婆藪槃豆伝』【五・九二】は，ヴァスバンドゥが小乗から大乗に転向したのは，彼の活動拠点アヨーディヤー国から故郷プルシャ・プラ国に帰国した時の出来事であり，兄アサンガの配慮と行動によって大乗転向が実現したとする。『婆藪槃豆伝』は兄弟のその後について詳しく語らないが，話の自然な流れから推測すると，アサンガは弟を大乗に転向させた後も自らの故郷であり活動拠点であったプルシャ・プラ国に住まい，やがて同国で卒したと思われる。弟ヴァスバンドゥはプルシャ・プラで大乗に転向した後，再びアヨーディヤー国に戻ったと見るのが自然であるように筆者には思われる。

一方，玄奘系の伝承は，ヴァスバンドゥの大乗転向の契機となった地はアヨーディヤー国であり，直接の契機はヴァスバンドゥが『十地経』の読誦を聞いたこととする（『大唐西域記』巻五・阿踰陀国。大正五一・八九六下〜八九七上。季羨林一九八五・四五五〜四五七頁。水谷一九九九2・二一五〜二一七頁）。兄が先に活動していたアヨーディヤー国に，後に弟ヴァスバンドゥが北印度から到来し，アヨーディヤーにて大乗への転向が実現した。そして『婆藪槃豆伝』より知られる真諦系伝承も，『大唐西域記』より知られる玄奘系伝承も共に，大乗転向後のヴァスバンドゥが過去に大乗を誹謗した罪過を自責し，舌を割いて自殺しようとしたがアサンガに制止されたという逸話を伝える。内容はほぼ等しく，アヨーディヤーでの事か，プルシャ・プラでの事かの場所が異なるに過ぎない。

後のチベット系伝承はどうかといえば，『ターラナータ仏教史』にもヴァスバンドゥが自責して舌を割いて自殺しようとした逸話が見られる。しかし大乗転向の地がどこかについては必ずしも明示されず，話の前後の流れから中天竺のマガダ国だったと推測されるに過ぎない。そしてヴァスバンドゥの大乗転向は兄アサンガの配慮と行動によるものとされる点は漢語伝承と同じである。しかし直接の契機は，ヴァスバンドゥが『無尽意菩薩経 *Akṣayamati-nirdeśa*』と『十地経 *Daśabhūmika*』の読誦を聞いたことだったとする（以上ターラナータ一九九七・一六八〜一六九頁）。『ターラナータ仏教史』より前の『プトン仏教史』はより簡略である。兄が弟を大乗に転向させようとしたことや，ヴァスバンドゥは『無尽意菩薩経』と『十地経』の読誦を聞いたことで回心したこと，その後，弟は過去を自責して舌を割いて自殺しようとしたが兄に制止されたことが記される（プトン一九三二・一四三頁）。これらの話のプロットは共通するが，『プトン仏教史』は『ターラナータ仏教史』より簡略な記述である。

玄奘系伝承とチベット系伝承に共通する『十地経』への言及の意図は何も記されていないが，想像するに，ヴァスバンドゥ『唯識二十論』冒頭に三界の一切はただ心に過ぎないということを『十地経』に基づいて説く箇所があることと関係するのかもしれない。そしてまた，漢語伝承中，ヴァスバンドゥの著作として最も早期に漢訳されたのは『十地経』のヴァスバンドゥ注である『十地経論』であったことも遠く関係しているのかもしれない。もう一つの経典である『無尽意菩薩経』は玄奘系伝承に見られずチベット伝承における独自の言及であるから，恐らく後代に付加された情報であろう。この経典はインド大乗仏教で過去の罪過を告白する行為（懺悔）を説くものとして有名であるから，ヴァスバンドゥが舌を割いて自殺しようとした程までに自らが過去に行った大乗批判を悔い改めようとしたことに由来して付加された経典であると考えることができる。

なお『婆藪槃豆伝』や玄奘系情報に見られないチベット系伝承の特徴がある。一つは陀羅尼への頻繁な言及があること，もう一つはアサンガもヴァスバンドゥもナーランダー寺を訪れ布教したとされることである。第一の要素は密教の普及後の変化であり，第二のナーランダー重視は歴史的に見て，六〜七世紀より以前には遡れない現象であるから，共に後代に補われた付加的要素であり，アサンガ，ヴァスバンドゥの活動とは本来無関係であろう。

4 兄アサンガと弟ヴァスバンドゥの卒年（［参考］第三章注160〜161）

『婆藪槃豆伝』【五・九二】は，兄アサンガが先に逝去し，アサンガの逝去後にヴァスバンドゥは大乗の著作活動を開始したとする。兄の享年については知られないが，『婆藪槃豆伝』末尾近くの話の筋から，アサンガが卒した地は，彼の活動拠点であったプルシャ・プラであったと推測される。一方，弟ヴァスバンドゥについては，『婆藪槃豆伝』【五・十】は，ヴァスバンドゥの卒した地はアヨーディヤー国であり，享年八十とする。これは，二兄弟のうち，兄のアサンガが先に没したことと，ヴァスバンドゥが大乗瑜伽行派に転向した時期は，彼の人生の後半から晩年にかかる遅い時期であったことを示す。

一方，同じ漢語による伝承でも玄奘系の伝承は大きく異なり，ヴァスバンドゥの没後も兄アサンガが生存していたことを示す逸話を伝えている。すなわち『大唐西域記』巻五の阿踰陀国の条によれば，アサンガ，ヴァスバンドゥ兄弟とアサンガの弟子ブッダシンハは，彼らの死後，瑜伽行派の祖師マーイトレーヤの住まうトゥシタ天に往生せんことを希求し，先に没した者は死後この世に戻って来てトゥシタ天に生まれ変われたかどうかを生存者に報告する約束を交わした。まず始めにブッダシンハが卒し，次いでヴァスバンドゥが卒した。そして生存していたアサンガは二人の報告を首を長くして待ったことを，逸話を交えて物語る（『大唐西域記』巻五。大正五一・八九六中〜下。季羨林一九八五・

四五二〜四五五頁。水谷一九九九2・二一一〜二一五頁)。その記事によれば，ブッダシンハは死後三年しても転生先の様子を伝えに戻らなかった。その後，ヴァスバンドゥは死後六ヶ月以上経ってから帰還し，トゥシタ天に往生できたことを兄アサンガに報告した。この逸話からはアサンガとヴァスバンドゥの卒年に何年の差があったか分からない。しかしこの玄奘系の伝承による限り，真諦系の伝承とは逆に，兄より弟の方が先に卒したと見なされていたことが確実である。

チベット系伝承はどうか。残念ながら『プトン仏教史』と『ターラナータ仏教史』にはアサンガ，ヴァスバンドゥ兄弟の晩年に関する詳しい記事がないが，一つ際だった事柄を確認できる。『ターラナータ仏教史』は，アサンガの卒した地をラージャグリハと明記する(ターラナーラ一九九七・一六七頁)。先行する『プトン仏教史』はアサンガ最期の地名を記さないが，アサンガは享年百五十(！)であったという記録が見える(プトン一九三二・一四二頁)。百五十歳という数をそのまま事実と受け止めるべきか否かはともかく，アサンガは一般の人間より遥かに長命であったと見なされたらしいことが分かるであろう。『ターラナータ仏教史』にはアサンガが齢九十を超えた時にも若々しい容貌であったと述べる箇所がある(ターラナータ一九九七・一五九頁)。そして別の箇所で『ターラナータ仏教史』は，アサンガは出家後，七十五年にわたって仏法のために活動したと述べる(ターラナータ一九九七・一七五頁)。仮に十五歳頃に出家したと仮定すると，出家後七十五年と合わせると，アサンガの寿命は約九十となるし，二十歳頃に出家したとすると，寿命は九十五となる計算である。正確な数字を決定することは資料不足のためできないが，『ターラナータ仏教史』においても，アサンガは一般の寿命を遥かに上回る長寿であったと認めてよいように思われる。

では，チベット系伝承における弟ヴァスバンドゥの最期はどうか。『プトン仏教史』にはヴァスバンドゥの享年に関する明らかな記述はないが，『ターラナータ仏教史』は，ヴァスバンドゥは，アサンガの没後も二十五年間にわたって衆生の福徳のために活動したことと，享年は百に近かったことを明記する（ターラナータ一九九七・一七五頁）。『ターラナータ仏教史』は，兄アサンガの出家後に弟ヴァスバンドゥが生まれたと記しているから，大凡十五歳前後の年齢差が考えられる（上述「**2 兄アサンガと弟ヴァスバンドゥの年齢差**」）。直前の段落に示した通り，アサンガの出家期間は七十五年であるから，単純計算すると，ヴァスバンドゥは兄の出家年数七十五年と没後の二十五年を併せて大凡百年の寿命ということになる。この数字はヴァスバンドゥの享年は百に近かったという記述と適合する。以上に記した兄弟の最期に関するチベット系伝承を整理すると次の通りである。

【表5】

兄アサンガ　享年九十頃

（生）――（出家）――――――――（卒）

十五年　　七十五年

弟ヴァスバンドゥ　享年百

（生）――――――――＋――（卒）

兄存命中七十五年　　兄没後二十五年

（七）ヴァスバンドゥは一人か二人か

折に触れ繰り返し記したように，近代における『婆藪槃豆伝』研究は高楠順次郎より始まり，以来百十五年余りが経過し今に至る。その間に研究史を画す一書が現れた。それはエーリヒ・フラウワルナー Erich Frauwallner『ヴァスバンドゥ法師の年代について』である（フラウワルナー一九五一）。七十頁に満たぬ英文小冊子でフラウラルナーは，先行するヨーロッパ語の研究を網羅しつつ問題点を指摘し，大胆な仮説を提示した。真諦訳『婆藪槃豆伝』は内容的に一貫せず，ヴァスバンドゥという一人の伝として読むと矛盾すると主張した。フラウワルナーは，『婆藪槃豆伝』に描かれたヴァスバンドゥは一人でなく，同名別人の二人の伝を混同しているが故に一貫した内容として読めないと論じ，現存資料の抜本的再検討を迫る，驚くべき論を展開した。

氏によれば，『婆藪槃豆伝』の描くヴァスバンドゥは古ヴァスバンドゥ（古い時代のヴァスバンドゥ）と新ヴァスバンドゥ（後の別人ヴァスバンドゥ）の二人であり，まったく共通点のない二人である。古ヴァスバンドゥはアサンガの弟であり，瑜伽行派の論書を著した。新ヴァスバンドゥは，アサンガとも古ヴァスバンドゥとも関係しない，偶々同名のヴァスバンドゥであり，『アビダルマ・コーシャ論（倶舎論）』『唯識二十論』『唯識三十頌』を著したという仮説をフラウワルナーは立てた。

フラウワルナーは瑜伽行派とアビダルマの専門家であり，多くの画期的な研究を通じてその文献学的手法の手堅さと信頼性とで名を馳せた人物であったから，新旧ヴァスバンドゥを別人と見なすフラウワルナー説は斯学に衝撃を及ぼし，関連研究者に原典の読み直しと再解釈を迫った。母国語のドイツ語でなく英語で簡潔な論を展開した結果，読者層も広がり，フラウワルナー仮説はヴァスバンドゥ研究者にとって避けて通れぬ関門となった。

フラウワルナー説に何らかの論評を試みた研究は多い。主なものだけでも櫻部（一九五二）と櫻部（一九六九／九六・一八一〜一八四頁）は，フラウワルナー説を客観的に評価し拙速の賛否を控えながらも，フラウワルナー説の問題点を指摘する。ジャイニ（一九五八／二〇〇一），ウェイマン（一九六一），アナッカー（一九八四），ゴールド（二〇一一／一五）は，フラウワルナー説を支持しない立場であるが，フラウワルナー説の論拠を逐一反駁しているわけではない。フラウワルナーが示した個別的な論点の幾つかに限って資料的補足を試みる研究として，メヨール（一九八九?），メヨール（一九九二），福田（一九九四），福田（一九九八），デレアヌ（二〇〇六・一八六〜一九四頁。二四七頁）がある。このほか，賛否を明確にせずフラウワルナー説を紹介する研究として，平川（一九七九），三枝（一九八三／二〇〇四・七八〜八四頁），クリッツァー（二〇一九）などがある。更に，フラウワルナー説を知っているにもかかわらず敢えてそれを取り上げずに別の角度から，クマーララータ，ハリヴァルマン（訶梨跋摩，『成実論』の著者），シュリーラータ，サンガバドラ（衆賢）らアビダルマ諸論師との相対的前後関係を論じた加藤（一九八七）と加藤（一九八九）は，ヴァスバンドゥの年代を約三五〇〜四三〇年頃とするのが最も可能性のある年代と結論する。

こうしてフラウワルナー仮説を紹介する者や論評する者が現れたが，今もって誰一人，その仮説を正しいと論証することにも，完全に誤りであると論破することにも成功していない。フラウワルナーのヴァスバンドゥ新旧別人説は，今に至る七十年間，ずっと喉にささった棘の如く存在し続けている。加えて，日本の伝統宗派のうち，法相宗はヴァスバンドゥの瑜伽行派思想を継承し，浄土宗・浄土真宗は『無量寿経優婆提舎願生偈』（一名『浄土論』）の著者ヴァスバンドゥを尊重しながら，同時に宗派的枠を超えた幅広い巨人としてヴァスバンドゥに敬意を表する。このような伝統主義に与えたフラウワルナー説の衝撃も甚大であった。

1　フラウワルナー（一九五一）の主要七仮説

フラウワルナー仮説の主な論点を敢えて七項目に絞って整理すると次のようである。

仮説⑴　真諦訳『婆藪槃豆伝』の内容は三部に分かれる。第一部は，序論として，ヴァスバンドゥ一家について記す。第二部は，ヴァスバンドゥ伝の中核である。そこには『倶舎論』を執筆するに至る状況と，『倶舎論』の執筆，執筆後にサンガバドラから批判を受けたことを記す。第三部は，ヴァスバンドゥが小乗から大乗に転向したことを記す。この区分を本書の段落番号で表示すれば，第一部は【一】冒頭から【四】末尾まで，第二部は【五】冒頭から【五・八三】末尾まで，第三部は【五・九】冒頭以下である。

仮説⑵　三部中，第二部のヴァスバンドゥ伝に同名別人が混在する。第三部の【五・九】は古ヴァスバンドゥへの言及であり，**【五・十】**のみ新ヴァスバンドゥへの言及である。

仮説(3)　ヴァスバンドゥの年代には，以前より，相異なる二説があった。一は紀元後三〇〇年代とする説，二は四〇〇年代とする説である。フラウワルナーはその一方のみを採るのでなく，新旧二人のヴァスバンドゥがいたという仮説を立て，両説を仲裁した。

仮説(4)　古ヴァスバンドゥはアサンガ（無著）の実弟であり，瑜伽行思想を説いた。約三二〇～三八〇年頃に生きた。古ヴァスバンドゥの著作は以下のものを含む。

『無依虚空論』　法勝『阿毘曇心論』に対する六千偈の長さの注釈。上述一九九頁も見よ。

『百論』　婆藪開士釈　提婆造・婆藪開士釈・〔後秦〕鳩摩羅什訳『百論』

『中辺分別論』　天親菩薩造・〔陳〕真諦訳『中辺分別論』

『十地経論』　『十地経』の注釈『十地経論』十二巻。〔北魏〕菩提流支等訳

『法華経』優婆提舎　婆藪槃豆釈・〔北魏〕菩提流支等訳『妙法蓮華経憂波提舎』

婆藪槃豆造・〔北魏〕勒那摩提等訳『妙法蓮華経論優波提舎』

『金剛般若経論』　天親造・〔北魏〕菩提流支訳『金剛般若波羅蜜経論』

世親造・金剛仙釈・〔北魏〕菩提流支訳『金剛仙論』

無著造・世親釈・〔唐〕義浄訳『能断金剛般若波羅蜜多経論釈』

『発菩提心経論』　天親菩薩造・〔後秦〕鳩摩羅什訳『発菩提心経論』

仮説(5)　新ヴァスバンドゥはアサンガの弟と別人であり，『七十真実論』と『倶舎論』の著者とし

て約四〇〇〜四八〇年頃に生きた。フラウワルナーは更にその後，新ヴァスバンドゥの著作の可能性があるものとして『唯識二十論』と『唯識三十頌』を新たに補足した（フラウワルナー一九六一・一三二頁）。

仮説(6)　ヴァスバンドゥと関わる二人の王として『婆藪槃豆伝』に登場するヴィクラマアーディティヤ王（正勤日王）とバーラアーディティヤ王（新日王）は，順に，グプタ朝のスカンダ・グプタ王（フラウワルナー説では約四五五〜四六七頃在位。【五・六三】【五・七】【五・八二】）とナラシンハ・グプタ王（フラウワルナー説では約四六七〜四七三頃在位。【五・六】および以降）である。両王の年代は新ヴァスバンドゥの年代を示している。

仮説(7)　インド僧の真諦は，新旧ヴァスバンドゥを別人と認識した。しかし真諦の弟子は，誤って混同し，本来別人のヴァスバンドゥ二人を一人として『ヴァスバンドゥ伝』を編纂した結果，真諦訳『婆藪槃豆伝』が生まれた。真諦より後は，皆が二人を混同し，誰も区別できなくなった。二人を区別する本来の伝承はインド本国から消えたのみならず，唐の玄奘も混同の弊害を免れなかった。

2　シュミットハウゼン（一九六七），（一九九二）

フラウワルナー説は直後に櫻部（一九五二）に紹介された。櫻部は結論を下すのは時期尚早であると考え，フラウワルナー説への賛否表明こそ保留したが，紹介の中でフラウワルナーの立論と資料の問題を多く指摘した。その後ジャイニ（一九五八／二〇〇一）とウェイマン（一九六一）は，フラウワルナー説をはっきり拒絶した。そうした中，フラウワルナーの弟子の一人からフラウワルナー説を支持する研究が出された。著者はランベルト・シュミットハウゼン Lambert Schmithausen（現在ハンブルク大学名誉教授）であり，論文「『二十論』と『三十頌』に前提される経量部説」（一九六七）でフラウワルナー仮説を支持し補強した。

シュミットハウゼンは五感と意識の計六種の認識（アビダルマや中観派の認める認識構造）を「「単層の」識の流れ」と呼び，アサンガや後の瑜伽行派注釈者たちが認める八識説（六種認識の深層にマナ識（第七識）とアーラヤ識（第八識）を想定する認識構造）を「識の流れの複合体」と呼び，この二つを区別する。

シュミットハウゼンは『唯識二十論』に見られる「識の流れの特殊な変化 saṃtāna-pariṇāma-viśeṣa 玄奘訳「相続転変差別」」という術語が説一切有部の教理学と一線を画す経量部（サーウトラーンティカ 玄奘訳「経部」）の理論であることから論述を始め，この経量部説と合致する「「単層の」識の流れ」を認める認識論はヴァスバンドゥの『俱舎論』と『唯識二十論』に共通すると指摘する。これらの著作は，認識を単層構造と考えるから，アーラヤ識に一度も言及しない，アーラヤ識不要論である。一方，ヴァスバンドゥの『唯識三十頌』は疑いなくアーラヤ識とマナ識を認める八識説に立つ。水面に起こる波の喩えのように，複数の認識が同時に生じることも認める。故に，『唯識三十頌』の認識論は伝統的多数派の瑜伽行派説と同じ「識の流れの複合体」を認める認識論である。故に『唯識三十頌』の認識論は『唯識二十論』と対立する。だが，そのことを是認してもなお，『唯識三十頌』には経量部の認識論が与えた影響の痕跡が見られるとシュミットハウゼンは主張する。それは『唯識三十頌』第一頌に出る術語「識の転変（認識の転変，vijñāna-pariṇāma）」に現れ，この術語は経量部説をふまえた識の流れの複合体の説であると述べる。

かくしてシュミットハウゼン（一九六七）は，経量部の認識論説に基づくヴァスバンドゥの著作は，フラウワルナーが指摘した『倶舎論』の他に，更にフラウワルナーが論じなかった『成業論』（カルマシッディ Karmasiddhi ［北魏］毘目智仙訳『業成就論』・［唐］玄奘訳『大乗成業論』）・『唯識二十論』・『唯識三十頌』も経量部と繋がる著作に加え，これら四文献はすべて新ヴァスバンドゥの著作であると結論した。そして『婆藪槃豆伝』の内容的連携の悪さから導き出したフラウワルナー仮説とは別に，ヴァスバンドゥ著作の思想そのものからフラウワルナー説を補強し，考慮すべき著作を増し加えた。

シュミットハウゼンはその後，更に画期的見解を示した。すなわち彼は『楞伽経』の思想を考察する論文（一九九二）の中でヴァスバンドゥ『唯識三十頌』第二〇偈と第二八偈とに注目し，両偈とほぼ同じ語彙と内容とが『楞伽経』サンスクリット語原典に散文として現れ，且つその散文を含む最も早期の『楞伽経』の漢訳は南朝宋の求那跋陀羅訳『楞伽阿跋多羅宝経』巻三の一切仏語心品（大正一六・五〇一下。五〇二下）であることを示した（シュミットハウゼン一九九二・三九二～三九三頁）。この説は，近年ビュッシャー（二〇一三）に支持されている。

シュミットハウゼンは，内容と語彙の共通する『楞伽経』散文と『唯識三十頌』韻文の成立順序について，韻文である『唯識三十頌』が先行し，『楞伽経』はそれに基づき韻文を散文に分解表現する形で書かれたとする。『楞伽経』当該散文が求那跋陀羅訳に既に存在することは，同経の漢訳年より前に『唯識三十頌』が存在したことを示す。

フラウワルナー（一九六一）とシュミットハウゼン（一九六七）によれば，『唯識三十頌』の著者は約四〇〇～四八〇年頃に生きた新ヴァスバンドゥであるが，求那跋陀羅訳『楞伽阿跋多羅宝経』より前に『唯識三十頌』が著作されていたという新たな観点により，フラウワルナーの新ヴァスバンドゥ年代論をある程度遡らせねばならないが，その年数はせいぜい「五，六十年かそれ以下」であって，それ以上大幅に遡らせる必要はないと述べる（シュミットハウゼン一九九二・三九七頁）。この指摘により，フラウワルナーが一人は約三二〇～三八〇年頃，一人は約四〇〇～四八〇年頃と八十年程の生年差を想定した新旧ヴァスバンドゥの年代差が大幅に縮まった。

『楞伽経』の素材として用いられた『唯識三十頌』がヴァスバンドゥの遺作だったことは研究者の一致した見解である。シュミットハウゼンは具体的に何十年程遡らせるべきかを明示していない。また彼が求那跋摩訳『楞伽阿跋多羅宝経』の漢訳年とする四四三年（元嘉二十年）という年代は隋の費長房『歴代三宝紀』巻一〇（大正四九・九一上）に始めて現れる年であり，最古の経録である梁の僧祐『出三蔵記集』巻二（大正五五・一二下）には明記されないから，漢訳年四四三年は確実とは言えない。つまりインド文献の成立下限を漢訳年とするのは適切でない。漢訳年よりむしろ，中国に到来した年を下限とすべきである。インド僧の求那跋摩が中国に到来したのは，彼が海路で広州に到着した四三五年である（［梁］慧皎『高僧伝』巻三の求那跋陀羅伝。大正五〇・三四四上。吉川／船山二〇〇九・

三三四頁)。従って彼のもたらした『楞伽経』サンスクリット語原典の成立最下限も四三五年である。

右に概説したシュミットハウゼンの新説（一九六七)，（一九九二）に基づく注目すべき最新の見解は，ビュッシャー（二〇一三）である。彼は先行研究を整理し，インド仏教注釈家ヤショーミトラとスティラマティの見解を批判的に参照しながら，驚くべき新説を示す。それは，『アビダルマ・コーシャ論（倶舎論）』の偈頌（本文としての詩節）の著者と長行（散文注）の著者は別人である可能性があるという指摘である。ビュッシャーは『アビダルマ・コーシャ』の全文を対象にこの説を導き出したわけではないので，ビュッシャー説は現時点ではあくまで一仮説に過ぎない。今後どうなるか，我々は研究の発展を大いに期待したい。

3　私見を交えた論点整理

フラウワルナーとシュミットハウゼンの説を，我々は今後どのように受け止めて進むべきか。筆者は今，研究史を集大成して結論を示す能力がないのを認めねばならない。あくまで本書の主たる課題は，高楠順次郎から連綿と続いた『婆藪槃豆伝』について，その最も古い時代の形を復元する校訂版を示し，最新の訳注を提示することにある。フラウワルナー仮説の解決ではない。そこで『婆藪槃豆伝』を丹念に読み直した結果としての私見を交え，フラウワルナー仮説の今後の課題を指摘したい。

私見（一）ヴァスバンドゥに関する真諦の弟子たちの理解　ヴァスバンドゥを新旧二人に截然と区別することに絡み，将来検討すべき課題は，真諦の弟子たちの抱いた理解である。上掲**仮説**(7)の通り，フラウワルナーは，新旧二人のヴァスバンドゥを混同したのは真諦でなく，真諦の中国人弟子たちであったと考えた。しかし，これはかなり強引であるという懸念を禁じ得ない。『続高僧伝』巻一の「拘那羅陀伝」と称する真諦伝によれば，真諦は梁の大同十二年（五四六）に南海郡（広州）に到達し，太清二年（五四八）に建康に至った。その後，陳の太建元年（五六九）に逝去するまでの約二十年の間，江南各地を転々としながら漢人弟子たちと共に漢訳活動を続けた。

真諦の主眼は瑜伽行唯識派文献の漢訳にあり，ヴァスバンドゥは正にその中核に位置した。アビダルマ教理学書『倶舎論』もヴァスバンドゥの著であった。真諦と弟子たちは，ヴァスバンドゥ関連の漢訳をする度ごとに，ヴァスバンドゥの人となりと思想を再三再四論議したに違いない。ただ一度の会話内容を誤解することはよくあるだろうが，数年にわたる頻繁な会話に上った重要人物が一人か二人かという基本事項を弟子たちがずっと誤解し続け，師から訂正されることもまったくなかったという状況を，我々は容認できるだろうか。私見は否である。

私見（二）新ヴァスバンドゥの年代　これについても将来的課題が多い。シュミットハウゼン（一九九二）の所論を是認するならば，古ヴァスバンドゥの年代をフラウワルナー仮説のまま約三二〇～三八〇年頃に止めたとしても，新ヴァスバンドゥの年代は，遅くとも三五〇～四三〇年頃に遡らせねばならない。二人の年差は一世代以内となる。シュミットハウゼン（一九九二）の示す新ヴァスバンドゥの年代変更を受け入れるとしても，私見によれば，（a）ヴァスバンドゥが『唯識三十頌』を著し普及したのと同時か直後に『楞伽阿跋多羅宝経』の元となったサンスクリット語原典が著され，

（b）それの流布と同時か直後に求那跋陀羅がインドを離れ，（c）途中の地域に長期滞在することなく中国に到達したと考えねばならない。これは完全に不可能というわけではないけれども，少なくとも三仮定（a）（b）（c）すべてが成り立つことを前提としなければならないから，可能性は下がる。むしろ『唯識三十頌』の著作と，求那跋陀羅が中国に到着した四三五年との間に，少なくとも二十～三十年程の隔たりを想定すべきではないか。とすれば，新ヴァスバンドゥの生卒年は約三三五～四一五年頃か，更にそれ以前の約三二五～四〇五年頃かと推定するのが自然であると思われる。

新ヴァスバンドゥの年代を前倒しする時に生じる問題は，ヴィクラマアーディティヤ王とバーラアーディティヤ王の同定と年代である。シュミットハウゼンの新説では二王の同定に関するフラウワルナー説を否定することになる。では，ヴァスバンドゥ年代の前倒しに見合う二王として，誰を想定すればよいか。第三章の注141に記したように，フラウワルナーは，直結する二人の王がヴィクラマアーディティヤとバーラアーディティヤと呼ばれた確実な証拠を挙げ得ることが重要であり，この条件を満たすのはスカンダ・グプタとナラシンハ・グプタのみであると力説し，それ以外の根拠薄弱な推測は論拠にならないと主張した。

更に，フラウワルナー説を知らずに立論した干潟（一九五四）は，バーラアーディティヤに関してはフラウワルナー説と同じくナラシンハ・グプタに比定するが，一方，ヴィクラマアーディティヤ王はスカンダ・グプタでなく，プラ・グプタ（干潟説では四六八～四七八頃在位）とした。王の特定は異なるが，干潟説においてもヴァスバンドゥをプラ・グプタ王時代とするのは年代的に遅すぎ，シュミットハウゼン説（一九九二）と適合しない。

我々はフラウワルナーの主張する厳密な確定基準を捨てて，ヴィクラマアーディティヤはチャンドラ・グプタ二世（約三七六〜四一四頃在位）であり，バーラアーディティヤは息子クマーラ・グプタ Kumāra-gupta 一世（約四一五〜四五五頃在位）であろうというような推測も是認すべきであろうか。この見解は，かつてV・A・スミスによって提唱されたが，フラウワルナーはクマーラ・グプタ王がバーラアーディティヤと呼ばれた証拠が無いとして斥けた（フラウワルナー一九五一・二七〜二八頁）。しかしその後S・アナッカーによって，再び主張された。アナッカーは，クマーラ・グプタが即位前にバーラアーディティヤと呼ばれた可能性があると主張する（アナッカー一九八四・八頁）。これは確かに可能性の域を出ない推測であるが，シュミットハウゼン（一九九二・三九六頁）も否定せず，あり得る仮説として一定の賛同を示している。

古ヴァスバンドゥにはサルヴァアスティ・ヴァーダ部の『無依虚空論』（更に一九九頁も見よ）というアビダルマ教理学書と『摂大乗論釈』等の瑜伽行派注釈があり，新ヴァスバンドゥにも『倶舎論』というアビダルマ教理学書と『唯識二十論』『唯識三十頌』という瑜伽行派論書があることになる。二人の相違は学問領域でなく，経量部説に基づく面があるか否かにかかってくる。とすれば，経量部説を是認する傾向のある書とその傾向のない書とにヴァスバンドゥの著作全部を区分する必要と，この二種の書は相容れず同一著者に帰すべき接点がないこととを論証する必要が将来生じるであろう。

更に付言すると，このような区分は単に思想に直結するような仏教術語のみを主題として行うべき事柄ではなく，むしろ意味と直接関係しないような，著者に固有の独特な言い回し（idiosyncratic diction）をも対象として検討すべきであろう。意味と無関係な個人的言い回しとは，例えば，経典を引用する際や異説に言及する際の表現（定型句など）や，理由を示す句や節の言い表し方，話題を転換する際に用いる冒頭の定型句などである。

私見（三）『婆藪槃豆伝』の性格と情報源　『婆藪槃豆伝』はインド語原典の逐語的漢訳文献か，中国の読者・聴衆を意図した中国で編纂した漢語文献かという点について，主要な先行研究は，後者の立場を支持し，真諦の口述した内容を弟子が整理した筆記録の類いと見なすのが優勢である。このことは本書「はしがき」に高楠・宇井・フラウワルナー・三枝の説を引用した通りである。

しかし一方で，右に掲げた四名の時代には十分明確となっていなかった事柄がある。それは真諦訳と真諦自身による解説に見られる形態的な特徴である。筆者は自らの知見を整理して「真諦三蔵の活動と著作」という論を著したことがある（船山二〇一九a・第一篇第五章）。真諦の漢訳には，通常の意味での漢訳からは逸脱するような要素（真諦自身の解説を補足する，偽経説をも用いる，サンスクリット原語では単一概念である語を漢字二字で訳し，その二字にそれぞれ意味的差異を与える等）がまま見られることを指摘した。その立場から『婆藪槃豆伝』の文言を検討する時，通常の漢訳ではあり得ないような要素を含むからと言って，そのことだけから漢訳文献ではあり得ないと断定することは，真諦の場合は短絡的に過ぎ，危険であると気付いた。また更に，仏典漢訳史から見る場合，中国的な書式を含む『婆藪槃豆伝』その他の伝記が果たして本当にインド原典の内容通りであるかも問題となろう。

筆者は伝統的な従来からの「漢訳」(原典そのままの逐語訳)と「偽経」(インド原典があるかのように装う中国偽作経典)との間に,「編輯経典 Chinese Buddhist Compilation-scriptures」(偽経の要素を持たない中国で編輯された漢訳経典)という第三の範疇を設けると,中国の仏典漢訳史の実態をより適切に説明できるという説を唱えている(船山二〇一三・一五三~一七六頁,船山二〇一九c・八八~九二頁)。『婆藪槃豆伝』の全体を十把一絡げにして漢訳か否かと論ずることは今後は益々通用し難くなるであろう。そして『婆藪槃豆伝』中のどの箇所が漢訳であり,どの箇所が漢訳でなく中国で補足した解説であるかを,細かく解明することが更に強く求められるようになるに違いない。

本伝を現代語訳する過程で,【五・七】の途中より「婆藪槃豆」から「天親」に表記が変わることに新たに気付いた(第三章注128)。これも本伝の編纂過程を将来考える際の材料となろう。

以上,ヴァスバンドゥは二人いたとするフラウワルナー仮説とその後の受容と私見とを述べた。もし現時点でフラウワルナー仮説の当否を結論づけることが可能なら筆者も率直にそれを示したい。しかし,本書を通じて縷々示したように,確たる結論を下すには不明な点が余りにも多い。今はそれらの問題を指摘するに止め,近い将来に建設的な論説がなされることを願ってやまない。確かにフラウワルナー仮説の適否は,『婆藪槃豆伝』の研究史上,避けて通れない大きな課題である。しかし筆者としては,『婆藪槃豆伝』の多様な価値を,ヴァスバンドゥが何人いたかという点だけに矮小化することなく――警告の意味を込めて「矮小化」と敢えて言いたい――,『婆藪槃豆伝』の全体を現在の水準で精読し,本伝を様々な角度から幅広く意義づけたい。

参考文献　著者五十音順

アナッカー（一九八四）　ANACKERA, Stefan, *Seven Works of Vasubandhu*, Delhi: Motilal Banarsidass, 1984.

今西（一九八八）　今西順吉「サーンキヤ（哲学）とヨーガ（実修）」，『岩波講座・東洋思想第五巻　インド思想1』，東京：岩波書店，一九八八，一三五～一七〇頁。

宇井（一九三〇）　宇井伯壽「真諦三蔵伝の研究」，同『印度哲学研究第六』，東京：甲子社書房，一九三〇，三～一三〇頁。再版東京：岩波書店，一九六五。

ウェイマン（一九六一）　WAYAMAN, Alex, *Analysis of the Śrāvakabhūmi Manuscript*, Berkeley/Los Angels: University of California Press, 1961.

荻原（一九三三）　荻原雲來（訳註）『和訳称友倶舎論疏（一）』，東京：梵文倶舎論疏刊行会，甲子社印刷所，一九三三。

落合／齊藤（二〇〇〇）　落合俊典・齊藤隆信「馬鳴菩薩伝」，牧田諦亮（監）・落合俊典（編）『七寺古逸経典研究叢書　第五巻　中国日本撰術経典（其之五）・撰術書』，東京：大東出版社，二〇〇〇，二六五～二八六頁。

梶山（一九八四）　梶山雄一「仏教知識論の形成」，『講座・大乗仏教9　認識論と論理学』，東京：春秋社，一九八四，一～一〇一頁。

桂（一九九八／二〇二一）　桂紹隆『インド人の論理学——問答法から帰納法へ』，法蔵館文庫，京

都：法藏館，二〇二一（初出同名，中公新書，東京：中央公論社，一九九八。

加藤（一九八七）　加藤純章「アビダルマ文献からみた世親等諸論師の年代について」，『インド学仏教学論集――高崎直道博士還暦記念論集』，東京：春秋社，一九八七，二一五～二三九頁。

加藤（一九八九）　同『経量部の研究』，東京：春秋社，一九八九，第一章第四節「諸論師の年代」（五八～六八頁）。

季羡林（一九八五）　季羨林等（校注）『大唐西域記校注』，北京：中華書局，一九八五。

虚詞詞典（一九九九）　中国社会科学院語言研究所古代漢語研究室（編）『古代漢語虚詞詞典』，北京：商務印書館，一九九九。

宮内省（一九三一）　宮内省図書寮（編）『図書寮漢籍善本書目』附録〈大蔵経細目〉，東京：文求堂書店，一九三一。

桑山（一九九〇）　桑山正進『カーピシー＝ガンダーラ史研究』，京都：京都大学人文科学研究所，一九九〇。

桑山編（一九九八）　桑山正進（編）『慧超往五天竺国伝研究』改訂第二刷，京都：臨川書店，一九九八。

クリッツァー（二〇一九）　KRITZER, Robert, "Vasubandhu." Jonathan A. Silk *et al.* (eds.), *Brill's Encyclopedia of Buddhism, Volume II Lives*, Leiden/Boston: Brill, 2019, pp. 492-506.

黄仁瑄（二〇一八）　釈玄応（撰），黄仁瑄（校注）『大唐衆経音義校注』上下，北京：中華書局，二〇一八。

ゴールド（二〇一一／一五） Gold, Jonathan, "Vasubandhu." In *Stanford Encyclopedia of Philosophy*, First published Apr 22, 2011; substantive revision Apr 27, 2015.
DOI: https://plato.stanford.edu/entries/vasubandhu/

三枝訳 → 三枝（一九八三／二〇〇四）

三枝（一九八三／二〇〇四） 三枝充悳『世親』，講談社学術文庫，東京：講談社，二〇〇四，三四～六九頁「『婆藪槃豆伝』」（底本『人類の知的遺産14　ヴァスバンドゥ』，講談社，一九八三）。

櫻部（一九五二） 櫻部建「フラウワルナー氏の世親年代論について」，『印度學佛教學研究』一―一，一九五二，二〇二～二〇八頁。

櫻部（一九六九／九六） 同「世親の伝記」，桜部建・上山春平『仏教の思想2　存在の分析〈アビダルマ〉』，角川文庫ソフィア，東京：角川書店，一九九六，一七七～一八四頁（初出同名，角川書店，一九六九）。

ジャイニ（一九五八／二〇〇一） Jaini, Padmanabh S., "On the Theory of Two Vasubandhus." In *Collected Papers on Buddhist Studies*, edited by Padmanabh S. Jaini, Delhi: Motilal Banarsidass, 2001, pp. 183-190 (originally published in *Bulletine of the School of Oriental and African Studies* 21/1, University of London, 1958).

シュミットハウゼン（一九六七） Schmithausen, Lambert, "Sautrāntika-Voraussetzungen in Viṃśatikā und Triṃśikā," *Wiener Zeitschrift für die Kunde Süd- und Ostasiens* 11, 1967, pp. 109-136. L. Schmithausen（加治洋一訳）「『二十論』と『三十論（ママ）』にみら

れる経量部的前提」，『佛教学セミナー』三七，一九八三，一〜二四頁。

シュミットハウゼン（一九九二）　Id., "A Note on Vasubandhu and the Laṅkāvatārasūtra," *Asiatische Studien* 46/1, 1992, Bern/Frankurt/New York/Paris/Wien: Peter Lang, pp. 392-397.

章巽（一九八五）　章巽（校註）『法顕伝校註』，上海：上海古籍出版社，一九八五。

徐時儀（二〇一二）　徐時儀（校注）『一切経音義三種校本合刊』，全四冊，上海：上海古籍出版社，二〇一二。

スミス（一九〇四／一九ｘｘ）　Sᴍɪᴛʜ, Vincent A., *The Early History of India: From 600 B.C. to the Munhammadan Conquest, Including the Invasion of Alexander the Great*, 19??, New Delhi: Ramanand Vidya Bhawan (originally published Oxford: Clarendon Press, 1904).　インド版出版年不明

醍醐寺宋版（二〇一五4）　総本山醍醐寺（編）『醍醐寺叢書目録篇　醍醐寺蔵宋版一切経目録　第四冊』，東京：汲古書院，二〇一五。

高楠訳　→　高楠（一九〇四ａ）

高楠（一九〇四ａ）　Tᴀᴋᴀᴋᴜsᴜ, J.（高楠順次郎）, "The Life of Vasu-bandhu by Paramārtha (A.D. 499-569)," *T'oung pao* 通報 , Série II, Vol. 5, 1904, pp. 269-296.

高楠（一九〇四ｂ）　Id., "La Sāmkhyākarikā, étudiée à la lumière de sa version chinoise," *Bulletin de l'Ecole française d'Extrême-Orient* 4, 1904, pp. 1-65.

高楠（一九〇五）　Id., "A Study of Paramārtha's Life of Vasu-bandhu; and the Date of Vasubandhu," *Journal of the Royal Asiatic Society of Great Britain and Ireland* 1905, pp. 33-53.

高楠（一九一四）　Id., "The Date of Vasubandhu 'In the Nine Hundreds'," *The Journal of the Royal*

Asiatic Society of Great Britain and Ireland 1914, pp.1013-1016.

『ターラナータ仏教史』　ターラナータ『インド仏教史』英訳　→　ターラナータ（一九九七）

ターラナータ（一九九七）　*Tāranātha's History of Buddhism in India*, translated from Tibetan by Lama Chimpa and Alaka Chattopadhyaya, edited by Debiprasad Chattopadhyaya, Delhi: Motilal Banarsidass, 1997 (First edition in Simla, 1970).

ダリア訳　→　ダリア（二〇〇二）

ダリア（二〇〇二）　Dalia, Albert A., "Biography of Dharma Master Vasubandhu." In *Lives of Great Monks and Nuns*, BDK English Tripiṭaka 76, Berkeley, Calif.: Numata Center for Buddhist Translation and Research, 2002, pp. 29-53.

竺沙（二〇〇〇／〇一）　竺沙雅章「仏教伝来——大蔵経編纂」，大谷大学広報編集委員会編『仏教伝来』，京都：大谷大学，二〇〇一，二七一～二八八頁（原載同名，『大谷大学通信』五〇，二〇〇〇）。

デレアヌ（二〇〇六）　Deleanu, Florin, *The Chapter on the Mundane Path* (Laukikamārga) *in the Śrāvakabhūmi*, Vol. 1, Tokyo: The International Institute for Buddhist Studies, 2006.

長尾（一九八七）　長尾雅人『摂大乗論　和訳と注解　下』，東京：講談社，一九八七。

仲澤（二〇〇八）　仲澤浩祐『グプタ期仏教の研究』，京都・平楽寺書店，二〇〇八。

中村（一九六一）　中村瑞隆『究竟一乗宝性論研究——梵漢対照』，東京：山喜房仏書林，一九六一。

南條（一八八三）　Nanjio, Bunyiu 南條文雄, *The Catalogue of the Chinese Translation of the*

Buddhist Tripitaka: The Sacred Canon of the Buddhists in China and Japan, compiled by the order of the Secretary of State for India by Bunyiu Najio, Oxford: The Clarendon Press, 1883.

蓮澤国訳　→　蓮澤（一九三六）

蓮澤（一九三六）　蓮澤成淳「婆藪槃豆法師伝」解題・訓読，『国訳一切経』史伝部六，東京：大東出版社，一九三六，四七三～四八八頁。

服部（一九五五）　服部正明「『仏性論』の一考察」，『佛教史學』四－三・四，一九五五，一六～三〇頁。

服部（一九七九）　同「論証学入門――ニヤーヤ・バーシュヤ第一篇」，長尾雅人（責任編集）『世界の名著1　バラモン教典　原始仏典』，東京：中央公論社，一九七九，三三一～三九七頁。

干潟（一九五四）　干潟龍祥「世親年代再考」，『宮本正尊教授還暦記念論文集　印度学仏教学論集』，東京：三省堂，一九五四，三〇五～三二三頁。

ビュッシャー（二〇一三）　Buescher, Hartmut, "Distinguishing the Two Vasubandhus, the Bhāṣyakāra and the Kośakāra as Yogācāra-Vijñānavāda Authors." In Kragh, Ulrich Timme (ed.), *The Foundation for Yoga Practitioners: The Buddhist* Yogācārabhūmi *Treatise and Its Adaptation in India, East Asia, and Tibet*, published by the Department of South Asian Studies, Harvard University, Cambridge MA/London: Harvard University Press, 2013, pp. 368-396.

平川（一九七六／九〇）　平川彰「懺悔とクシャマ――大乗経典と律蔵の対比」，同『平川彰著作集

第7巻　浄土思想と大乗戒』，東京：春秋社，一九九〇，四三一～四五三頁（原載『法華文化研究』二，一九七六）。

平川（一九七九）　同『インド仏教史　下巻』，東京：春秋社，一九七九，第四章第四節「瑜伽行派の成立」（九二～一一九頁）。

平川ほか（一九七七）　平川彰・平井俊榮・吉津宜英・袴谷憲昭・高橋壮『阿毘達磨俱舎論索引　第二部　漢訳　サンスクリット語　対照』，東京：大蔵出版，一九七七。

福田（一九九四）　福田琢「書評・紹介 *Marek Mejor: Vasubandhu's Abhidharmakośa and the Commentaries Preserved in the Tanjur*」，『仏教学セミナー』六〇，一九九四，七五～八六頁。

福田（一九九八）　同「上座世親と古師世親」，『同朋大学論叢』七八，一九九八，五五～七六頁。

『プトン仏教史』　プトン『インド仏教史』英訳　→　プトン（一九三二）

プトン（一九三二）　Obermiller, E., *History of Buddhism (Chos-'byung) by Bu-ston. II. Part. The History of Buddhism in India and Tibet*, Heidelberg: In Kommission bei O. Harrassowitz, 1932.

船山（二〇〇三）　船山徹「龍樹，無著，世親の到達した階位に関する諸伝承」，『東方學』一〇五，二〇〇三，一三四～一二一頁。

船山（二〇一三）　同『仏典はどう漢訳されたのか――スートラが経典になるとき』，東京：岩波書店，二〇一三。

船山（二〇一九a）　同『六朝隋唐仏教展開史』，京都：法藏館，二〇一九。

船山（二〇一九ｂ）　同『仏教の聖者——史実と願望の記録』，京都：臨川書店，二〇一九。

船山（二〇一九ｃ）　Funayama, Toru, "Translation, Transcription, and What Else? Some Basic Characteristics of Chinese Buddhist Translation as a Cultural Contact between India and China, with Special Reference to Sanskrit ārya and Chinese sheng." In Kellner, Birgit (ed.), *Buddhism and the Dynamics of Transculturality: New Apporoaches,* Berlin/Boston: de Gruyter, pp. 85-100.

船山（二〇二〇ａ）　同『菩薩として生きる』，同（編）シリーズ実践仏教Ⅰ，京都：臨川書店，二〇二〇。

船山（二〇二〇ｂ）　同「『出要律儀』佚文に見る梁代仏教の音写語」，『東方學報』京都九五，二〇二〇，五二三［59］～四〇二［179］頁。

フラウワルナー（一九五一）　Frauwallner, Erich, *On the Date of the Buddhist Master of the Law Vasubandhu*, Serie Orientale Roma 3, Roma: Is.M.E.O., 1951.

フラウワルナー（一九六一）　Id., "Landmarks in the History of Indian Logic," *Wiener Zeitschrift für die Kunde Süd- und Ostasiens* 5, 1961, pp. 125-148.

ブラフ（一九七三）　Brough, John, "I-ching on the Sanskrit Grammarians," *Bulletin of the School of Oriental and African Studies, University of London* 36/2, 1973, pp. 248-260.

フランケ（一九一四）　Franke, O., "The Five Hundred and Nine Hundred Years," *The Journal of the Royal Asiatic Society of Great Britain and Ireland* 1914, pp. 398-401.

マジュムダル（一九五四／八八）　Majumdar, R. C. (general editor), *The History and Culture of the Indian People, The Classical Age,* Bombay: Bharatiya Vidya Bhavan, first edition 1954, fourth edition 1988.

マスペロ（一九一一）　MASPERO, Henri, "Sur le date et l'authenticité du Fou fa tsang yin yuan tchouan." In LÉVI, Sylvain (ed.), *Mélanges d'Indianisme,* Paris: Ernest Leroux, 1911, pp. 129-149.

水谷（一九九九1・2・3）　水谷真成（訳注）『大唐西域記1』，東洋文庫，東京：平凡社，一九九九；『同2』；『同3』（初出『大唐西域記』，中国古典文学大系，東京：平凡社，一九七一）。

南アジア事典（一九九二）　辛島昇・前田專学・江島惠教・応地利明・小西正捷・坂田貞二・重松伸司・清水学・成沢光・山崎元一（監修）『南アジアを知る事典』，東京：平凡社，一九九二。

メヨール（一九八九?）　MEJOR, Marek, "The Problem of Two Vasubandhus Reconsidered," DOI: http://www.chinabuddhismencyclopedia.com/en/images/7/72/The_problem_of_two_Vasubandhus_reconsidered.pdf
Cf. Article with the same title in *Indologica Taurinensia* 15, 1989, pp. 175-183.

メヨール（一九九一）　Id., *Vasubandhu's Abhidharmakośa and the Commentaries Preserved in the Tanjur,* Stuttgart: F. Steiner Verlag, 1991.

望月（一九四六）　望月信亨「天親造等と伝へられる遺教経論」，同『仏教経典成立史論』，京都：法藏館，一九四六，六四二～六四五頁。

吉川（一九七四／二〇一九）　吉川忠夫『侯景の乱始末記――南朝貴族社会の命運』，市川：志学社，二〇一九（初出同名，中公新書，東京：中央公論社，一九七四）。

吉川／船山（二〇〇九）　慧皎（著）・吉川忠夫・船山徹（訳）『高僧伝（一）』，岩波文庫，東京：岩波書店，二〇〇九。

ラーソン／バッタチャリヤ（一九八七）　LARSON, Gerald James, and Ram Shankar BHATTACHARYA (eds.), *Encyclopedia of Indian Philosophies, Volume IV. Sāṃkhya, A Dualist Tradition in Indian Philosophy*, Delhi: Motilal Banarsidass, 1987.

ラディッチ（二〇一二）　RADICH, Michael, "External Evidence Relating to Works Ascribed to Paramārtha, with a Focus on Traditional Chinese Catalogues." In *Shintai sanzō kenkyū ronshū* 真諦三蔵研究論集 (*Studies of Works and Influence of Paramārtha*), edited by FUNAYAMA Toru 船山徹 , Kyoto: Kyoto daigaku Jinbun kagaku kenkyūsho 京都大学人文科学研究所 , 2012, pp. 39-102. DOI: http://hdl.handle.net/2433/156062

レヴィ（一九〇七）　LÉVI, Sylvain, *Asaṅga. Mahāyāna-sūtrālaṃkāra, Tome I, texte*, Paris: Libraire Honoré Champion, 1907.

レヴィ（一九一一）　Id., *Tome II, traduction. introduction. index*, Paris: Libraire Honoré Champion, 1911.

ロー（一九五四／八四）　LAW, Bimala Churn（बमिल चरण लाहा ヴィマラ・チャラン・ラー）, *Historical Geography of Ancient India,* New Delhi: Munshiram Manoharlal, 1984. First published in 1954 by Société Asiatique de Paris, Paris.

渡瀬（一九九一）　渡瀬信之（訳）『サンスクリット原典全訳　マヌ法典』，中公文庫，東京：中央公論社，一九九一。

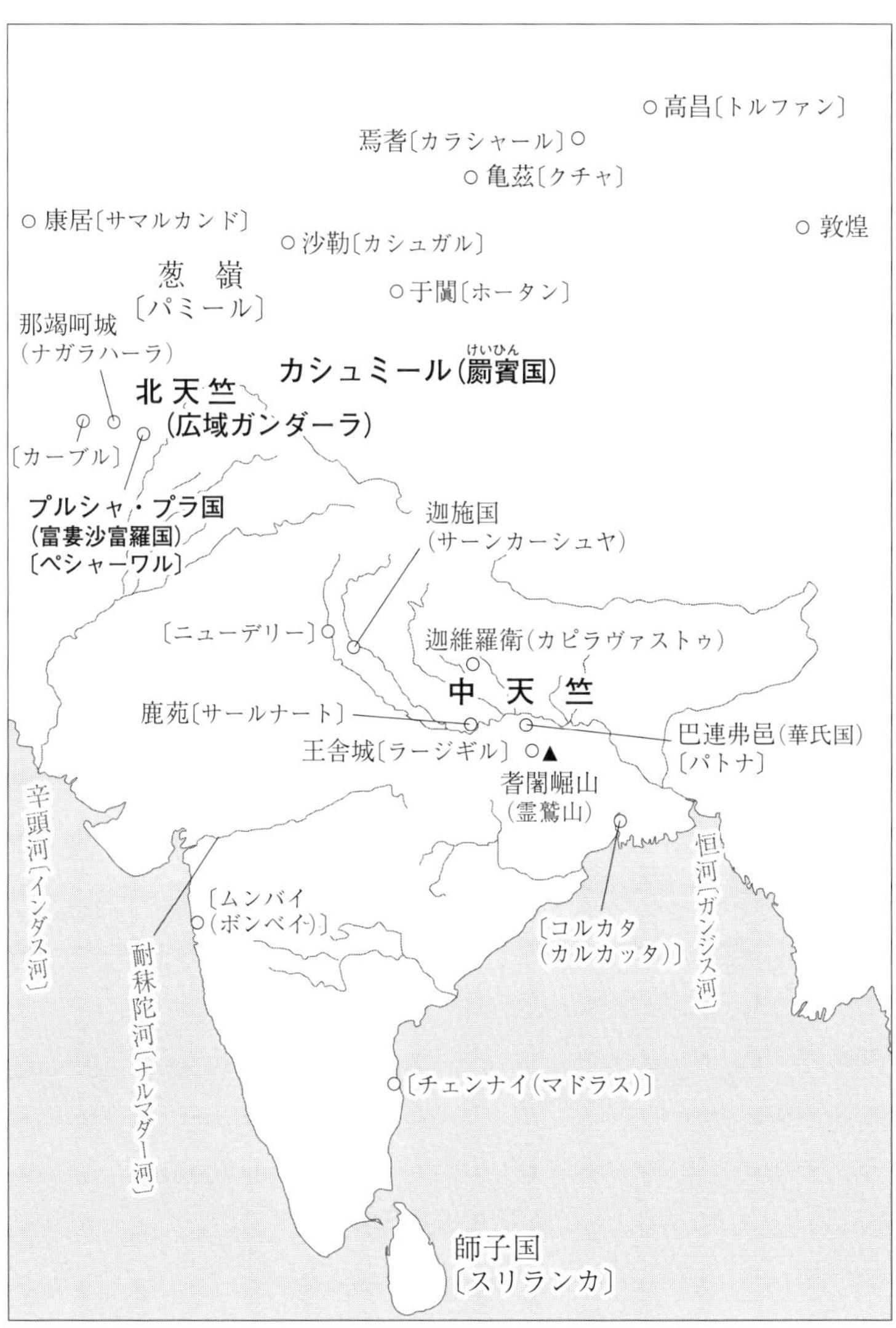
高昌〔トルファン〕
焉耆〔カラシャール〕
亀茲〔クチャ〕
康居〔サマルカンド〕
敦煌
沙勒〔カシュガル〕
葱嶺
〔パミール〕
于闐〔ホータン〕
那竭呵城
(ナガラハーラ)
カシュミール(罽賓国)
北天竺
(広域ガンダーラ)
〔カーブル〕
プルシャ・プラ国
(富婁沙富羅国)
〔ペシャーワル〕
迦施国
(サーンカーシュヤ)
〔ニューデリー〕
迦維羅衛(カピラヴァストゥ)
中天竺
鹿苑〔サールナート〕
巴連弗邑(華氏国)
〔パトナ〕
王舎城〔ラージギル〕
耆闍崛山
(霊鷲山)
辛頭河〔インダス河〕
恒河〔ガンジス河〕
〔ムンバイ
(ボンベイ)〕
〔コルカタ
(カルカッタ)〕
耐秣陀河〔ナルマダー河〕
〔チェンナイ(マドラス)〕
師子国
〔スリランカ〕

インド概略図

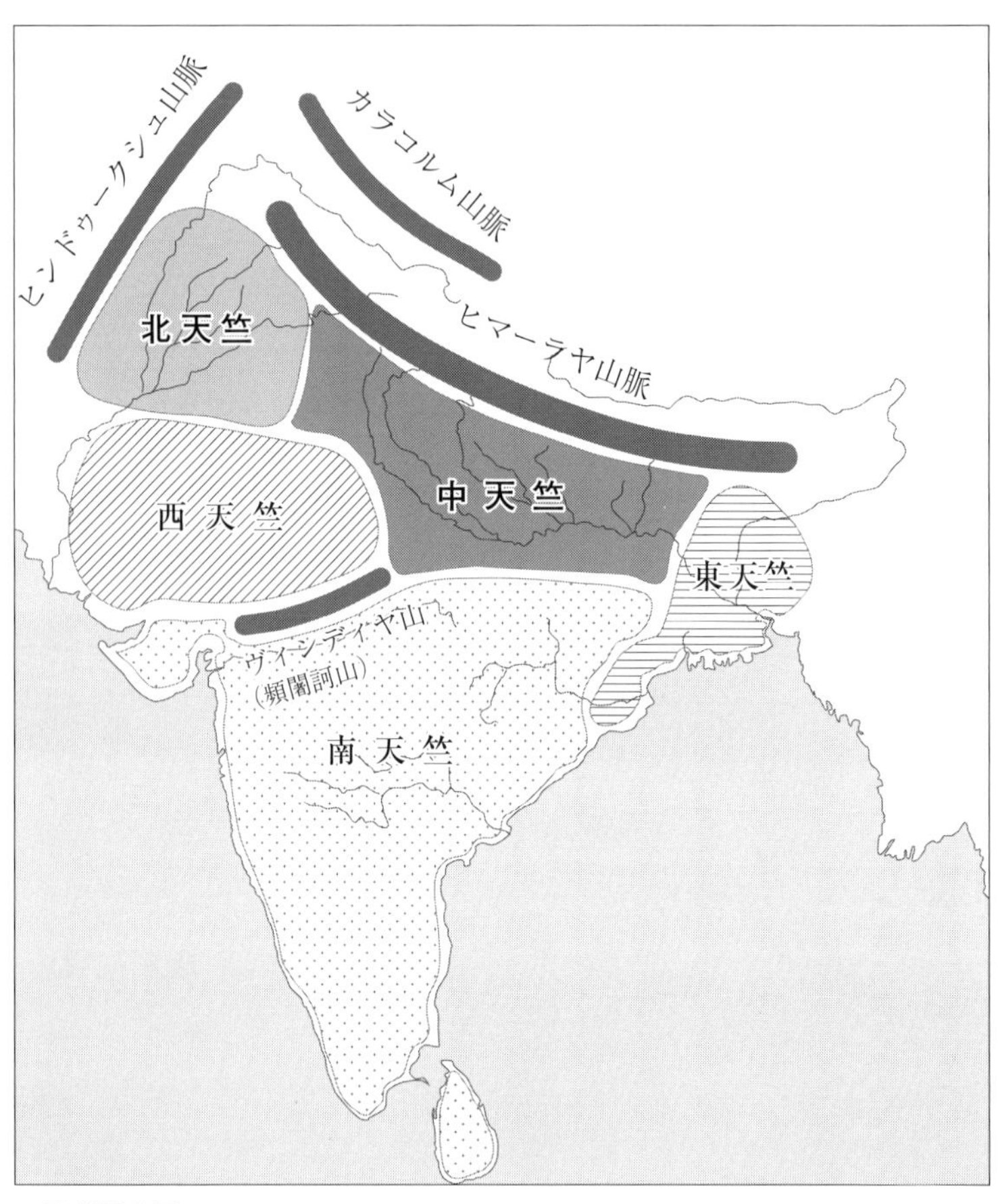
ヒンドゥークシュ山脈
カラコルム山脈
ヒマーラヤ山脈
北天竺
西天竺
中天竺
東天竺
ヴィンディヤ山
（頻闍訶山）
南天竺

五天竺概念図

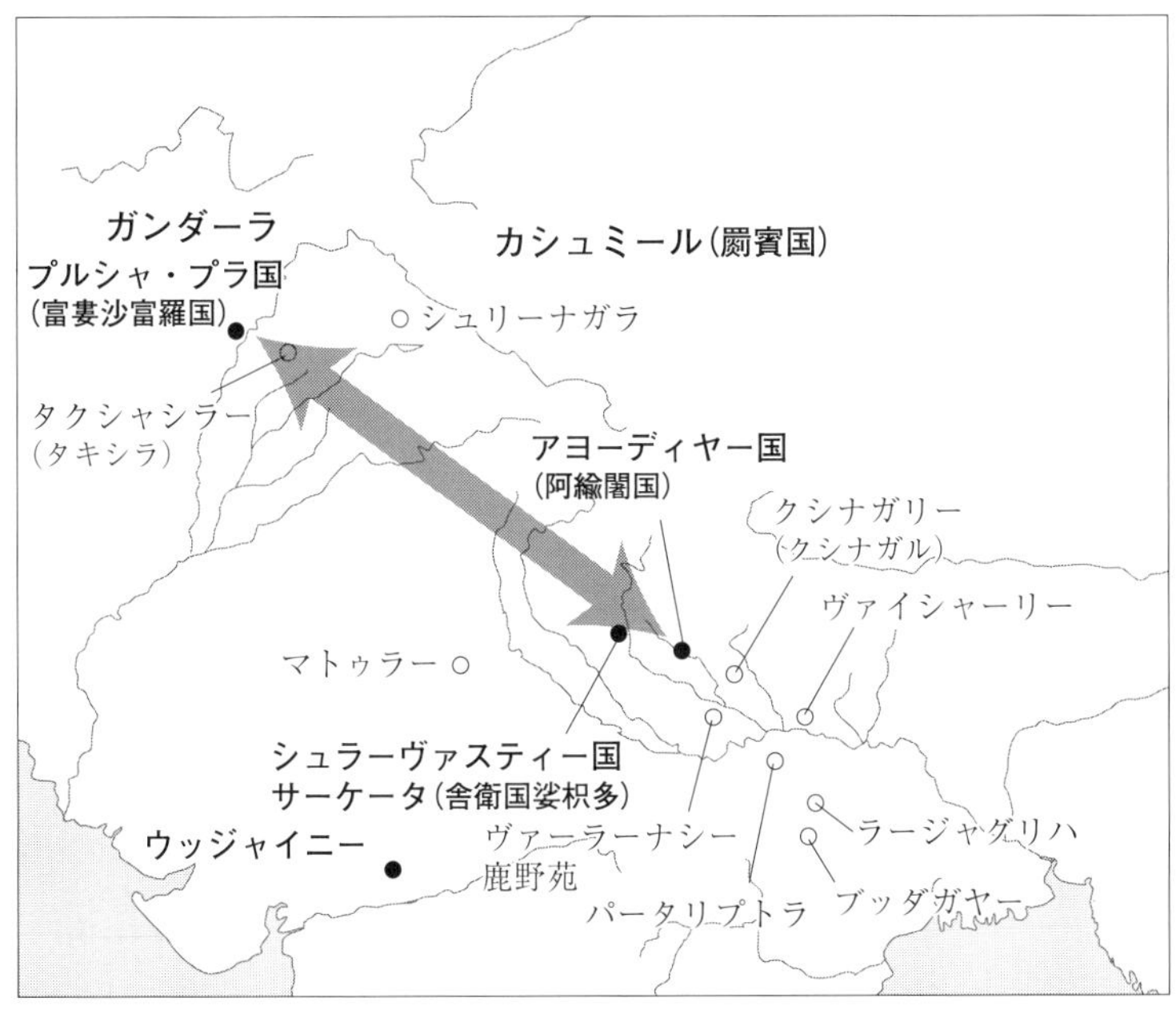

『婆藪槃豆伝』におけるヴァスバンドゥの地理的移動

あとがき

真諦訳『婆藪槃豆伝』を筆者がまとまった形で自ら扱い始めたのは，京都大学文学部と大学院の授業でそれを取り上げた二〇〇〇年代初頭であった。その頃はインドと中国を繋ぐ，やや読みにくい漢語資料の例として本伝を含む真諦訳を幾つか扱い，精読に努めた。その後，研究環境の大きな変化がもたらされた。それまで存在は広く知られていたが実見できなかった高麗大蔵経初雕本（十二世紀）の画像が二〇一〇年頃に公開されたことである。そしてその後，宮内庁書陵部に蔵する旧宋本（『婆藪槃豆伝』の場合は福州開元禅寺版毘盧大蔵経）の画像もオンライン公開され，大蔵経各種版本の画像を実際に見て確かめ，大正新脩大蔵経の本文と校勘の適否を判断し，更に大正新脩大蔵経に用いられていない新たな情報を付け加えることも可能となった。こうして大正新脩大蔵経の情報を信じるしか方法のなかった古い時代から，大正蔵を批判的に扱い，より信頼性の高い原文情報を構築することができる新しい時代に変化し，今に至る。

筆者自身の関心も二つの方向で広がった。一つは漢訳者真諦の総合的研究である。これについては真諦の訳と解説について特徴を探る共同研究班を，本務校である京都大学人文科学研究所において組織し，その研究成果の一端を，筆者編『真諦三蔵研究論集』として公刊した（京都大学人文科学研究所，二〇一二年）。筆者による第一章は，その後，改訂と増補を加え，『六朝隋唐仏教展開史』第一篇第五章「真諦三蔵の活動と著作」とした（船山二〇一九）。

もう一つは，漢訳として今に伝わる仏典の再評価である。すなわち伝統的には漢訳――インド語で書かれた原典に何ら変更を加えることなく，逐語的に漢語に訳した文献――として伝わりながら，狭い意味での漢訳――純然たる逐語的漢訳――から逸脱するような，漢訳文献作成時の加筆を含む文献が存在し，それらは中国仏典漢訳史の実態を反映するものとして意義深い。このことに筆者の関心は向かい，その好例として再び『婆藪槃豆伝』に注目した。この流れで拙著『仏典はどう漢訳されたのか――スートラが経典になるとき』（船山二〇一三）にも本伝を取り上げた。その際，本伝を(1)「（純然たる）漢訳」（Chinese Buddhist Translations）でもなく，(2)漢訳を装って中国で偽作した偽経偽論の類い（Chinese Buddhist Apocrypha）と捉えるべきでもなく，その両者を介在する文献群として，(3)中国で編輯の手を色濃く加えた漢訳という意味で「編輯経典」（Chinese Buddhist Compilation-scriptures）と呼称すべきであると提案した（船山二〇一三・第六章一四九～一七六頁，特に一七二頁参照）。

本書はこのような大蔵経をめぐる近年の情報公開と筆者自身の関心の広がりに基づく，原文の再校勘と現代語訳と注記から成る『婆藪槃豆伝』の新たな基礎研究である。出版に当たっては法藏館編集部の今西智久氏のほか，校正者の岸本三代子氏による周到な校正によって改善できた箇所が多い。内容については，インド瑜伽行唯識派文献の専門家である松岡寛子博士（現オーストリア学術アカデミー

／ライプツィヒ大学・研究員）から貴重な助言を頂き，本書に反映することができた。今西氏と岸本氏，松岡氏に対しここに深く御礼申し上げる。

二〇二一年二月　京都岩倉の寓居にて

船　山　徹

索　引

凡　例

見出し語はすべて常用漢字で統一する。第一章「眞諦譯『婆藪槃豆傳』原文」の語も正字を常用漢字に改めて載録する。

該当頁のうちゴチックは『婆藪槃豆伝』の語を，それ以外は訳文や解説中の語の所在を示す。

ア行

カ行

サ行

タ行

ナ行

ハ行

マ行

ヤ行

ラ行

ワ行

The Biography of the Indian Buddhist Master Vasubandhu

by FUNAYAMA Toru

HOZOKAN

2021

船山　徹（ふなやま　とおる）

1961 年生まれ。京都大学大学院文学研究科博士後期課程中退。京都大学人文科学研究所教授。プリンストン大学，ハーヴァード大学，ライデン大学，スタンフォード大学等において客員教授を歴任。専門は仏教学。

主著に，『仏典はどう漢訳されたのか――スートラが経典になるとき』（岩波書店），『東アジア仏教の生活規則 梵網経――最古の形と発展の歴史』（臨川書店），『六朝隋唐仏教展開史』（法藏館），『仏教の聖者――史実と願望の記録』（京大人文研東方学叢書，臨川書店），『菩薩として生きる』（シリーズ実践仏教，臨川書店），『高僧伝　(一)〜(四)』（吉川忠夫氏と共訳，岩波文庫）などがある。

婆藪槃豆伝（ばすばんずでん）
――インド仏教思想家ヴァスバンドゥの伝記

二〇二一年八月一〇日　初版第一刷発行

著　者　船山　徹

発行者　西村明高

発行所　株式会社 法藏館
京都市下京区正面通烏丸東入
郵便番号　六〇〇－八一五三
電話　〇七五－三四三－〇〇三〇（編集）
〇七五－三四三－五六五六（営業）

装　幀　森　華

印刷・製本　亜細亜印刷株式会社

ISBN 978-4-8318-7746-8 C0015